国家社科基金青年项目"少数民族地区医养结合养老服务体系构建研究"(项目号：17CMZ030)

国家社科基金丛书
GUOJIA SHEKE JIJIN CONGSHU

民族地区医养结合养老服务体系构建研究

A Study on the Construction of the Elderly Care Service System
Combining Medical Care and Nursing Care in Ethnic Areas

李长远 著

人 民 出 版 社

目　录

导　　论

第一节　问题的提出

一、民族地区是我国公共服务均等化的重点区域

民族地区是指以少数民族群体为主聚集生活的地区,按照学术界习惯的表述(杨柳青、李小平,2020)①,本书将民族地区界定为民族八省区,即西藏、内蒙古、宁夏、广西、新疆5个自治区和青海、贵州、云南3个多民族省份。2020年,民族八省区生产总值(GDP)为1004491.8亿元,仅占全国总量的10.28%。民族地区经济发展仍然滞后,2020年民族八省区城镇居民和农村居民的人均可支配收入均低于全国平均水平,全国居民可支配收入为32189元,民族八省区中水平最高的是内蒙古(31497元),最低的是西藏(21744元)。民族八省区整体的城镇化率为55.27%,低于全国平均水平(63.89%),只有内蒙古高于全国平均水平。② 表0-1数据显示,2012—2019年,民族八省区贫困人口占全国总贫困人口的比重始终在30%以上。因此,从生产总

---

① 杨柳青、李小平:《基于"五大发展理念"的中国少数民族地区高质量发展评价》,《中央民族大学学报(哲学社会科学版)》2020年第1期。

② 国家统计局:《中国统计年鉴2021》,中国统计出版社2021年版,第35、91、189页。

值、人均生产总值、城乡居民可支配收入、城镇化水平、贫困人口分布看,少数民族地区经济发展不平衡不充分的基本态势变化不大。

民族地区主要分布在我国北部、西部等边疆地区,地理位置偏远、自然环境恶劣、资源禀赋不足、历史文化差异大,经济社会发展水平长期落后,是我国实施乡村振兴战略的重点和难点地区。

表 0-1 2012—2019 年民族八省区贫困人口数量及变化 (单位:万人)

年份 地区	2012	2013	2014	2015	2016	2017	2018	2019
内蒙古	139	114	98	76	53	37.5	14	0
广西	755	634	540	452	341	246	140	51
贵州	923	745	623	507	402	282	173	53
云南	804	661	574	471	373	258	179	66
西藏	85	72	61	48	34	33	13	4
青海	82	63	52	42	31	15.2	10	5
宁夏	60	51	45	37	30	23.9	9	4
新疆	273	222	212	180	147	115.26	64	20
民族八省区	3121	2562	2205	1813	1411	1032	603	203
全国地方	9899	8249	7017	5575	4335	3046	1660	551
八省区贫困人口占全国比重(%)	31.5	31.1	31.4	32.5	32.5	33.9	36.3	36.8

资料来源:根据《中国农村贫困监测报告》(2020)(2019)(2018)整理所得。

民族地区脱贫攻坚取得重要突破,在民族地区脱贫攻坚战的过程中,国家不断加大对少数民族地区的支持力度,中央财政不断增加对民族八省区专项扶贫资金的投入。2016—2019 年,中央财政对民族八省区专项扶贫资金累计投入达到 1728.3 亿元,占全国总投入的 44.96%,如表 0-2 所示。

"十四五"时期,民族地区将统筹推进脱贫攻坚与乡村振兴有效衔接,其中一项重要工作就是进一步提升脱贫地区公共服务水平。医养结合养老服务作为社会保障重要组成部分,是提升少数民族地区公共服务水平的重要抓手,需要全面细致加以审视。

2019 年 9 月,习近平总书记出席全国民族团结进步表彰大会并指出,"要加快少数民族和民族地区发展,推进基本公共服务均等化"①。习近平新时代中国特色社会主义思想中有关民族工作的重要论述,为着力改善少数民族地区民生,加快建立健全医养结合的养老服务体系,促进少数民族地区经济社会持续健康发展提供了行动指南。

表 0-2　"十三五"期间中央财政专项扶贫资金及对民族八省区资金安排统计

资金项目		四年合计	2016 年	2017 年	2018 年	2019 年
中央财政专项扶贫资金	资金额(万元)	38438023	6609487	8609512	10609512	12609512
安排民族八省区资金	资金额(万元)	17283060	2796035	3673032	4861921	5952072
八省区投入占全国比重	(%)	44.96	42.30	42.66	45.83	47.20
八省区投入资金金额(万元)	内蒙古	906755	198435	228399	234108	245813
	广西	2333675	350451	533052	610080	840092
	贵州	3244698	598419	754263	849599	1042417
	云南	3545476	622361	717454	930278	1275383
	西藏	2106510	269864	432958	668559	735129
	青海	1168751	212529	253585	342750	359887
	宁夏	835228	151771	181252	211275	290930
	新疆	3141967	392205	572069	1015272	1162421

资料来源:根据《中国农村贫困监测报告》(2020)(2019)(2018)整理所得。

二、健康养老服务刚性需求不断释放

第一,民族地区进入持续老龄化阶段。为了清晰、全面地展现少数民族地区人口老龄化的态势及特征,本书基于 2001—2021 年《中国统计年鉴》的基

① 习近平:《在全国民族团结进步表彰大会上的讲话》,新华社,2019 年 9 月 27 日,见 http://www.xinhuanet.com/politics/leaders/2019-09/27/c_1125049000.htm。

础数据,通过整理、合并和计算得到全国、民族八省区两个层面的老年人口占比面板数据,如表0-3所示,虽然少数民族地区老龄化程度低于全国平均水平,但是从趋势上看,少数民族地区随全国其他省市共同进入了持续老龄化阶段。

第二,民族地区人口老龄化呈现城乡倒置的特征。虽然少数民族地区农村和城镇同步进入老龄化社会,但此后民族地区农村老龄化程度始终都高于城镇,从2000年到2015年,民族地区人口老龄化率(65岁及以上老年人口比重)整体增长了2.93%,而农村老龄化增长率(3.39%)高于整体增长率,说明民族地区农村比城镇人口老龄化程度及其发展态势更为严重。在我国工业化、城镇化进程不断加快和区域经济发展不均衡的背景下,城乡人口流动是导致我国城乡人口年龄结构变化和老龄化程度倒置的主要原因。①

表0-3　2000—2020年民族八省区人口老龄化的变化状况　　(单位:%)

年份 地区	2000	2010	2011	2012	2013	2014	2015	2016	2017	2018	2019	2020
内蒙古	5.51	7.56	6.90	7.87	8.55	9.33	9.56	9.44	10.84	9.85	10.20	13.05
广西	7.30	9.24	9.54	9.33	9.29	9.54	9.76	9.69	9.75	10.03	10.17	12.20
贵州	5.97	8.57	9.10	9.16	9.28	9.22	9.48	9.62	9.95	11.34	11.58	11.56
云南	6.09	7.63	7.69	7.76	8.01	8.72	8.41	8.36	8.40	9.57	9.88	10.75
西藏	4.75	5.09	4.82	5.41	5.17	5.49	5.71	4.98	5.79	5.68	6.02	5.67
青海	4.56	6.30	5.95	7.01	7.15	7.10	8.00	7.22	7.90	7.58	8.54	8.68
宁夏	4.47	6.41	5.47	6.63	7.08	6.78	7.36	7.78	8.46	8.99	9.51	9.62
新疆	4.67	6.42	6.61	6.92	6.37	6.87	7.13	7.23	7.28	7.16	8.07	7.76
全国	6.96	8.87	9.13	9.40	9.68	10.06	10.47	10.85	11.39	11.94	12.57	13.52
民族 八省区	5.87	7.96	8.00	8.20	8.33	8.70	8.80	8.81	9.13	9.59	9.95	10.96

资料来源:根据2001—2021年《中国统计年鉴》数据整理所得。

---

①　孟向京、姜凯迪:《城镇化和乡城转移对未来中国城乡人口年龄结构的影响》,《人口研究》2018年第2期。

第三,民族地区"未富先老"特征明显。以最早进入老龄社会的民族省区广西为例,2000年广西迈入人口老龄化社会时,人均GDP仅562美元,即使到2019年,广西人均GDP为42964元(折合6200美元),仅相当于我国人均GDP的60.60%。"未富先老"型的人口老龄化,给民族地区医养结合的养老服务资源支撑力和供给能力带来了严峻挑战。民族地区医养结合的养老服务体系不完善,健康养老服务供需矛盾突出,应对健康老龄化的准备不充分,与我国其他地区相比,建立健全医养结合养老服务体系任务更为艰巨。

第四,民族地区内部人口老龄化进程和水平差异较大。通过比较民族八省区人口老龄化的情况发现,各省区间情况差异较大,首先,从时间上看,2000年,广西最早步入老龄化社会,是全国较早进入人口老龄化的省区之一,西藏最晚,2020年尚未进入老龄化社会。其次,从程度上看,民族八省区人口老龄化水平差异较大,以2020年为例,各省65岁及以上老年人口比重的最大值(内蒙古为13.05%)与最小值(西藏为5.67%)之间相差7.38个百分点,即内蒙古老龄化水平是西藏的2.3倍。广西、内蒙古、贵州、云南人口老龄化程度相对较高,青海、西藏、新疆和宁夏人口老龄化程度明显低于其他4个民族省份,更低于全国平均水平。

第五,民族地区老年抚养比提高,养老压力增大。从人口年龄结构上看,民族地区0—14岁少年儿童占比在减少,65岁及以上老年人口占比在增加。除此之外,死亡率下降、人口预期寿命延长、人口迁移流动等因素更进一步加速了民族地区老龄化的进程。从表0-4可以看出,2000年到2020年,民族地区少儿抚养比不断下降,且下降速度远快于老年抚养比上升速度,劳动年龄人口比重下降,总抚养比也不断提高。老年抚养比提高,说明民族地区养老压力在增大。

表 0-4 2000 年和 2020 年民族八省区人口年龄结构和抚养比 （单位:%）

	2000 年						2020 年					
	占总人口比重			抚养比			占总人口比重			抚养比		
	0— 14 岁	15— 59 岁	65 岁 及以上	总抚 养比	少儿 抚养 比	老年 抚养 比	0— 14 岁	15— 59 岁	65 岁 及以上	总抚 养比	少儿 抚养 比	老年 抚养 比
全国	22.9	70	7.1	42.86	32.71	10.15	17.97	68.50	13.52	45.98	26.24	19.74
民族 八省区	25.65	68.86	5.48	45.50	37.52	7.97	21.17	68.92	9.91	45.36	30.91	14.44
内蒙古	21.23	73.26	5.51	36.5	28.98	7.52	14.04	72.90	13.05	37.17	19.27	17.9
广西	26.19	66.51	7.3	50.36	39.38	10.98	23.63	64.18	12.20	55.82	36.81	19.01
贵州	31.19	64.06	4.75	56.1	48.68	7.42	23.97	64.48	11.56	55.09	37.17	17.92
云南	26.85	68.59	4.56	45.8	39.15	6.65	19.57	69.69	10.75	43.5	28.08	15.42
西藏	28.37	67.15	4.47	48.92	42.25	6.66	24.53	69.80	5.67	43.27	35.14	8.13
青海	27.27	68.06	4.67	46.92	40.06	6.86	20.81	70.51	8.68	41.83	29.52	12.31
宁夏	22.9	70	7.1	42.86	32.71	10.15	20.38	70.00	9.62	42.86	29.12	13.74
新疆	21.23	73.26	5.51	36.5	28.98	7.52	22.46	69.78	7.76	43.3	32.18	11.12

资料来源:根据 2000 年全国第五次人口普查数据和《中国统计年鉴》(2021)数据计算得到。

三、民族地区老年人对照护服务需求强烈

第一,民族地区老年人健康状况低于全国平均水平。从 2015 年全国 1% 人口抽样调查数据可以看出,民族八省区老年人整体健康状况和生活自理状况要差于全国平均水平,身体健康状况自评为健康的老人比例为 34.45%,明显低于全国平均水平(40.51%)。民族八省区自评健康状况为不健康但生活能自理和生活不能自理的老年人比例均高于全国平均水平,如表 0-5 所示。

表 0-5 2015 年民族八省区 60 岁及以上老年人身体健康状况比例

（单位:%）

地区	健康			基本健康			不健康,但生活能自理			生活不能自理		
	合计	男	女	合计	男	女	合计	男	女	合计	男	女
全国	40.51	21.67	18.83	41.85	19.27	22.58	15.05	6.52	8.52	2.6	1.12	1.48
民族 八省区	34.45	18.35	16.1	45.79	21.23	24.56	17.00	7.22	9.78	2.76	1.20	1.55

地区	健康			基本健康			不健康,但生活能自理			生活不能自理		
	合计	男	女	合计	男	女	合计	男	女	合计	男	女
内蒙古	33.21	18.26	14.96	45.40	21.70	23.70	18.62	8.30	10.32	2.77	1.23	1.54
广西	32.79	17.36	15.43	48.79	22.07	26.73	16.14	6.62	9.52	2.28	0.95	1.33
贵州	40.54	20.96	19.57	43.63	20.07	23.56	13.88	6.1	7.78	1.95	0.9	1.06
云南	34.73	18.3	16.43	43.15	19.68	23.48	18.98	7.88	11.1	3.14	1.28	1.85
西藏	21.41	10.79	10.63	43.94	20.07	23.88	29.5	12.21	17.3	5.14	1.74	3.39
青海	27.2	14.76	12.43	49.08	23.33	25.75	20.5	8.79	11.71	3.22	1.36	1.86
宁夏	34	18.86	15.14	44.71	21.48	23.23	18.42	7.58	10.83	2.87	1.12	1.76
新疆	31.56	17.72	13.84	48.44	23.76	24.69	15.64	6.83	8.81	4.36	2.22	2.13

资料来源:2015年全国1%人口抽样调查资料。

第二,民族地区老年人健康状况差异较大。除贵州外,其他民族七省区不健康老年人的比例均超过了全国平均水平,其中西藏和青海老年人健康状况最差,自评健康的比例分别为21.41%和27.2%,只有全国老年人自评健康平均水平的52.85%和67.75%,民族八省区平均水平的62.15%和78.96%。西藏自评不健康但生活能自理和生活不能自理两类老年人比例分别达到29.5%、5.14%,是全国最高的,远高于全国平均水平的15.05%、2.6%和其他民族七省区平均水平的17.45%、2.94%,如表0-5所示。这在一定程度上反映了老年人的健康状况受到地理环境、社会经济发展水平、医疗服务、社会保障等多种因素的影响。

民族地区老年人对照护服务需求更加强烈。根据中国城乡老年人生活状况数据,民族八省区老年人对照料护理需求的比例为18.57%,全国老年人对照料护理需求的比例为15.30%①,民族八省区老年人日常生活需要照护的比例高于全国平均水平,民族八省区中只有广西老年人照护需求低于全国平均

---

① 全国老龄工作委员会办公室:《第四次中国城乡老年人生活状况抽样调查总数据集》,华龄出版社2018年版,第156页。

水平,如表0-6所示。不同健康状况和生活自理能力度的老年人对医疗健康服务需求存在差异(Li Yue-e,Lu Shan,2017)①,由于民族地区老年人健康状况整体低于全国平均水平,民族地区老年人对照料护理的需求高于全国平均水平。

表0-6   2015年民族八省区老年人照护需求的情况

	人数(人)			比例(%)	
	不需要	需要	总计	不需要	需要
全国	179622	32357	211979	84.7	15.3
民族八省	24427	5569	29996	81.43	18.57
内蒙古	2620	662	3282	79.8	20.2
广西	7048	976	8024	87.8	12.2
贵州	4550	1000	5550	82.0	18.0
云南	5318	1271	6589	80.7	19.3
西藏	680	242	922	73.8	26.2
青海	802	153	955	84.0	16
宁夏	1817	538	2355	77.2	22.8
新疆	1592	727	2319	68.7	31.3

资料来源:根据《第四次中国城乡老年人生活状况抽样调查总数据集》整理所得。

四、民族地区老年人更偏向于居家养老模式

家庭养老是不可或缺的养老资源。孝道文化是民族地区家庭养老的道德文化基础。我国有养儿防老的悠久文化传统,民族地区老年人养儿防老的观念更是根深蒂固。孝道文化对家庭养老起到了规范和约束作用,政府和全社会对孝亲伦理的宣传和孝道文化的弘扬,为家庭养老提供了道德文化支持,长期以来"养儿防老,积谷防饥"的家庭养老模式运行良好。在没有子女的家庭

---

① Li Yue-e,Lu Shan,"The Development, Application and Implications of the Anderson Model in the Field of Healthcare",*Chinese Journal of Health Policy*,Vol.10,No.11,2017,pp.77-82.

中,老年人主要依靠宗族养老,宗族是一种内敛性质扩大了的家庭组织,因此宗族养老是一种特殊的家庭养老形式(杨政怡,2016)。① 随着城镇化、工业化进程的发展、人口流动加剧、家庭规模的小型化,以及传统家庭养老价值观念的转变,家庭养老依赖的经济社会要件发生了显著的变化,家庭养老功能发挥也受到了来自经济、文化及制度上的挑战,家庭难以独自承担老年人健康养老的任务。

民族地区城乡老年人与子女长期居住意愿的差异。家庭是老年人生活的主要场所,是承载深刻情感的组织,是老年人最重要的精神和情感寄托。老年人通过与子女共同居住,获得家庭成员的日常照料、物质支持、精神关爱、情感交流等方面的服务,但是老年人与子女的居住意愿呈现出新的特点和变化。第四次全国老年人生活状况调查的数据显示,民族地区城乡老年人与子女长期居住意愿高于全国老年人平均水平,民族八省区农业户口老年人与非农业户口老年人与子女长期居住意愿分别为 71.17% 和 53.78%,全国农业户口老年人与非农业户口老年人与子女长期居住意愿则分别为 60.13% 和 49.06%。综合来看,全国和民族地区农业户口老年人更愿意与子女长期居住,民族八省区和全国农业户口老年人比非农业户口老年人愿意与子女长期居住的比例分别高出 17.39 个和 11.07 个百分点,如表 0-7 所示。

表 0-7　2015 年老年人与子女长期居住的意愿

	民族八省区				全　国			
	农业户口老年人		非农业户口老年人		农业户口老年人		非农业户口老年人	
	计数(人)	百分比(%)	计数(人)	百分比(%)	计数(人)	百分比(%)	计数(人)	百分比(%)
愿意	1360	71.17	405	53.78	7890	60.13	3123	49.06
不愿意	303	15.86	227	30.15	2943	22.43	2020	31.73

① 杨政怡:《替代或互补:群体分异视角下新农保与农村家庭养老的互动机制——来自全国五省的农村调查数据》,《公共管理学报》2016 年第 1 期。

续表

| | 民族八省区 | | | | 全　　国 | | | |
| | 农业户口老年人 | | 非农业户口老年人 | | 农业户口老年人 | | 非农业户口老年人 | |
	计数（人）	百分比（%）	计数（人）	百分比（%）	计数（人）	百分比（%）	计数（人）	百分比（%）
看情况	248	12.98	121	16.07	2288	17.44	1223	19.21
合计	1911	100	753	100	13121	100	6366	100

资料来源:根据本课题组申请的中国老龄科学研究中心第四次全国老年人生活状况调查数据整理所得。

　　家庭成员依然是老年人的主要照护者。首先,配偶排在第一位,表0-8显示,全国和民族八省区城乡老年人的最主要的照料者都是配偶,占比都超过了38%。第四次全国老年人生活状况调查数据显示,我国城乡老年人最主要的照料者的平均年龄达到了58岁,说明老年人的最主要的照料者还是老年人,"老靠老"的特征明显,老年人照料负担沉重,我国迫切需要建立社会化的养老服务体系,减轻老年照料者的负担。①

表0-8　2015年老年人最主要的照护者情况　　　　（单位:%）

| | 全　　国 | | 民族八省区 | |
	农村老年人	城镇老年人	农村老年人	城镇老年人
配偶	44.33	38.96	38.64	42.86
儿子	31.86	22.85	37.76	22.22
儿媳	11.84	6.96	13.27	10.32
女儿	6.48	16.97	5.60	18.25
女婿	0.88	1.31	0.59	0
孙子女	1.22	0.54	2.06	0
其他亲属	1.75	1.31	1.77	0.79
朋友、邻居、志愿人员	0.34	0.65	0.29	0.79
家政服务人员	0.73	8.38	0	3.17

---

　　① 全国老龄工作委员会办公室:《第四次中国城乡老年人生活状况抽样调查数据开发课题研究报告汇编》,华龄出版社 2018 年版,第 569 页。

续表

	全　国		民族八省区	
	农村老年人	城镇老年人	农村老年人	城镇老年人
养老机构、医疗机构人员	0.58	2.07	0	1.59
合　计	100	100	100	100

资料来源:根据本课题组申请的中国老龄科学研究中心第四次全国老年人生活状况调查数据整理所得。

其次,老年人的子女,其中儿子作为最主要的照料者的比例最高,是子女中照料老人的主力,民族八省区农村老年人的最主要照料者是儿子的比例达到了37.76%,接近配偶的照料比例。在女儿和儿媳作为老年人最主要照料者方面,城乡存在差异,民族八省区城镇老年人排在第三位的最主要照料者是女儿,占比为18.25%,而农村老年人排在第三位的最主要照料者是儿媳,占比为13.27%。其他主体(家政服务人员;朋友、邻居、志愿人员;养老机构、医疗机构人员)作为老年人的最主要照料者占比都较低,说明民族地区社会养老服务体系发展滞后,老年人从政府、市场和社会得到的养老资源还比较有限。

五、空巢老人逐渐增多,老年人照护问题日益突出

空巢老人是指没有子女或单独居住的老人,既包括没有与子女共同居住、离异、丧偶等的老人,也包括因子女人口流动引起空巢的老人。[①] 根据2015年全国1%人口抽样调查数据对家庭项目的分类,空巢家庭主要包括单身老人户和只有一对老夫妇户。调查数据显示,民族八省区60岁及以上老年人空巢家庭占比为28.65%,低于全国平均水平的34.62%,如表0-9所示。与2010年第六次全国人口普查结果相比,民族八省区空巢率约上升了2个百分点。民族地区内部空巢率差异非常大,首先,内蒙古不论是单身老人户家庭,还是只有一对老夫妇户家庭,均排在民族地区首位,50.78%家庭空巢比率远远超过了全国平均水平(34.62%)和民族省区平均水平(28.65%)。其次,宁夏家庭空巢比率为

---

① 黄润龙:《我国空巢老人家庭状态》,《人口与经济》2015年第2期。

39.37%,也超过了全国和民族地区的平均水平。西藏和青海空巢老人家庭占比较低,分别为8.46%和18.7%,远远低于全国和其他民族省区的空巢率。

老年人日常照顾和护理问题日益突出。空巢老人子女不在身边,更容易处于无人陪护的风险中,容易产生孤独、无助等心理问题。民族地区空巢老人日常生活照料不足,隔代照顾孙侄包袱沉重。民族八省区由一个和两个老年人与未成年亲属组成的隔代家庭占比为2.78%,超过了全国2.61%的平均水平,贵州和广西的隔代家庭占较高,分别为4.83%和3.98%,是全国平均水平的1.65倍和1.52倍,说明这两个省份劳动力外出务工比例较高,如表0-9所示。黄锐、必勒格(2017)通过对内蒙古托克托县和广西青秀区的调研发现,空巢老人的日常生活照料主要依靠自身和配偶,占比约为70%,在空巢老人日常生活缺乏照料的情况下,还需隔代照顾留守孙辈,照料包袱沉重。①

表0-9 2015年民族八省区60岁及以上老年人空巢家庭状况 (单位:%)

地区	一个60岁及以上老年人的户			二个60岁及以上老年人的户			一代户与二代户空巢家庭占老年人家庭总量的百分比
	小计	单身老人户	一个老年人与未成年的亲属户	小计	只有一对老夫妇的户	一对老夫妇与未成年的亲属户	
全国	14.90	13.96	0.94	22.33	20.66	1.67	34.62
民族八省区	13.58	12.38	1.20	17.85	16.27	1.58	28.65
内蒙古	18.51	18.16	0.35	33.27	32.62	0.65	50.78
广西	14.20	12.37	1.83	13.13	10.98	2.15	23.35
贵州	14.43	12.44	1.99	19.66	16.82	2.84	29.26
云南	10.06	9.30	0.76	12.10	11.18	0.92	20.48
西藏	6.73	6.15	0.58	2.61	2.31	0.31	8.46
青海	9.55	8.84	0.71	11.02	9.86	1.16	18.7
宁夏	12.97	12.41	0.55	28.39	26.96	1.31	39.37
新疆	13.70	13.09	0.61	19.69	18.85	0.84	31.94

资料来源:根据2015年全国1%人口抽样调查资料计算所得。

---

① 黄锐、必勒格:《民族地区农村空巢老人养老服务问题及对策研究》,《中央民族大学学报(哲学社会科学版)》2017年第2期。

民族地区老年社会保障体系发展滞后,医养结合健康养老服务尚处于起步阶段,多元主体协同供给模式尚未形成,上述原因致使民族地区空巢老人健康养老服务供需矛盾问题更加突出。由此可见,民族地区空巢老人的比例日益增长,空巢带来的日常照顾和护理问题更加突出,迫切需要建立完善的医养结合养老服务体系。

第二节　医养结合养老服务体系构建的行动逻辑

医养结合养老服务区别于传统的以"养"为主的传统养老服务,将医疗护理资源和养老服务资源有机结合,以需求评估为导向,为老年人提供综合、专业、连续的健康养老服务。

一、推进医养结合是实现健康中国战略的重要举措

2016 年 10 月,中共中央、国务院发布的《"健康中国 2030"规划纲要》,提倡"大健康"的价值理念,以追求"全面健康"为终极目标。健康中国建设以满足全人群全生命周期的健康需要为着力点,以构建整合型医疗卫生服务体系为实现路径,应重点关注和支持健康管理、康复、护理等机构的发展(申曙光、马颖颖,2018)。[①] 健康老龄化已经成为国际共识,健康老龄化中国方案不仅是健康中国建设的一个关键环节,也是提高健康服务供给水平和缓解人口老龄化压力的重要策略。

健康中国战略的实施促进了民族地区医养结合养老服务的发展。首先,健康中国战略突出维护健康公平的重要性。当前,我国健康养老服务资源仍然在城乡间、区域间存在着不平等的现象,根据世界卫生组织发布的《关于老龄化与

---

① 申曙光、马颖颖:《新时代健康中国战略论纲》,《改革》2018 年第 4 期。

健康的全球报告》,社会经济资源配置不均衡将导致健康不平等长期积累。① 其次,健康老龄化战略从全生命周期角度出发,以满足全体老年人各个生命阶段的健康养老服务需求为关键点,重视从全面的、长期的角度干预和促进全体老年人的健康。建立覆盖全体老年人的健康养老服务体系,将有效遏制健康不平等的趋势,提高老年人的健康水平,维持和优化老年人社会功能和行动能力,延长预期健康寿命,助力健康中国建设(陆杰华等,2017)。②

医养结合养老服务符合健康中国大健康的核心理念,立足于满足全体老年人全生命周期的健康养老服务需求。医养结合养老服务与长期护理或照护制度的重大区别在于,医养结合养老服务的服务对象是全体老年人,而长期护理或照护制度主要面向生活不能自理的失能和半失能老年人。医养结合养老服务内容更广泛,更加注重老年人的慢性病的预防、健康管理和患病后的康复护理。医养结合以维护老年人健康为目的,开展整合照护服务,将以治疗为中心的医疗服务体系和长期照护体系有机衔接起来,满足老年人综合性的健康养老服务需求。

二、满足不同状况老年人多样化照护服务需求

社区健康养老服务需求结构趋于稳定。第四次城乡老年人生活状况抽样调查数据显示,老年人希望得到的 9 项社区养老服务项目,首先是上门看病、康复护理等医疗护理方面的服务,其次是上门做家务等日常生活照料和帮助方面的服务,再次是聊天解闷或心理咨询等精神慰藉方面的服务,说明老年人对医疗康复护理等健康方面的服务需求最为强烈。国家卫计委发布的《中国家庭发展报告 2015》显示,老年人对社会养老服务的需求集中于医疗健康服务方面,对于城乡的老年人而言,排在前三位的养老服务需求项目是"身体健

---

① 杜本峰、王旋:《老年人健康不平等的演化、区域差异与影响因素分析》,《人口研究》2013 年第 5 期。

② 陆杰华、阮韵晨、张莉:《健康老龄化的中国方案探讨:内涵、主要障碍及其方略》,《国家行政学院学报》2017 年第 5 期。

康检查/咨询"、"上门看病"和"保健服务",但在需求程度上存在一定差异,农村老年人对各项服务的需求意愿均高于城镇老年人,农村老年人对上述三项服务的需求比例分别为43.8%、31.1%和26.0%,城市老年人的需求比例则为34.3%、14.7%和17.7%。①农村老年人对社会化养老服务需求更为迫切,主要原因是农村老年人经济保障水平低、健康状况差,农村家庭对养老服务的支持力度在减弱,农村老年人对于基层健康医疗服务的依赖性相对较高。

医养结合养老服务通过整合有限的医疗服务和养老服务资源,实现健康养老服务有效供给,满足老年人多元化、多层次及叠加的养老服务需求。在机构、居家社区两个层面实现医养结合,可以为选择不同养老模式和健康状况的老年人,提供更加方便可及、多层次、多样化的养老服务。一是机构层面实现医养结合,主要满足失能、半失能老年人医疗护理服务、临终关怀、综合能力评估、长期照护服务等健康养老服务需求。二是居家社区层面,整合社区内医疗、养老、服务设施等资源,评估每一位老年人的健康状况、照顾和护理需求,更加注重老年人的慢性病管理、健康管理和日常照顾,形成由家庭医生、社区服务人员、社会组织、志愿者等主体组成的医养护一体化服务供给模式。

三、有效整合医养资源,提高资源的利用效率

长期以来,由于我国医养资源配置不均衡,资源紧张和闲置问题同时存在。据《2020年我国卫生健康事业发展统计公报》数据显示,2020年我国各级医疗机构床位利用率严重不均衡,三级医院床位利用率最高,高达81.5%,而社区卫生服务中心、农村乡镇卫生院病床利用率仅为34.0%和53.6%,如表0-10所示。说明我国大医院和公立医院资源紧张,一床难求,而一级医院、社区卫生服务中心和民营医院床位使用率偏低,医疗资源普遍闲置。绝症晚期、大病恢复期、患慢性病等老年人为了获得专业的医疗护理服务和医保报销,选择长期住在医院

---

① 国家卫生计生委家庭司:《中国家庭发展报告》,中国人口出版社2015年版,第98页。

或连续出院转院,挤占了医疗资源,也增加了医疗护理和照顾的成本。养老服务资源同样存在上述问题,以养老机构为例,根据《中国养老机构发展研究报告》显示,全国养老机构空置率高达48%。[①]造成这一现象的一个重要原因是养老机构只提供生活照料,缺乏提供医疗护理的能力。机构养老本身定位于失能、失智老人,这部分老年人对医护康复服务需求较高,而医护型、养护型养老机构建设不足,设立医务室和配备专业医护人员的养老机构仅占17%。[②]

表0-10　2019年和2020年各类医疗机构病床使用情况

医疗机构类型	病床使用率(%)		出院者平均住院日(天)	
	2019年	2020年	2019年	2020年
医院	83.6	72.5	9.1	8.5
公立医院	91.2	77.2	9.1	8.4
民营医院	61.4	57.3	9.4	8.9
医院中:三级医院	97.5	81.5	9.2	8.6
二级医院	81.6	70.8	8.8	8.2
一级医院	54.7	48.7	9.2	9.0
农村乡镇卫生院	57.5	53.6	6.5	6.6
社区卫生服务中心	49.7	34.0	9.7	6.1

资料来源:根据《2020年我国卫生健康事业发展统计公报》数据整理所得。

医养结合养老服务具有重要的经济效益和社会效益。通过建立卫生、民政、社保等部门统一的医养结合协调机制,促进医养互助、互补、互融发展。第一,可以盘活有限的医疗卫生和养老服务的资源,提高资源的利用效率,解决三级医院"押床"问题,发挥基层医疗机构医疗护理、康复的功能和作用。第二,一定程度上缓解老年人过度医疗的问题,有利于减少城乡医保基金的支付压力,降低基金风险。第三,降低照顾和医疗护理成本,提高养老服务的供给质量,使本应在医疗机构中接受专业照护的老年人,可以在居家社区、医养结

---

① 兰洁:《全国养老机构平均5成空置》,《北京晚报》2015年7月16日。
② 戴伟、张霄艳、孙晓伟:《大健康理念下的"医养结合"模式》,《中国社会保障》2015年第10期。

合机构接受专业的医护服务。

四、有效解决"养""医"分离的问题

一是解决养老机构难以满足老年人的医疗护理需求的问题。由于医疗护理和养老服务分别属于卫生和民政两个部门管理,传统的养老机构普遍没有内置医务室或护理型床位,也没有与周边的医疗护理机构建立合作关系。传统养老机构大都没有能力提供专业化的疾病预防、诊治、健康管理、康复、护理等医疗健康服务,无法满足入住养老机构老人的健康服务需求。

二是解决医院无法为老年人提供日常生活照料和长期护理服务的问题。大中型医院医疗资源紧缺,无法为大病术后康复期、急性病恢复期、失能老年人提供长期照护服务,但是大多数家庭、养老机构又不具备为上述老年人提供专业的护理服务的能力,导致老年人为获取专业的、优质的医疗康复护理服务而不愿意出院,致使"押床"现象屡见不鲜,造成公共医疗卫生资源的浪费。医养结合机构不仅能解决养老机构难以接纳长期患病、失能半失能老人的问题,而且能改变大型医院"押床"的现状。

第三节　医养结合养老服务的内涵
及其构成要素

一、医养结合的内涵

医养结合养老服务是我国为了应对日益严重的人口老龄化问题而提出的一种新型养老服务模式,类似于发达国家提出的整合照料、长期照护、综合照护等政策。英国在20世纪80年代首次提出了"整合照料"的理念和政策,以社区和家庭为载体,为老年人提供医、养、康、护等综合服务(Fisher,Elnitsky,2012)。① 美国的

---

① M. P. Fisher,C. Elnitsky,"Health and Social Services Integration:A Review of Concepts and Models",*Social Work in Public Health*,Vol.27,No.5,2012,pp.441-468.

PACE 计划,依托单一 PACE 中心(日间护理中心)的跨学科、多专业综合服务团队,被认为是整合式长期护理领域的典型实践模式(Mui,2002)。[1]

目前,国内学者对"医养结合"的内涵界定尚未达成一致。在相关的规划、政策和实践中,对医养结合基本概念的内涵和外延界定尚不清晰,影响政策的实施效果和可持续性。学者们从不同维度对其内涵进行了界定:

第一,从审视"医"和"养"两者关系角度界定医养结合的内涵。目前国内学者主要有三种观点:一是部分学者认为老年人医疗健康服务与生活照料服务同等重要,两者各有侧重,应将其结合起来(马驰等[2],2017;王彦斌[3],2017)。二是部分学者认为医养结合区别于传统的养老服务,更加重视医疗护理服务和康复服务的内容,将其放在更加重要的位置,该模式重点满足老年人的医疗护理服务需求(黄佳豪,2014)。[4] 彭青云(2019)认为医养结合中"医"的服务专业性强、可替代性弱,是医养结合工作的关键所在。[5] 三是部分学者认为医养结合应以"养"为基础或重点,对于绝大多数患有慢性病的老年人,日常生活照料是基础,辅之以医疗照护服务维持其生理机能(朱孔来等[6],2019)。张文娟[7](2017)和阳义南[8](2019)认为医养结合中的"养"是根本和中心,"医"只是工具或手段。

第二,从机构设施合作层面阐释医养结合的内涵。王震(2016)认为医养

---

[1] A. C. Mui, " The Program of All – Inclusive Care for the Elderly (Pace) an Innovative Long-Term Care Model in the United States", *Journal of Aging & Social Policy*, Vol. 13, No. 2, 2002, pp.53-67.

[2] 马驰、秦光荣、何晔晖等:《关于应对人口老龄化与发展养老服务的调研报告》,《社会保障评论》2017 年第 1 期。

[3] 王彦斌:《欠发达地区农村医养结合养老服务体系构建》,《探索》2017 年第 6 期。

[4] 黄佳豪、孟昉:《"医养结合"养老模式的必要性、困境与对策》,《中国卫生政策研究》2014 年第 6 期。

[5] 彭青云:《论社区医养结合的实施难点及对策建议》,《中国人口报》2019 年 6 月 3 日。

[6] 朱孔来、朱孟斐、孔杨:《加快推动医养结合建设健康山东研究》,山东大学出版社 2019 年版,第 23 页。

[7] 张文娟:《中国社会养老服务体系建设》,社会科学文献出版社 2017 年版,第 134 页。

[8] 阳义南:《推进"养护医"健康养老服务新模式》,《中国社会科学报》2019 年 10 月 30 日。

机构通过相互内设机构的方式,实现合作或者融合发展,更多强调的是医养资源和地理空间上的接近,但现实中医疗服务与养老服务依然是分离的。① 考察近年来国内医养结合实践探索和理论研究,大都是从医疗机构与养老机构结合的角度,探讨养老服务和医疗服务相结合(杜鹏、王雪辉,2016)。②

第三,从医养服务体系间整合角度界定医养结合的内涵。华颖(2017)指出,医养结合的对象不是地理空间上的接近或机构之间的结合,而是服务的整合,养老服务和医疗服务两个体系的完善是医养结合的基础。③ 胡苏云(2017)认为医养结合是民政系统的养老服务和卫生系统的医疗、护理的结合。④ 马姗伊和李阳(2016)认为医养结合是一种照料整合模式,为了满足老年人医疗、养老、康复、护理方面的需求,实现养老服务体系与医疗卫生服务体系之间的整合。⑤

因此,本书认为医养结合是一种新型养老模式,关键在于把握好"合",即通过整合医疗护理资源与养老服务资源,在机制建设、模式创新、市场运作等方面形成合力,实现健康养老服务提供效率的最大化。

二、医养结合养老服务的构成要素

医养结合养老服务是基于老年人的现实需求,为老年人提供生活照料、医疗、保健、康复、护理等一体化、持续化、专业化的健康养老服务供给方式(邓大松、李玉娇,2018)。⑥ 它重新界定了医疗卫生服务和养老服务之间的关系,

---

① 王震:《推动医养结合的政策分析》,《中国医疗保险》2016 年第 3 期。
② 杜鹏、王雪辉:《"医养结合"与健康养老服务体系建设》,《兰州学刊》2016 年第 11 期。
③ 华颖:《健康中国建设:战略意义、当前形势与推进关键》,《国家行政学院学报》2017 年第 6 期。
④ 胡苏云:《探索医养结合的上海模式,提高养老服务质量》,载卢汉龙、周海旺、杨雄:《上海社会发展报告(2017)》,社会科学文献出版社 2017 年版,第 114—115 页。
⑤ 马姗伊、李阳:《医养结合养老服务模式与中国养老现实的契合》,《税务与经济》2016 年第 6 期。
⑥ 邓大松、李玉娇:《医养结合养老模式:制度理性、供需困境与模式创新》,《新疆师范大学学报(哲学社会科学版)》2018 年第 1 期。

实现了医、养、康、护等服务的协同,为所有健康、失能、半失能老年人提供综合、全面的健康养老服务。

　　医养结合养老服务不是传统意义的养老服务,也不是一般意义的医疗服务,而是一种新型养老服务,它区别于居家养老服务、社会养老服务和机构养老服务等传统的社会养老服务(董红亚,2019)。① 医养结合养老服务突出了健康服务的重要性,充实了养老服务的内容。2019 年,国家卫健委等 12 部门发布了《关于深入推进医养结合发展的若干意见》,提出要"建立医养结合的养老服务体系",明确将医养结合作为新型养老服务体系建设的重要内容,将推进医养结合作为新时代养老服务高质量发展的必然路径。

　　综上所述,本书将医养结合养老服务的内涵界定为:区别于传统的以"养"为主的传统养老服务,将医疗护理资源和养老服务资源有机结合,以需求评估为导向,为老年人提供综合、专业、连续的健康养老服务。医养结合养老服务由以下要素组成:

　　总体目标:医养结合养老服务的总体目标是实现健康老龄化。从"健康中国"战略下的大健康角度考虑,医养结合正是健康老龄化所要追求的目标(郝晓宁等,2016)。② 健康老龄化已经成为国际共识,在"健康中国 2030"战略的引领下,《"十三五"健康老龄化规划》将"积极推动医养结合服务,提高医养资源的配置和利用效率"作为健康老龄化中国方案的重要内容。医养结合作为一种新型养老模式,具体阶段目标是针对不同类型的老年人提供与之相契合的健康养老服务,在机构养老、居家社区养老两个层面实现医疗服务和养老服务的结合。

　　服务对象:医养结合的服务对象是所有 65 岁以上有生活照料和医疗护理服务需求的老年人,应优先、重点满足高龄、生活不能自理、患慢性病老年人的

---

① 董红亚:《中国养老进入服务新时代》,中国社会科学出版社 2019 年版,第 127—128 页。
② 郝晓宁、薄涛、塔娜等:《我国医养结合的展望和思考》,《卫生经济研究》2016 年第 11 期。

健康养老服务需求。董红亚(2019)认为医养结合养老服务对象主要包括两类:长期照护对象和慢性病老年人。长期照护的服务对象则主要局限于失能失智、大病恢复期、绝症晚期需要专业医疗护理的老年人,医养结合养老服务的目标老年人群要大于长期护理和长期照护的服务对象。①

服务内容:医养结合养老服务注重养老服务中融入健康的理念,超越了传统养老服务的服务范围。"医"并非是指传统意义上以疾病诊疗、治愈为目标的短期医疗服务,而是大健康的概念,具体包括预防、保健、慢性病管理、健康管理、突发疾病应急处置、康复护理、临终关怀等全链条医疗护理服务(王红漫,2019)。② 医疗康复护理服务以评估为导向,针对不同身体和居住状况老年人提供不同的服务项目。针对居家社区健康老年人,以健康管理为主;针对入住养老机构老年人,以应急处置、慢性病管理、护理服务等为主;针对入住护理型机构的失能失智老人,以保健康复、护理疗养为主。"养"主要是日常生活照料、精神慰藉和社会参与类服务,包括助餐、助浴、上门做家务、日间照料、心理咨询、聊天解闷、文化娱乐、法律援助等服务。

服务主体:医养结合养老服务涉及多元主体。包括各类正式、非正式服务主体,如政府、家人、基层社区、邻居、社会组织、亲戚、企业及志愿者等,而且涉及多种类型服务机构。各类服务主体及服务机构共同作为医养结合的服务供给及递送主体,扮演着不同的角色,协同供给健康养老服务,以满足居家社区老年人健康养老服务需求。

服务供给模式:满足老年人多层次、多样化健康养老服务需求,不能仅靠单一供给主体或供给方式,而应走多元化主体协同供给的道路。供给方式主要包括政府兜底保障性供给、市场化营利性供给和社会化非营利性供给三种方式,其中,社会化非营利性供给是我国未来医养结合养老服务供给的主要方式。服务供给模式分为两种,一是居家社区医养结合养老服务,主要是利用社

---

① 董红亚:《中国养老进入服务新时代》,中国社会科学出版社2019年版,第126—127页。
② 王红漫:《光明医养结合模式考究》,中国财政经济出版社2019年版,第13页。

区养老服务网络,为居家老年人提供个性化、便利化社会服务;二是机构型医养结合养老服务,依托各类专业照护,为入住机构的失能、半失能老年人提供专业的照护服务。两种医养结合养老服务供给模式的构成要素具体如表0-11 所示。

表 0-11 两种医养结合养老服务供给模式的构成要素

要素	服务内容	服务对象	责任主体	资金来源	服务人员
居家社区医养结合养老	家政服务、生活照料、社区卫生、上门护理、上门看病、精神慰藉等服务	以生活能够自理的老年人为主,主要针对有日间照料及护理的老年人	家庭、政府、社区、社会组织以及市场	享受政府补贴、低偿及无偿服务较多,家庭负担小	家庭成员为主,社区、志愿者及其他组织人员为辅
机构医养结合养老	长期的综合照料及康复护理	以失能、半失能的老人为主	家庭、企业、政府	兜底保障对象由政府负担,其他对象主要由家庭或个人负担,困难家庭老年人可申请政府补贴	机构工作人员

注:生活能自理指吃饭、穿衣、室内走动、如厕、上下床等自如的老年人;工具性自理能力受损指洗衣、做饭、日常购物、扫地、上下楼、提起10公斤重物、乘坐公交车、步行3—4里等活动中至少一项无法完成。

资料来源:笔者整理。

第四节　民族地区医养结合养老服务体系构建的思路

医养结合养老服务体系具有复杂性、系统性、异质性的特点,类似于西方国家的整合照料或长期照护服务体系。① 官方对医养结合养老服务体系的最新表述来自《中共中央关于制定国民经济和社会发展第十四个五年规划和二

---

① 赵怀娟:《老年人长期照护服务主体与服务组合研究》,人民出版社2020年版,第14—15页。

〇三五年远景目标的建议》,提出"构建居家社区机构相协调、医养康养相结合的养老服务体系"。学界普遍认为医养结合养老服务体系是一项系统复杂的工程,董克用等(2020)认为养老服务体系是指在日常生活中为老年人提供全方位服务的支持系统,由养老服务主体、内容、对象、方式四部分组成。[①] 钟慧澜(2017)则认为如何有效提供养老服务是养老服务体系构建的核心和本质,本源性的问题主要包括两个:一是养老服务的责任如何界定? 二是养老服务由谁来提供?[②] 王杰秀、安超(2020)基于养老服务体系面临的需求溢出、供需失衡、成本分担落实难等问题,以解决上述问题为出发点,将我国养老服务体系划分为七个子系统,具体包括:供给体系、递送体系、资金保障体系、责任分担体系、监管体系、人才体系和健康服务体系。[③]

综合官方和学界的表述,本书认为医养结合养老服务体系是通过医养结合养老服务的有效供给,回应老年人健康养老服务需求,最终实现健康老龄化目标的服务体系。从理论上看,民族地区医养结合养老服务体系构建不仅要解决"需要什么"和"如何有效提供"的问题,而且要解决"谁来提供服务""如何建立多维支持保障政策"等问题,尤其是政策设计问题。

本书根据医养结合养老服务体系的构成要素,结合医养结合实践中存在的主要问题,将民族地区医养结合养老服务体系划分为四大子系统:需求评估体系、服务供给体系、责任共担体系和支持保障体系,如图0-1所示。

第一,需求层面,解决难以精准识别老年人需求的问题,即解决"需要什么""谁需要"的问题,确定服务对象和内容。关联的问题包括:民族地区老年人对医养结合养老服务的需求程度如何? 需要哪些服务项目和医养结合服务

[①] 董克用、王振振、张栋:《中国人口老龄化与养老体系建设》,《经济社会体制比较》2020年第1期。

[②] 钟慧澜:《中国社会养老服务体系建设的理论逻辑与现实因应》,《学术界》2017年第6期。

[③] 王杰秀、安超:《"元问题"视域下中国养老服务体系的改革与发展》,《社会保障评论》2020年第3期。

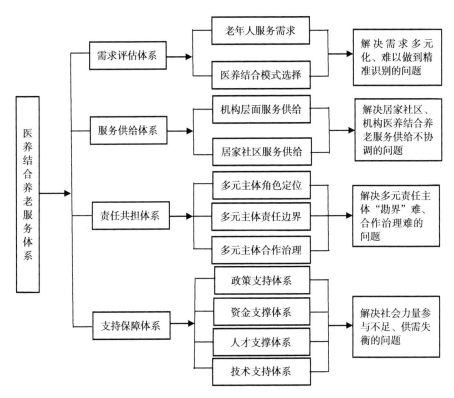

图 0-1　少数民族地区医养结合养老服务体系构架

资料来源:笔者自绘。

模式? 哪些因素影响了老年人的服务需求及模式选择? 医养结合养老服务对象精准识别与梯次化瞄准策略有哪些? 以需求为导向,精准识别和评估民族地区老年人服务需求,是实现服务有效供给和供需匹配的内在要求。为此,本书通过实地调研、问卷调查,评估民族地区老年人多样化需求、服务模式选择及影响因素,以期精准识别服务对象和确定服务供给优先序。

第二,服务供给层面,解决民族地区居家社区、机构医养结合养老服务供给不协调的问题,即通过供给方式优化,实现服务有效供给,解决民族地区医养结合养老服务发展不均衡不充分的问题,关联的议题包括:居家社区医养结合和机构医养结合发展分别面临哪些障碍? 优化策略有哪些? 因此,本书从居家社区和机构两个层面,研究民族地区医养结合养老服务供给体系构建问题,一方面研究机构医养结合养老服务结构调整问题,另一方面研究补齐居家社区医养结合服务短板的问题。

第三,责任共担方面,解决多元责任主体"勘界"难、合作治理难的问题,即解决"谁来提供服务"的问题,亟待解决以下主要问题:如何定位多元主体在医养结合养老服务中的角色? 如何划分多元主体的责任边界? 如何促进多元主体合作治理医养结合养老服务? 为此,本书从理论层面分析医养结合养老服务中政府、社会、市场等组织的角色定位、责任边界,阐述适合民族地区医养结合养老服务供给主体结构,结合多元主体合作治理的状况,提出解决的思路。

第四,支持保障方面,解决社会力量参与不足、供需失衡的问题,建立多维支持保障体系,支持保障要素主要包括政策、资金、人才、技术等方面,关联的议题主要涉及:民族地区建立医养结合政策、资金、人才、技术等方面的支持保障体系面临哪些障碍? 如何建立与优化政策支持体系,促进社会力量参与医养结合养老服务? 为此,本书主要从政策、资金、技术和人才的要素角度,对完善服务支持保障体系进行理论和实证分析,提出服务支持保障体系建设的方向和路径。

第一章 医养结合养老服务体系
构建的理论阐释

第一节 马克思社会保障公平思想：
基本价值理念

一、马克思社会保障公平思想的主要内容及理论精髓

马克思对社会保障公平思想的阐述散见于《资本论》《共产党宣言》《哥达纲领批判》等经典著作中，贯穿于马克思对资本主义制度的批判和对未来社会的构想中，融入于剩余价值论、劳动价值学说和收入分配理论中。

马克思认为未来社会必须建立社会保障制度。马克思从无产阶级的立场出发，认为工业生产相对于农业生产来说对工人带来更大的风险，他指出："大工业在瓦解旧家庭制度的经济基础以及与之相适应的家庭劳动的同时，也瓦解了旧的家庭关系本身。"①因此，为了化解社会风险和维护工人阶级的利益，国家有责任建立社会保障制度。恩格斯同样十分关注社会保障问题，他指出："由社会全体成员组成的共同联合体来共同地和有计划地利用生产力；

---

① 《马克思恩格斯文集》第 5 卷，人民出版社 2009 年版，第 562 页。

把生产发展到能够满足所有人的需要的规模;结束牺牲一些人的利益来满足另一些人的需要的状况;彻底消灭阶级和阶级对立;通过消除旧的分工,通过产业教育、变换工种、所有人共同享受大家创造出来的福利,通过城乡的融合,使社会全体成员的才能得到全面发展,——这就是废除私有制的主要结果。"①由此可见,促进工人阶级共享福利是废除资本主义私有制的重要目的之一。

　　公平是马克思社会保障思想的实质。如何界定社会保障基金来源和待遇水平,一直都是社会保障制度建设的核心问题。马克思主张建立社会保障和福利基金,为社会弱势群体提供基本生活保障,在《哥达纲领批判》中,用"社会总产品扣除"理论进行了阐释。马克思在批判哥达纲领时提出"劳动所得应当不折不扣和按照平等的权利属于社会一切成员"②,同时他认为:"如果我们把'劳动所得'这个用语首先理解为劳动的产品,那么集体的劳动所得就是社会总产品。现在从它里面应该扣除:第一,用来补偿消费掉的生产资料的部分。第二,用来扩大生产的追加部分。第三,用来应付不幸事故、自然灾害等的后备基金或保险基金。从'不折不扣的劳动所得'中扣除这些部分,在经济上是必要的,至于扣除多少,应当根据现有的物资和力量来确定,部分地应当根据概率计算来确定,但是这些扣除无论如何根据公平原则是无法计算的。剩下的总产品中的另一部分是用来作为消费资料的。在把这部分进行个人分配之前,还得从里面扣除:第一,同生产没有直接关系的一般管理费用。同现代社会比起来,这一部分一开始就会极为显著地缩减,并随着新社会的发展而日益减少。第二,用来满足共同需要的部分,如学校、保健设施等。同现代社会比起来,这一部分一开始就会显著地增加,并随着新社会的发展而日益增长。第三,为丧失劳动能力的人等等设立的基金,总之,就是现在属于所谓官

---

①　《马克思恩格斯文集》第1卷,人民出版社2009年版,第689页。

②　《马克思恩格斯文集》第3卷,人民出版社2009年版,第428页。

办济贫事业的部分。"①其中，用来应付不幸事故、自然灾害等的后备基金或保险基金、为丧失劳动能力的人设立的基金，都属于社会保障基金。因此，从马克思社会总产品的两次扣除理论可以看出，社会保障基金是剩余价值的一部分，是通过国民财富的分配与再分配而建立起来的社会保护机制。两次分配对社会保障等费用的扣除不仅保证了按劳分配的公平性，而且解决了社会保障资金的来源问题。由此可见，公有制是社会主义社会保障公平的基石，两次分配扣除下来的部分应通过相应的社会福利制度公平地分配给需求者。②

马克思社会保障公平思想的理论精髓主要体现在三个方面：一是保障范围公平，是指政府不应因地域、民族、城乡、职业、性别等因素的不同而区别对待；二是保障过程公平，是指政府为了缩小收入差距，促进人的自由全面发展，为所有社会成员提供基本生活保障，保证其公平参与社会竞争的权利；三是结果公平，主要是发挥社会保障收入再分配功能。③

二、中国共产党对马克思社会保障公平思想的发展

马克思社会保障思想为社会主义社会保障制度建立提供了基本构想，也是我国建立健全社会保障体系遵循的基本价值理念。④ 中国共产党不断深化对社会主义社会保障公平思想的认识，积极进行社会保障制度的实践与探索。

计划经济时期，党对马克思社会保障公平思想的认识与探寻。社会保障属于社会主义制度的有机组成部分，在毛泽东同志"以福利促生产"思想的指导下，我国建立了"国家统包"式的社会保障制度。计划经济时期的社会保障

① 《马克思恩格斯选集》第3卷，人民出版社2012年版，第361—362页。
② 许飞琼：《论马克思的社会保障思想及其时代意义》，《政治学研究》2013年第3期。
③ 汪连杰：《马克思的社会保障思想及其中国化研究》，《经济学家》2018年第6期。
④ 吴镇聪、杨立英：《马克思社会保障思想在当代中国的新发展及其时代价值》，《福建论坛(人文社会科学版)》2017年第2期。

是一种典型的国家—单位保障制,国家和单位(集体)是社会保障的责任主体,社会成员被分割在各个单位,无偿地享受着社会保障待遇。[①] 制度安排具有典型的城乡分割、板块结构、全面保障等特点,在经济发展落后、财力相对不足的情况下为国民提供了基本生活保障,由于非社会化制度缺陷导致自身可持续性不强。[②]

改革开放后,社会保障制度改革与建设作为社会主义市场经济改革的重要组成部分,成为促进经济社会高速发展和维护改革顺利进行的重要保障。在社会保障领域坚持效率优先、兼顾公平的改革原则,将社会保障作为国有企业改革的配套制度,国家在社会保障中的责任开始收缩,个人责任开始回归。党的十四届三中全会提出"建立多层次的社会保障体系",将社会保障制度作为市场经济体系的支柱之一。党的十五届五中全会明确了社会保障促进社会公平的作用,开始将社会保障视为一个重要的社会和经济问题。党的十七大报告提出,建立公平、可持续、多层次的社会保障制度,使其覆盖城乡居民,让全体国民共享改革发展成果。党的十八大提出,逐步建立机会公平、权利公平和规则公平的社会保障体系。[③]

党的十八大以来,党中央更加注重社会保障制度的公平价值理念。党的十八届五中全会提出"共享发展"的理念,明确社会保障要向更加公平可持续的方向发展,实施全民参保计划,推进职工养老保险全国统筹。对比之前党的文件中关于社会保障的论述,公平已经成为新时期社会保障制度完善的主要特征和着力点,社会保障制度建设更加重视区域间、城乡间、群体间的均衡发展问题。党的十九届四中全会进一步提出,社会保障制度应坚持应保尽保原则,覆盖全民,统筹城乡,稳步提高保障水平。与以往相比,党的十九大报告更加强调社会保障制度的公平性、管理的统一性、城乡的协调性。

---

① 郑功成:《中国社会保障30年》,人民出版社2008年版,第5页。
② 郑功成:《中国社会保障改革与发展战略(总论卷)》,人民出版社2011年版,第3页。
③ 《胡锦涛文选》第三卷,人民出版社2016年版,第291—292页。

2021年2月27日,中共中央政治局就完善覆盖全民的社会保障体系进行第二十八次集体学习,习近平总书记强调,坚持人民至上和共同富裕,把促进社会公平、增进民生福祉作为发展社会保障事业的根本出发点和落脚点,促进社会保障高质量可持续发展。[①]

三、马克思社会保障公平思想对医养结合养老服务体系构建的指导意义

基本医养结合养老服务是社会保障的重要内容,国务院《"十三五"推进基本公共服务均等化规划的通知》将老年人福利补贴、护理补贴、老年人健康管理、健康教育、居民健康档案等医养结合养老服务项目纳入国家基本公共服务清单。根据马克思社会保障公平思想和中国共产党对其探索与发展,公平也是基本医养结合养老服务的基本价值理念。公平的价值理念主要是指全体老年人都能获得质量和数量大致相当的基本医养结合养老服务,其核心是机会均等,而非"平均"、"相等"和无差异。公平并不是强调所有老年人都享受完全一致的基本医养结合养老服务,而是在承认不同老人群体差异的前提下,保障全部老年人都享受一定标准的基本医养结合养老服务,其实质是底线公平。马克思社会保障公平思想对民族地区医养结合养老服务体系构建具有重要的指导意义,具体体现在以下几方面:

一是对象的普惠性。从公平性角度来看,医养结合养老服务的发展方向是保基本、普惠性、均等化、可持续,因此保障对象应是全体老年人[②],不因地域、民族、健康状况、职业、收入等个体特征的差异而排斥任何老年人,保证每位老年人公平地享受医养结合养老服务。同时,医养结合养老服务的重

---

① 习近平:《完善覆盖全民的社会保障体系 促进社会保障事业高质量发展可持续发展》,《人民日报》2021年2月27日。

② 龙玉其:《基本养老服务均等化的核心概念及深层意蕴》,《老龄科学研究》2020年第10期。

点保障对象是民族地区、贫困地区、农村地区的"三无"、"五保"、失能、空巢、高龄、贫困等困难老年人,对于上述兜底保障对象应给予优先和特殊关照。

二是区域均衡发展是现实目标。民族地区由于地形地貌、区位条件、资源禀赋、财政能力、发展水平等历史和现实原因,基本公共服务能力建设依然滞后。2019 年 9 月,在全国民族团结进步表彰大会上,习近平总书记指出,"没有民族地区的全面小康和现代化,就没有全国的全面小康和现代化。我们要加快少数民族和民族地区发展,推进基本公共服务均等化……要完善差别化的区域政策,优化转移支付和对口支援机制,实施好促进民族地区和人口较少民族发展、兴边富民行动等规划"①。民族地区医养结合养老服务是我国医养结合养老服务体系建设的痛点和难点,补齐民族地区服务发展短板,是实现区域均衡发展的现实目标和任务。

三是城乡均衡发展是紧迫任务。与城市相比,民族地区农村医养结合养老服务先天不足,表现在医养服务设施不足、专业护理人员缺乏、服务质量偏低、社会力量参与不足等方面。公平理念下政府亟须补齐农村的短板,加快民族地区医养结合养老服务体系构建,给予农村更多的政策、设施、资金、人员等方面的支持。

四是强化政府主导是根本保障。根据马克思的社会保障公平思想,社会保障是政府主导的社会总产品再分配行为,政府责任的强弱直接决定着医养结合养老服务的普惠程度,在老年人对健康养老服务需求与供给之间的矛盾日益突出的情况下,政府的主导作用显得越来越不可或缺。政府作为主导者,承担顶层设计、统筹规划、筹资、监管等方面的责任,其中财政责任是核心,政府承担的医养结合养老服务责任主要通过财政投入来体现。

---

① 《习近平谈治国理政》第三卷,外文出版社 2020 年版,第 300 页。

第二节 健康老龄化:体系构建的目标

一、健康老龄化理念国际共识的形成

(一)学界对健康老龄化的界定

人口老龄化所导致的健康问题是非常严峻的,需要进行社会性应对与制度建设。在积极应对人口老龄化挑战的过程中,"健康老龄化"这一概念被广泛应用于学术和政策领域,但其定义、测量方法和组成却一直缺乏共识。[1]

它经常用于鉴定和区分健康和不健康的个体。罗维(Rowe)和卡恩(Kahn)提出了应用广泛的健康老龄化生物模型,指出健康老龄化应该具备三个要素:疾病及失能发生风险低、躯体功能和认知能力良好、积极参与生活。[2]费伦(Phelan,2004)通过对老年人本身的调查,认为健康老龄化应该包括躯体、社会、精神和心理四个方面的健康。学者们主要从生活学、社会心理学角度对健康老龄化定义,从生物学角度,健康老龄化被表述为躯体功能良好、长寿、没有慢性病或危险因素;从社会心理学角度,健康老龄化则包括社会功能、心理资源和生活满意度。[3] 巴特利特(Bartlett)和皮尔(Peel)提出,对个体来说,健康老龄化是指拥有独立活动的能力、有意义的参与、支持性环境和积极的态度。[4]

国家应对人口老龄化战略研究课题组(2014)认为影响健康老龄化的因

---

① Peel N.,Bartlett H.,McClure R.,"Healthy Ageing:How is it Defined and Measured?",*Australasian Journal on Ageing*,Vol.23,No.3,2004,pp.115-119.

② Rowe J.W.,Kahn R.L.,"Successful Aging",*Gerontologist*,Vol.37,No.4,1997,pp.433-440.

③ Phelan E.A.,Anderson L.A.,Lacroix A.,Larson E.B.,"Older Adults' Views of 'Successful Aging'—How Do They Compare with Researchers' Definitions?",*Journal of the American Geriatrics Society*,Vol.52,No.2,2004,pp.211-216.

④ Bartlett H.P.,Peel N.M.,"Healthy Ageing in the Community",in G. Andrews,D. Phillips(Eds.),*Healthy Ageing in the Community*,London:Routledge,Paris:OECD Publishing,2013,pp.98-109.

素包括 7 类:横断面因素,即文化、性别因素;卫生服务和社会服务相关因素,即健康促进与疾病预防、治疗性服务、长期照料、精神卫生服务因素;个人行为因素,即健康饮食、体力活动等;个体特征因素,即生物学和基因因素、心理因素;物理环境因素,即生活环境、安全居所、干净的水、空气和安全的食物;社会环境因素,即社会支持、教育与文化;经济因素,即收入、社会保护、工作。[①]

(二)公共政策领域中健康老龄化理念的发展演变

1990 年,世界卫生组织(WHO)提出健康老龄化战略,将其界定为延长老年人的寿命,提高生命质量,认为健康老龄化主要立足生存质量和健康两个方向。2002 年,WHO 发布了《积极老龄化政策框架》,又提出了积极老龄化(Active Aging)的政策目标,"积极老龄化"比"健康老龄化"表达的意思更为广泛,要理解除保健之外的其他因素对人群和个体老龄化的影响(Kalache, Kickbusch,1997)。[②] 强调"参与"和"保障"对老年人身体、社会和心理健康的作用,在老年人需要援助时应给予他们足够的保护、保障和照顾,适用于个体和群体。[③] 积极老龄化的观点实现了从"需求为基础"向"权利为基础"的转变,不再把老年人视为消极对象,承认老年人在增龄过程中有均等机会和处理生活各个方面的权利。

将提升内在能力、改善功能发挥作为政策目标。2015 年,WHO 又发布了《关于老龄化与健康的全球报告》,基于整个生命历程全局,重新界定了健康老龄化的概念,着重强调维持功能发挥对健康老龄化的重要性。为了探讨老年人健康和机能问题,报告严格界定了"功能发挥"的概念,指出功能发挥是指老年人完成自己认为重要的事情的内在和行动能力,它是个体与环境的最

[①] 国家应对人口老龄化战略研究课题组:《健康老龄化与老年健康支持体系研究》,华龄出版社 2014 年版,第 12—13 页。

[②] Kalachea A., Kickbusch I., "A Global Strategy for Healthy Ageing", *World Health*, Vol.7, No. 4, 1997, p. 45.

[③] 世界卫生组织:《积极老龄化政策框架》,华龄出版社 2003 年版,第 7—9 页。

终结合及其相互关系的结果。①

突出了环境对功能发挥的影响。个人特征、资源可及性的差异会对健康老龄化产生巨大的影响,贫困老人的功能发挥和复原力相对较低。无论年龄和内在能力水平如何,所有老年人都有权享受有尊严且有意义的生活。长期照护系统可以维护老年人的功能发挥,尤其要为面临严重失能风险或已经严重失能的老年人提供长期照护。

二、健康老龄化的政策理念和具体的行动框架

经过近三十年的演进,健康老龄化理念在理论和政策领域不断更新,逐步达成了国际共识,形成了一整套相对成熟的政策理念和具体的行动框架。这些新的政策理念和行动方案将对制定健康老龄化相关政策产生积极作用和指导,具体包括如下几个方面:

一是以改善老年人功能发挥为目标。通过提供综合性卫生保健服务,提升老年人内在能力,改善其功能发挥。

二是建立综合性长期照护系统。建立长期照护系统的基础,是建设和维持一支训练有素、可持续的工作队伍。21世纪,每个国家都需要根据自身独特情况确定适合本国的长期照护系统。

三是构建关爱老年人的环境,减少不公平。在各级政府和全部政策中支持健康老龄化,平衡社会各阶层的能力和功能发挥的水平,并缩小老年个体间整体不平等的差距,特别是为底层人员提供帮助,同时使老年人具有选择权。

四是采取更为科学的方法,提高评估、监测和认识水平。收集更加细致的需求信息,以明确老年人服务的需求和缺口,提高对老年人口健康状况、需求及其满足状况的认识。

---

① John R.Beard, Alana Officer, "The World Report on Ageing and Health: A Policy Framework for Healthy Ageing-Science Direct", *Lancet*, Vol.387, No.10033, 2016, pp.2145-2154.

三、健康老龄化中国方案:把积极推动医养结合服务作为主要任务

2017 年,国家卫计委等 13 部门联合发布了《"十三五"健康老龄化规划》,将维护老年人的健康功能和延长健康预期寿命作为目标,与国际健康老龄化注重老年人功能发挥的思想是一脉相承的(陆杰华等,2017)。[①] 同时,健康老龄化中国方案把积极推动医养结合服务作为促进健康老龄化的主要任务,大力发展居家社区医养结合,与建立综合性的长期照护系统的国际共识一致。从 2018 年国务院机构改革上看,新成立的国家卫生健康委员会不仅是全民健康工作的职能部门,又是全国老龄工作的牵头部门,表明国家层面重视健康老龄化工作,将其放到了更加重要的位置。未来我国老年健康服务体系的重点是"防"和"护"两大功能,即做好健康管理和为失能老年人提供长期照料护理服务。[②] "十三五"时期,积极推进医养结合成为促进健康老龄化的新政策措施。

第三节　福利多元主义理论:养老服务合作治理的理论基础

一、福利多元主义的发展及评价

福利国家经历了近三十年的扩张,20 世纪 70 年代中期,石油危机引发了福利国家危机,在学界对福利国家进行批判和探寻可能出路的过程中,福利多元主义(Welfare Pluralism)应运而生,它主张福利由国家、家庭或市场单一提

---

① 陆杰华、阮韵晨、张莉:《健康老龄化的中国方案探讨:内涵、主要障碍及其方略》,《国家行政学院学报》2017 年第 5 期。

② 党俊武:《积极探索健康老龄化中国之路》,《健康报》2018 年 10 月 17 日。

供转型到多元责任主体共同提供。福利多元主义是介于残补型福利与制度型福利模式之间的一种福利模式。① 20 世纪 80 年代,福利多元主义成为一种新的福利研究分析范式,它主要关注福利的多元供给、来源、传输的结构。② 它反对过分强调单一主体在福利供给中的作用,认为政府、市场和家庭作为单独的福利提供者都存在一定的缺陷,主张发展一种混合的、多元的福利制度。

罗斯(Rose)最先提出社会总福利主要来源于政府、市场和家庭三个部门,他认为政府仍然是现今福利最主要的生产者,但并非唯一的来源。三个部门共同提供福利可以避免单一主体提供服务的缺陷。三者是相互补充的关系,福利提供的份额是相互影响的,三者之间存在此消彼长的关系,福利提供的份额存在替代性。③

(一) 福利三角的研究范式

在罗斯的研究基础上,学者们建构了不同的分析框架,不同福利理论有不同的多元福利组合内容,在多元福利组合中强调不同部门的作用,其中影响力最大的是福利三元划分法和四元划分法。伊瓦斯(Evers)提出了福利三角的研究范式,认为福利多元主义理论不仅强调福利供给方的多元化,而且强调参与(Participation)和分权(Decentralization)是实现社会福利多元化的两个重要途径。在福利领域通过中央政府职权向地方政府和社会分权,使社会力量参与福利的规制、筹资和供给。福利多元主义降低了国家在社会福利提供方面的作用,提升了其他部门的福利提供功能,政府仍然在福利供给中扮演着积极的角色。④

---

① 林闽钢:《福利多元主义的兴起及其政策实践》,《社会》2002 年第 7 期。

② 彭华民、黄叶青:《福利多元主义:福利提供从国家到多元部门的转型》,《南开学报(哲学社会科学版)》2006 年第 6 期。

③ R.Rose, "Common Goals but Different Roles:The State's Contribution to the Welfare Mix", in R.Rose & R.Shiratori, *The Welfare State East and West*, Oxford University Press, 1986, pp.13–39.

④ 韩央迪:《从福利多元主义到福利治理:福利改革的路径演化》,《国外社会科学》2012 年第 2 期。

(二)福利多元主义四元划分法

伊瓦斯在随后的研究中,将福利三角的分析范式修正为福利四元划分法,即在三元主体的基础上加入了民间社会,并强调民间社会在多元供给中的桥梁、协调作用,能够联系政府、市场和社区,平衡公共利益和私人利益,将会在福利供给中发挥越来越重要的作用。约翰逊(Johnson)在伊瓦斯福利三角的基础上加入了志愿组织,指出社区、非营利性机构、互助组织、亲友、家庭、邻里等非正式组织在福利供给中发挥着重要作用。[1] 吉尔伯特(Gilbert)则将福利四元结构中的家庭替换为非正式组织,认为社会福利通过这四个部门递送给福利需求者,他根据动机和福利分配原则的不同,区别了社会市场和经济市场,认为公共领域各级政府通过直接或间接转移支付提供福利。[2]

由此可见,两种研究范式都认为福利来源应该多元,都冲破了福利供给中国家和市场的绝对主义藩篱,家庭、邻里、志愿组织、民间机构等主体也是福利的提供者,应承担相应的福利责任,各责任主体之间是互补和协调的关系。随着福利供给改革的不断深化,福利多元主义分析范式的福利供给主体将不断增加和细化,或许会变为五个主体或更多。[3] 目前福利多元主义理论已成为西方社会政策的一种重要宏观分析范式,为长期照护、健康、就业、养老等领域社会政策的修正和发展提供了指引,因此,该理论符合医养结合养老服务政策的目的和意图,有助于在理论和实践层面指导民族地区医养结合养老服务体系的构建。

二、福利多元主义理论对医养结合养老服务发展的参考价值

20世纪90年代末期,福利多元主义引入中国社会政策领域,在养老服务

① N.Johnson, *The Welfare State in Transition:The Theory and Practice of Welfare Pluralism*,The University of Massachusetts Press,1987,p.58.

② Gilbert N., "Remodeling Social Welfare", *Society*, Vol.35, No.5, 1998, pp.8-13.

③ 丁学娜、李凤琴:《福利多元主义的发展研究——基于理论范式视角》,《中南大学学报(社会科学版)》2013年第6期。

领域,部分学者开始尝试以福利多元主义理论为分析视角,探讨养老服务的社会化和市场化问题。基于福利多元主义理论,健康养老服务供给主体多元化有助于减轻政府负担,整合各方养老服务资源,满足老年人多样化健康养老服务需求,提高健康养老服务质量。政府通过购买服务或向需要服务的老人和家庭提供补贴,委托非营利性组织和营利性市场主体提供服务,政府主要担当决策者、供给者、支持者及监督者的角色,实现服务供给和生产的分离。健康养老服务生产者与供给者的分离不仅有利于转变政府职能,而且能为社会力量参与健康养老服务创造条件。医养结合养老服务供给主体的多元化体现在生产方式多元化方面,除了国家和家庭之外,市场各服务主体、非营利性组织、志愿组织及个人可以根据自身特点,为老年人提供各种类型的健康养老服务。

按照福利多元主义,本书可将医养结合养老服务的责任主体分为政府、市场和社会(社会组织、社区、家庭)三方,民族地区医养结合养老服务的三维福利供给框架,如图1-1所示。多元主体间是一个平等、互助、合作的关系,在医养结合养老服务的规制、递送、筹资等方面通力合作。

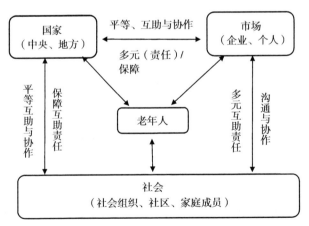

图1-1 民族地区医养结合养老服务多元供给主体及关系示意图

资料来源:笔者自绘。

第四节　嵌入理论：医养结合的理论解释

一、嵌入理论内涵的演化与结构

嵌入理论主要用于解释和分析经济行为与社会体系间的关系，是新经济社会学的一个核心理论。波兰尼（Polanyi）最早提出嵌入理论，认为嵌入是一种实然的社会事实和原生状态，没有详细阐释经济行为嵌入社会关系的机制、过程和后果。[①] 而后，格兰诺维特（Granovetter）系统阐释了嵌入理论，认为经济行为主体及其所在的社会网络嵌入社会结构，并受到来自社会结构价值、文化等因素的影响，进而说明经济行为与社会结构、共同价值、社会规范的密切关系。他以社会网络为分析工具，着眼于分析具体的经济行为，使嵌入性理论更具微观化、普适化和可操作化。[②]

（一）嵌入理论内涵的演化与扩展

基于波兰尼和格兰诺维特等最初对嵌入理论的内涵界定，不同领域的学者从不同视角出发，对嵌入理论的具体内涵进行了扩展和深化。部分学者侧重于解构嵌入的客体（社会关系）（Uzzi，1997）[③]，部分学者注重解构嵌入的主体（Andersson 等，2002）[④]，将嵌入扩展为两个主体之间的互适、互依（Halinen，

---

① ［英］卡尔·波兰尼：《大转型：我们时代的政治与经济起源》，冯钢、刘阳译，浙江人民出版社 2007 年版，第 50 页。

② ［美］马克·格兰诺维特：《镶嵌：社会网与经济行动》，罗家德译，社会科学文献出版社 2007 年版，第 29 页。

③ Uzzi B., "Embeddedness in the Making of Financial Capital: How Social Relations and Networks between Firms Seeking Financing", *American Sociological Review*, Vol.64, No.8, 1999, pp.481–505.

④ Andersson U., Forsgren M., Holm U., "The Strategic Impact of External Networks: Subsidiary Performance and Competence Development in the Multinational Corporation", *Strategic Management Journal*, Vol.23, No.11, 2002, pp.979–996.

Tornroos,1998）①。国内学者王思斌（2011）将嵌入概念进一步明确化,认为嵌入是指一个事物进入另一个事物的过程和状态,它强调嵌入过程、嵌入的实现机制和嵌入后的关系结构。②

（二）嵌入层次结构

为了更好地分析行为主体跨层嵌入的问题,学者们对嵌入的层次进行了划分。黄中伟、王宇露（2007）根据嵌入的分析层次,将嵌入分为个体、二元关系和网络嵌入,或微观嵌入、中观嵌入和宏观嵌入。基于嵌入的网络联系维度,格兰诺维特等学者,将嵌入分为关系嵌入（Relational Embeddedness）和结构嵌入（Structural Embeddedness）,该分类法应用最广泛,影响力也最大。

国内外学者不断拓展嵌入理论内涵和应用领域,除了将嵌入理论应用于新经济社会学、企业网络、新产业理论等领域问题的研究外,还将其引入解释政府购买服务、社会工作发展、环境保护等社会治理问题。本书运用嵌入理论的分析框架,研究民族地区医养结合养老服务的发展,阐释医养结合养老服务的制度嵌入逻辑、嵌入类型和嵌入效益等问题。

二、医养结合养老服务的嵌入逻辑与过程

（一）医养结合养老服务的嵌入逻辑

我国医疗护理和养老服务分别隶属于卫生健康和民政两个体系,养老服务机构缺乏提供医疗护理能力,仅有17%的养老机构内设有医务室和配备专业医护人员,大多数机构只能提供日常生活照料。③ 杨燕绥等（2017）认为医

---

① Halinen A.,Tornroos J.,"The Role of Embeddedness in the Evolution of Business Networks", *Scandinavian Journal Manage-ment*,Vol.14,No.3,1998,pp.187-205.
② 王思斌:《中国社会工作的嵌入性发展》,《社会科学战线》2011年第2期。
③ 戴伟、张霄艳、孙晓伟:《大健康理念下的"医养结合"模式》,《中国社会保障》2015年第10期。

养服务是指嵌入医疗、护理、康复和临终关怀等项目的养老照护服务的总称，提出发展嵌入式医养服务以满足老年人的照护服务需求。[①] 服务整合是指医疗护理服务与养老服务的整合。根据嵌入理论，医养结合养老服务实质上就是一种嵌入式养老模式（杨翠迎、鲁於，2018）。[②] 医疗护理服务嵌入由机构养老、社区养老和居家养老组成的社会养老服务体系，是实现资源整合和服务整合的有效途径，积极引入了增量资源并盘活了存量资源，创新了体制机制，可以实现医疗护理与养老服务的深度对接。

（二）医养结合养老服务的嵌入过程

根据嵌入理论，嵌入的主体为个人、组织或经济行为，嵌入的客体是基于文化、信任、荣誉等因素的持续性社会关系或社会结构。医疗护理服务嵌入社会养老服务体系之中，嵌入的主体是作为行为主体的医疗护理服务供给方（医护人员或医疗服务机构），嵌入的客体是社会养老服务体系，由机构养老、社区养老和居家养老构成。嵌入过程中，医疗护理服务主要从居家社区和机构两个层面嵌入养老服务，并受到政策、规范、传统孝道文化等社会结构因素的影响。

三、医养结合养老服务的嵌入路径

（一）基于嵌入路径维度的划分

从各地实践来看，目前民族地区医养结合养老服务主要有三种模式：养老机构内设医务室或护理站、医疗机构与养老机构签约合作、将医疗护理服务延伸至社区和家庭。基于嵌入理论，三种实践模式采取了三种不同的医疗护理

[①] 杨燕绥等：《银色经济与嵌入式养老服务》，清华大学出版社 2017 年版，第 65—67 页。

[②] 杨翠迎、鲁於：《"医疗嵌入型"医养结合服务的行为逻辑与实践经验——基于上海市六个区的调查分析》，《云南民族大学学报（哲学社会科学版）》2018 年第 6 期。

服务嵌入养老服务体系的路径,根据嵌入的主要动力来源和嵌入的形式,可以将目前民族地区医疗护理服务嵌入养老服务体系的路径划分为三种类型:自发推动内源型嵌入、双边合作外源型嵌入和外力推动多源型嵌入,如图1-2所示。

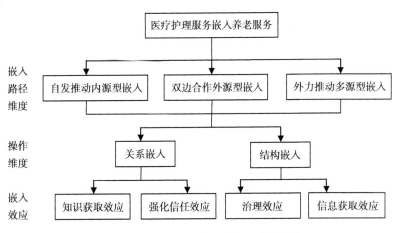

图1-2　医疗护理服务嵌入养老服务的路径

资料来源:笔者自绘。

一是自发推动内源型嵌入,是指区域有实力或影响力的养老服务机构,通过纵向或横向一体化发展,自身主动在机构内部设医务室、护理站、保健站等,并配备相关医护设施和专业医护人员,实现医疗护理服务自发嵌入原养老服务机构,新增医疗护理功能,从而改善原机构的结构和功能。此种嵌入方式,虽然效率较高,但是内设机构成本较大,适应实力较强,且拥有各种照护资源的机构。

二是双边合作外源型嵌入,是指医养机构通过签约或服务外包,由医疗护理机构委派专门医护人员定期为养老服务机构提供基本诊疗、健康管理、康复、护理等服务。该模式成本较低,但在缺乏利益协调和有效约束机制的情况下,容易出现双边治理责任边界不清,影响其可持续性。该嵌入方式主要适合双方有较强合作意愿、有外部保障激励机制和医疗健康资源较为丰富的地区。

三是外力推动多源型嵌入,是指各级地方政采用强制类、引导类和市场类政策工具,通过制定相关政策、财政投入、补贴、倡议引导等多种方式,促使医疗护理服务嵌入社区养老和居家养老服务网络,是兼顾自发推动内源型嵌入和双边合作外源型嵌入的一种混合型嵌入方式。一方面,政府通过完善老年人日间照料中心、居家养老服务中心、托老机构等养老服务机构和设施,为其配套建立医务室、护理室等设施,配备医疗护理人员,使社区养老服务设施增加为居家社区老人提供医疗护理的功能。另一方面,政府推动社区卫生服务中心或乡镇卫生院与辖区内社区养老服务机构建立合作网络联盟,实现医疗护理服务的嵌入。依托社区服务网络推广家庭医生模式,使社区卫生服务中心、卫生室与老年人建立签约服务关系,为老年人提供连续性的医疗保健、健康管理、康复护理等上门服务,推动医疗护理卫生服务延伸至家庭和社区。该嵌入方式方便、快捷,且成本较低,应该成为未来主流的嵌入方式,但是需要完善的基础医疗护理资源和服务网络作为支撑。

(二)基于操作维度的划分

一是关系嵌入。关系嵌入主要侧重于对二元关系结构中关系密疏、关系质量等特征的描述,是对嵌入网络的微观解构,具备执业许可的社区医疗服务站、私人诊所、村卫生室及具有资质的医疗护理机构,与辖区内养老服务机构签订合作协议,由医疗护理机构为养老机构提供医疗护理服务。

根据嵌入理论,行动主体的经济行为嵌入社会网络,所处的网络位置或总体性社会网络结构可以给行动主体带来资源和信息。[1] 关系嵌入具有隐性知识获取效应和强化信任效应。一方面,医疗护理服务嵌入养老服务体系,从而使养老服务机构获取医疗护理方面的设施资源、人力资源、技术资源和服务资源。另一方面,医疗护理服务主体与养老服务机构建立互助合作关系,将促进

---

[1] 杨玉波:《嵌入性理论研究综述:基于普遍联系的视角》,《山东社会科学》2014年第3期。

双方相互了解,培育长期合作和互惠意识观念,增强双方信任,有助于医疗、养老机构双赢目标的达成。

二是结构嵌入。结构嵌入是指行为主体及所在网络嵌入更大的社会结构网络中,并受到来自社会结构价值、文化等因素的影响。在各地推进医养结合的实践中,社区和居家层面发展健康养老服务具有结构嵌入性,依托社区各类服务和信息网络平台,医疗护理服务嵌入较为成熟的居家社区养老服务体系,同时受到社区健康养老、邻里互助、社区志愿、孝道伦理等传统文化及价值规范的影响。居家社区养老服务体系是涵盖社区医疗护理网络更大层面的网络结构。同时,社区医疗护理机构、人员及服务将自身的关系系统嵌入居家社区养老服务体系,与居家社区养老服务体系相互嵌套,实现健康养老资源、服务主体合作关系网络和信息网络之间的联结。

结构嵌入发挥着治理效应和信息获取效应。医疗护理服务嵌入养老服务体系,是现实健康养老服务需求和外部政策共同推动的结果,实质是一种公共治理行为。通过结构嵌入,将推动社会力量参与医养结合,形成多元主体合作共治的局面。处在健康养老服务网络中心的医疗护理服务主体,拥有地位、技术、信息和资源等优势,能够通过多种途径获取信息和其他组织资源,提高结构网络资源的利用率。①

---

① 侯仕军:《社会嵌入概念与结构的整合性解析》,《江苏社会科学》2011 年第 2 期。

第二章　医养结合养老服务政策体系
发展演变及优化

第一节　国家层面医养结合政策体系的
发展演变

　　为了深入分析医养结合养老服务政策现状,笔者利用北大法宝数据库,运用网络爬虫软件和人工手段,全面、系统地搜集国家、民族地区有关医养结合养老服务的政策法规,建立医养结合政策数据库,并进行文本挖掘,将我国医养结合政策划分为三个阶段,如图2-1所示。医养结合养老服务政策可以分为专项政策和相关政策。专项政策是指政策文件名称中有"医养结合"等关键词,相关政策是指政策文件名称中不含"医养结合"等关键词,但内容中有相关关键词的表述。

图2-1　全国和民族地区医养结合政策的发展演变

资料来源:笔者自绘。

一、萌芽酝酿阶段：非专项政策开始涉及医养结合内容

第一，医养结合理念首次体现在规划文件中。2011 年 9 月，《中国老龄事业发展"十二五"规划》提出要推进老年医疗卫生服务网点和队伍建设，为老年人提供居家康复护理服务。这是我国政府第一次提出鼓励养老服务和医疗卫生服务相互渗透。

第二，两项指导性政策出台。2013 年 9 月，国务院发布了《关于加快发展养老服务业的若干意见》，首次在国家政策文件中正式提出"积极推进医疗卫生与养老服务相结合"，该文件是我国推进医养结合标志性的起点，医养结合被列入养老服务主要发展任务。[①] 在我国医养结合政策的发展过程中，引领性的政策主要有两项，除了《关于加快发展养老服务业的若干意见》外，还有国务院出台的《关于促进健康服务业发展的若干意见》。医养结合政策标志性的起点是两部指导性政策的出台[②]，随后各地陆续开始制定落实政策，探索推进医养结合的策略。在这两份政策文件中，均提出要推进养老机构与医疗机构加强合作，说明我国早期医养结合政策主要重视机构层面的结合。

第三，非专项政策持续发布。随着 2013 年《关于加快发展养老服务业的若干意见》和《关于促进健康服务业发展的若干意见》的发布，2014 年和 2015 年，发改委、卫计委、民政部、财政部、人社部等相关部委开始贯彻落实两个意见，相继出台了配套文件，医养结合政策进入实质化发展阶段。2014 年，国家发展改革委发布了《关于组织开展面向养老机构的远程医疗政策试点工作的通知》，提出推动"医养融合发展"试点，并对试点工作的协调机制、养老机构与医院合作和远程医疗服务监督提出了具体的要求。同年 11 月，为了落实

---

① 左美云、李芳菲、邵红琳：《医养结合领域进展：从理论到实践》，载易鹏、梁春晓：《老龄社会研究报告（2019）》，社会科学文献出版社 2019 年版，第 133—134 页。
② 国家信息中心经济预测部：《人口老龄化背景下的养老服务业发展研究》，社会科学文献出版社 2019 年版，第 237—239 页。

《关于促进健康服务业发展的若干意见》提出的"促进健康服务业发展,完善财税价格政策",财政部发布了《关于减免养老和医疗机构行政事业性收费有关问题的通知》。

二、落实发展阶段:专项指导文件陆续出台

医养结合作为一项独立的、专项的政策诞生。2015 年 10 月,党的十八届五中全会提出了"建设健康中国"的新目标,并将其上升为国家战略,医养结合成为建设健康中国的题中应有之义。2015 年 11 月,国务院办公厅转发了卫计委等 9 部委发布的《关于推进医疗卫生与养老服务相结合的指导意见》,该文件是国家层面为推进医养结合而专门制定的专项指导文件,在医养结合政策中具有重要的里程碑意义。随后国家层面又发布了 15 项医养结合政策,如图 2-2 所示,其中 2016 年政策数量最多,为 7 项。

如果在萌芽酝酿阶段,医疗卫生与养老服务还处于彼此独立和分割状态,那么在医养结合落实发展阶段,医疗卫生与养老服务已经开始融合发展,相关政策和实践已经进入了新的发展时期。从发文机关上看,国家发改委、卫计委、民政部等部门开始牵头出台或专门发布相关文件,落实医养结合政策,人社部、财政部、教育部等部门也开始广泛参与相关政策。医养结合政策的层级和范围进一步拓展,既有国务院宏观指导性政策,又有各部委具体落实方面的政策措施。政策瞄准的对象也逐步由失能、健康状况较差、独居等特殊困难老年人向居家社区不同生命阶段、不同健康状况的老年人扩展。

三、快速发展阶段:配套政策密集出台

国家层面上,医养结合的专项指导文件《关于推进医疗卫生与养老服务相结合的指导意见》发布后,相关部委和民族省区医养结合相关部门配套政策密集出台,国家非专项政策内容日益丰富化,医养结合政策进入快速发展阶段。

（单位：项）

■ 国家级医养结合非专项政策　■ 国家级医养结合专项政策

图 2-2　2013—2020 年国家级医养结合非专项政策和专项政策发布时间及数量统计

资料来源：根据中国政府网、国家卫生健康委员会、民政部及官网发布的政策文件和北大法宝数据库搜
　　　　集的政策文件整理所得。

2016 年 5 月，卫生计生委和民政部两部门发布了《关于遴选国家级医养结合试点单位的通知》，要求试点城市积极创新医养结合管理机制和服务模式，制定试点方案、落实重点任务、强化保障措施及明确组织方式，试点城市的确定标志着医养结合正式成为国家意志行为，由地方层面自发探索行为转变为国家层面的统一治理行为（马伟玲、王俊华，2017）。① 随后，《"十三五"卫生与健康规划》和《"十三五"健康老龄化规划》，都指出提高其提供上门服务的能力，推动居家老年人长期照护服务的发展，为老年人提供连续性的健康管理和医疗服务，说明相关政策已经开始重视将健康养老服务深入社区和家庭。2019 年 3 月，国务院办公厅发布了《关于推进养老服务发展的意见》，提出提升医养结合服务能力的政策措施，包括：促进医养机构合作；重点推进农村、社区的医养结合；支持家庭医生参与为老年人服务。

该阶段，国家层面的相关规划和相关部委的配套政策密集出台，政策主题

---

① 马伟玲、王俊华：《我国医养结合养老服务试点进展、存在问题及国家治理研究》，《苏州大学学报（哲学社会科学版）》2017 年第 3 期。

日益细化,共涉及 12 个主题,分别是指导意见、试点单位遴选与确定、重点任务分工、机构审批、监测工作、典型经验征集与公布、政策推进、疫情防控、机构服务指南等主题,具体如表 2-1 所示。其中,两项政策为综合性专项政策,分别是《关于推进医疗卫生与养老服务相结合的指导意见》和《关于深入推进医养结合发展的若干意见》。从进一步推动医疗卫生与养老服务衔接、医养结合机构"放管服"改革、优化保障政策和加大政府支持力度等四个方面,提出了推动全国医养结合工作深入健康发展的意见。其他政策从某一角度对医养结合政策进行了细化,对机构审批、服务内容、服务标准、质量检测等内容进行了明确。

表 2-1　国家级医养结合专项政策 12 个主题汇总表

序号	主题	名　　称	文号	发布年份
1	指导意见	《关于推进医疗卫生与养老服务相结合的指导意见》	国办发〔2015〕84 号	2015
2	服务机构许可	《关于做好医养结合服务机构许可工作的通知》	民发〔2016〕52 号	2016
3	遴选试点单位	《关于遴选国家级医养结合试点单位的通知》	国卫办家庭函〔2016〕511 号	2016
4	确定试点单位	《关于确定第一批国家级医养结合试点单位的通知》	国卫办家庭函〔2016〕644 号	2016
5	重点任务分工	《关于印发医养结合重点任务分工方案的通知》	国卫办家庭函〔2016〕353 号	2016
6	监测工作	《关于开展医养结合监测工作的通知》	国卫办家庭函〔2017〕207 号	2017
7	机构审批等级	《关于做好医养结合机构审批登记工作的通知》	国卫办老龄发〔2019〕17 号	2019
8	机构服务指南	《医养结合机构服务指南(试行)》	国卫办老龄发〔2019〕24 号	2019
9	政策推进	《关于深入推进医养结合发展的若干意见》	国卫办老龄发〔2019〕60 号	2019
10	典型经验征集	《关于开展医养结合典型经验征集推广活动的通知》	国卫办老龄函〔2019〕583 号	2019

序号	主题	名　　称	文号	发布年份
11	典型经验公布名单	《关于全国医养结合典型经验名单的公示》	官方网站公示	2019
12	疫情防控	《关于进一步做好医养结合机构新冠肺炎疫情防控工作的通知》	肺炎机制综发〔2020〕67号	2020

资料来源:杨一帆、张劲松等:《积极应对人口老龄化研究报告(2020)》,社会科学文献出版社2020年版,第55页。

国家层面医养结合政策主题和内容日益细化。医养结合的内涵愈加丰富,实现途径不断扩展和深入,从最初强调医疗卫生与养老服务机构互设,到重视合作机制建立和服务向社区、家庭延伸。医养结合政策开始重视相关部门间的利益协调和责任分配,国家层面专门制定了重点任务分工方案。"放管服"政策方面,取消了医养结合机构行政许可审批,进一步降低了准入门槛。融资和费用报销方面,制定了金融支持政策,开始开展长期护理保险制度试点。

第二节　民族地区医养结合政策体系的进展及基本特点

一、民族地区医养结合政策的发展脉络

(一)探索起步阶段:政策体系初见端倪

1.医养结合理念开始体现在老龄事业发展规划中

在中央政府主动引导下,民族地区各级政府纷纷制定了本地区的老龄事业发展规划,开始将老年医疗卫生保健、老龄服务等内容作为老龄事业发展的主要任务。民族各省区根据国家养老服务"十二五"规划文件精神,制定了本地区规划,扩展了养老服务内容。除了传统生活照料和家政服务外,各地开始重视满足老年人的紧急救援、医疗保健、康复护理等方面的需求。以《广西社

会养老服务体系建设规划(2011—2015年)》为例,明确提出机构养老服务应具有生活照料、护理康复、紧急救援、精神关爱等功能。综上所述,民族省区出台的相关政策文件,尚未明确提出医养结合的概念,但医养结合理念开始体现在民族地区老龄事业发展规划中。

2.指导性政策出台,为民族地区推进医养结合指明了方向

为认真贯彻落实国务院2013年发布的《关于加快发展养老服务业的若干意见》和《关于促进健康服务业发展的若干意见》,加快推进民族地区养老服务业和健康服务业的发展,各民族省区纷纷制定了具体的实施意见。以新疆为例,2013年6月,新疆人民政府印发了《关于加快发展养老服务业的实施意见》(以下简称《意见》),明确将推进医养结合作为推进新疆养老服务业发展的六项重要举措之一。民族省区层面的《关于加快发展养老服务业的若干意见》是发展医养结合养老服务政策的原点,明确了医养结合养老服务在未来较长一段时期内的发展方向,同时也标志着医养结合的养老服务模式成为日后养老服务工作的重点。该阶段医养结合政策多为民族省区省级层面的整体规划和指导性意见,主要采用单一化的环境型工具,没有运用其他类型的政策工具。

（二）推进阶段:民族八省区均制定了推进医养结合专项政策

2016年,除西藏外,其他民族七省区都出台了省级层面的《关于推进医疗卫生与养老服务相结合的实施意见》,西藏在2018年出台省级文件,《关于推进医疗卫生与养老服务相结合的实施意见》的出台标志着医养结合作为一项独立、专项政策诞生,该政策不再是老龄事业、养老服务业、健康服务业的配套政策或措施。《关于推进医疗卫生与养老服务相结合的实施意见》不仅明确了"医养结合机构""医养结合政策体系""医养结合服务网络"等诸多概念,还全面部署了医养结合的实践,进一步从政策层面指导和推动了医养结合的发展,此后,医养结合试点在民族地区正式启动。随着2015年《关于推进医疗卫生与养老服务相结合的实施意见》的出台,政府已经将医养结合作为一项系统工程,通过采用多元化的政策工具进行整体规划和统筹协调,不仅注重政策的顶层设计,而且强化了具体配套性政策,从而达到政策预期的目标。

(三)发展期:医养结合政策体系方兴未艾

党的十八大以来,民族地区医养结合政策体系逐步完善。民族八省区省级层面出台了专项医养结合政策后,各地医养结合配套政策持续发布。截至2020年6月,课题组共查询到38项民族地区省级政策文本,其中贵州省政策数量最多,为10项;青海9项;内蒙古8项;广西和西藏最少,各1项,具体如图2-3所示。地级市和县级层面,从2016年开始,民族八省区专项政策和非专项政策都持续发布,2016—2020年,共查询到100项医养结合政策,民族八省区省级、地级、县级行政部门出台的医养结合政策情况如图2-4所示,民族八省区发布的全部医养结合政策数量差异较大,广西查询到的政策数量最多,为39项,其次是云南25项,新疆、宁夏和西藏均在8项以下,其中西藏最少,仅1项。

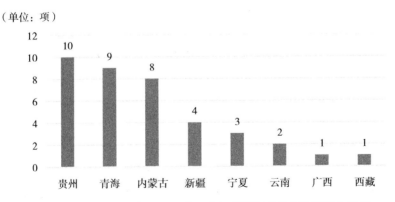

图 2-3　2016—2020 年民族八省区省级层面医养结合政策发布数量

资料来源:杨一帆、张劲松等《积极应对人口老龄化研究报告(2020)》,社会科学文献出版社 2020 年版,第 67 页。

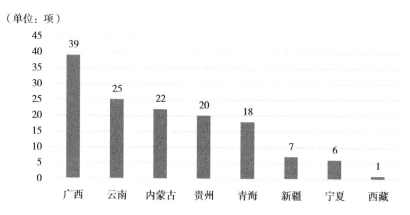

（单位：项）

图 2-4　2016—2020 年民族八省区各级政府（省级、市级、县级）
医养结合政策发布数量合计

资料来源：杨一帆、张劲松等：《积极应对人口老龄化研究报告（2020）》，社会科学文献出版社 2020 年版，第 68 页。

2017 年，国家卫计委发布了《关于开展医养结合监测工作的通知》，随后 5 个省份和 4 个地级市出台了该政策的对应政策，其中 3 个省区和 3 个地级市属于民族地区，分别是青海、宁夏、贵州、内蒙古赤峰、广西钦州、甘肃甘南州，说明民族地区普遍重视、及时落实中央医养结合专项政策。

2019 年 10 月《关于深入推进医养结合发展的若干意见》发布后，民族地区结合当地实际，制定了各地的实施意见。以宁夏为例，2020 年 3 月，自治区卫生健康委员会会同有关部门共同发布了《关于深入推进医养结合促进老年健康服务体系建设的实施意见》，提出了"十四五"时期，推进医养结合的主要任务、保障措施。总体上看，民族地区医养结合服务质量有待进一步提升、保障政策有待进一步优化。

二、民族地区医养结合政策演变的特点

（一）试点先行，推广放大

2016 年，中央层面先后两批确定了 90 个国家级医养结合试点单位，民族

八省区共有呼和浩特市、南宁市、贵阳市、乌鲁木齐市等 19 个市被列入国家级试点地区。国家级医养结合试点工作的开展,为医养结合政策进一步完善提供了行动和技术支持。

民族地区为进一步推进医养结合试点工作,随即确定了一批省级和市级医养结合示范基地、示范机构、示范中心,如表 2-2 所示。各地出台了个性化实施细则,推动多层次、多模式、多形式的医养结合试点探索,从而发挥了试点地区示范引领作用。

表 2-2 2016 年民族八省区医养结合养老服务试点状况①②

省份	两批国家级医养结合试点单位	两批中央财政支持开展居家和 社区养老服务改革试点地区名单
内蒙古	呼和浩特市、鄂尔多斯市、乌海市	包头市、乌海市、呼和浩特市
广西	南宁市、贺州市、百色市	南宁市梧州市、桂林市、北海市、柳州市
贵州省	贵阳市、铜仁市、遵义市	贵阳市、六盘水市、黔南布依族苗族自治州、黔西南布依族苗族自治州、遵义市、毕节市
云南省	昆明市、曲靖市、西双版纳州	昆明市、大理白族自治州、丽江市
青海省	西宁市、海东市、海南州	西宁市、海东市、海北藏族自治州
新疆	乌鲁木齐市、克拉玛依市、巴音郭楞蒙古自治州	第六师五家渠市、克拉玛依市、昌吉回族自治州、哈密市、四师可克达拉市、一师阿拉尔市、乌鲁木齐市、伊宁市、八师石河子市
宁夏	银川市	石嘴山市、银川市、固原市
西藏	—	拉萨市

资料来源:笔者整理。

(二)政策演变由表及里、层层推进

不管是国家层面,还是民族地区层面,医养结合专项政策和非专项政策推

---

① 国家卫生计生委办公厅、民政部办公厅:《第一批国家级医养结合试点单位名单公布》,中国政府网,2016 年 6 月 22 日,见 http://www.gov.cn/xinwen/2016-06/22/content_5084357.htm。

② 国家卫生计生委办公厅、民政部办公厅:《第二批国家级医养结合试点单位名单公布》,中国政府网,2016 年 9 月 23 日,见 http://www.gov.cn/xinwen/2016-09/23/content_5110943.htm。

进呈现出自上而下的特征。医养结合政策经历了"酝酿—规划—自发探索—确定目标和任务—落实—试点—政策支持"等环节,政策体系初步搭建起来。国家层面专项政策《关于推进医疗卫生与养老服务相结合的指导意见》出台后,2016 年,民族八省区(除西藏外)都出台了省级层面的《关于推进医疗卫生与养老服务相结合的实施意见》,西藏在 2018 年也出台了省级层面的政策文件。省区级政策出台后,部分市级、县级政府也根据本地实际情况,出台了推进医养结合的相关政策,政策层层推进,为政策落实提供了保障。

(三)民族地区医养结合政策完善度有待提升

杨一帆、张劲松(2020)提出医养结合政策完善度指数,研究对象为政策内容,主要考虑政策制定环节,不考虑政策具体的落实情况,以地方政府是否发布三项最重要的国家医养结合专项政策的配套(落实)政策为考察指标,得出各地的医养结合政策完善度。[①] 三项国家医养结合专项政策分别为《关于推进医疗卫生与养老服务相结合的指导意见》、《关于开展医养结合监测工作的通知》和《关于深入推进医养结合发展的若干意见》,研究发现 31 省均发布了《关于推进医疗卫生与养老服务相结合的指导意见》的落实政策,5 个省份发布了《关于开展医养结合监测工作的通知》的配套文件,1 个省份发布了《关于深入推进医养结合发展的若干意见》的落实政策。如果地方政府全部发布了三项对应政策,政策完善度指数设定为 1;若发布其中一项和两项对应政策,政策完善度指数分别为 0.33 和 0.67。通过测算 31 省医养结合政策完善度指数发现,甘肃的医养结合政策完善度指数最高,为 1,有 5 个省份的政策完善指数为 0.67,其中民族省区占三个,分别是青海、宁夏、贵州,其他民族五省区的政策完善指数为 0.33。

虽然民族地区医养结合政策完善平均指数高于全国地方平均水平,但医

---

① 杨一帆、张劲松:《积极应对人口老龄化研究报告(2020)》,社会科学文献出版社 2020 年版,第 70—71 页。

养结合政策完善度依然较低,西藏、广西、云南、内蒙古、新疆五省区仅出台了1项《关于推进医疗卫生与养老服务相结合的指导意见》落实文件,均未发布其他两项专项政策。民族八省区地级行政区层面仅查询到41个市(州、地区)发布了1项(《关于推进医疗卫生与养老服务相结合的指导意见》)对应政策,仅占地级行政单位的48.81%,县级行政区层面仅查到27个县(区、县级市)出台了医养结合专项落实政策,仅占县级行政单位的3.99%,低于全国县级行政单位出台对应政策的比例(8%)。说明民族地区政策完善度相对较低,需要指出的是地级和县级政策完善度低的一个重要原因是政策公开度低。

(四)民族地区医养结合政策创新力度有待提升

表2-3　医养结合养老服务政策创新指标体系

指标类型	政策创新具体指标
医养结合	是否开展省级医养结合试点
	是否出台医养结合相关服务标准
	是否明确护理型床位比
	是否明确开展居家社区老年人慢性病管理
	是否明确出台家庭老年人照护能力培训政策
	是否出台中医药医养结合发展专项政策
长期护理服务	是否开展省级长期护理保险制度试点
	是否建立老年人护理补贴制度
	是否制定养老服务评估办法
	是否统一老年人能力评估标准
	是否明确老年人能力评估流程
	是否将生活照料纳入长期护理保险保障范围
养老护理人才	是否出台毕业生入职养老服务业奖补政策
	是否明确职业技能鉴定或培训补贴政策
	是否出台养老护理员在职补贴政策
	是否实施养老护理员积分落户政策

资料来源:根据《中国社会政策进步指数报告(2019)》资料数据整理所得。

民族地区医养结合政策创新力度与经济水平并不完全对应。王振耀（2019）①构建了养老服务政策创新指标体系，如表2-3所示。本书借鉴该政策创新指标体系及指数排名，分析民族八省区省级医养结合政策创新状况。从静态指数来看，民族地区内部医养结合政策创新差异较大，民族八省区排名均未进入前十名，排名顺序依次为宁夏（12）、内蒙古（14）、广西（16）、云南（19）、新疆（24）、贵州（26）、青海（28）、西藏（31）。与人均GDP排名相比，民族八省区医养结合创新排名高于人均GDP的省区有4个，其中广西、云南分别高12位和11位，宁夏和贵州高3位，青海、内蒙古、西藏和新疆医养结合创新排名则低于人均GDP排名，分别低6位、5位、4位、4位，如表2-4所示。

表2-4　2017年全国各省经济水平与养老服务政策创新排名

省份	人均GDP排名	创新排名	排名差异	省份	人均GDP排名	创新排名	排名差异
北京	1	2	−1	安徽	24	13	11
上海	2	1	1	江西	23	25	−2
天津	3	6	−3	湖南	16	30	−14
江苏	4	4	0	河南	18	15	3
广东	7	8	−1	河北	19	3	16
浙江	5	17	−12	山西	25	29	−4
福建	6	7	−1	湖北	11	20	−9
山东	8	11	−3	宁夏	15	12	3
辽宁	14	10	4	内蒙古	9	14	−5
海南	17	21	−4	青海	22	28	−6
重庆	10	23	−13	西藏	27	31	−4
甘肃	31	18	13	云南	30	19	11
陕西	12	9	3	贵州	29	26	3

① 王振耀：《中国社会政策进步指数报告（2019）》，中国发展出版社2019年版，第102—108页。

续表

省份	人均GDP排名	创新排名	排名差异	省份	人均GDP排名	创新排名	排名差异
四川	21	22	−1	广西	28	16	12
黑龙江	26	27	−1	新疆	20	24	−4
吉林	13	5	8	—	—	—	—

资料来源:根据《中国社会政策进步指数报告(2019)》资料数据整理所得。

从动态来看,民族八省区医养结合政策创新排名相对稳定。2012—2017 年,内蒙古、青海和新疆有两个年度医养结合政策创新排名进入全国前十名,云南有一年排名进入前十名。从排位波动情况来看,青海和宁夏医养结合政策创新排名波动相对较大,青海曾发生两次排名 15 名以上的变动,宁夏发生 3 次排位 10 名以上的变动,其他民族省份排位相对稳定,如表2-5 所示。

表 2-5　2012—2017 年民族八省区与东部地区医养结合养老服务政策创新排名

	东部地区							民族八省区					
	2012年	2013年	2014年	2015年	2016年	2017年		2012年	2013年	2014年	2015年	2016年	2017年
北京	1	1	3	5	2	2	内蒙古	24	14	9	6	15	14
河北	5	10	20	17	19	3	贵州	23	26	15	11	12	26
天津	7	7	6	1	6	6	广西	21	24	25	28	20	16
江苏	26	27	7	3	3	4	西藏	30	30	31	31	30	31
上海	8	4	5	9	1	1	云南	6	13	18	27	26	19
福建	3	5	8	2	4	7	宁夏	25	22	12	25	22	12
广东	20	16	29	18	8	8	青海	17	21	27	10	9	28
浙江	9	11	11	7	10	17	新疆	4	9	23	19	27	24
山东	2	2	1	4	5	11	—	—	—	—	—	—	—
海南	22	25	17	21	24	21							

资料来源:根据《中国社会政策进步指数报告(2019)》资料数据整理所得。

从整体来看,东部地区医养结合政策创新优势明显,持续引领全国。

2012—2017 年,除了海南外,其他东部 9 省至少有三年进入前十名,北京、上海、天津、福建四省连续六年进入全国前十名,说明东部地区在医养结合政策创新方面引领作用明显,因此有必要借鉴发达省区医养结合政策经验。

医养结合专项政策名称创新是指该政策有且只有某地发布该政策,从政策名称创新看,共筛选出 35 项名称创新政策,民族八省区共占 4 项,如表 2-6 所示。

表 2-6　民族八省区医养结合政策名称创新情况

序号	省份	地级市	创新内容	年份
1	青海	—	医养结合机构护理指南	2016
2	广西	贺州	医养结合试点城市发展规划	2017
3	广西	百色	医养结合工作电视专题汇报片采访	2019
4	内蒙古	—	医养结合工作中期自评估	2019

资料来源:杨一帆、张劲松等:《积极应对人口老龄化研究报告(2020)》,社会科学文献出版社 2020 年版,第 74—75 页。

第三节　民族地区医养结合养老服务
政策的发展方向

民族地区医养结合正处于起步阶段,推进其快速发展需要相关政策的规范、引导和支持,正确选择和科学设计政策工具是实现医养结合政策目标的基本保证。虽然也有少数学者运用政策工具来分析医养结合政策,但主要以医养结合非专项政策为蓝本进行分析。本书选择民族八省区出台的医养结合专项政策(贯彻《关于推进医疗卫生与养老服务相结合的指导意见》文件精神)为研究对象。对民族地区省级层面的医养结合政策文本进行量化研究和多维度测量,以阐明民族地区医养结合的政策取向和改革路径。

一、政策工具视角下医养结合养老服务政策的分析框架

（一）研究视角：政策工具

政策工具（Policy Instruments）是政府为了达到政策目标所采取的多种技术形式、实际手段或方法。[①] 政策工具是一个动态发展体系，有关政策工具分类模式众多，分类体系庞杂，学者们尝试从政策目标特征、政府职能、强制程度、政府资源等不同角度对政策工具进行多模式分类。[②] 罗斯韦尔（Rothwell）和泽福德（Zegveld）根据政策产生影响的着力点不同，将政策工具划分为需求型、供给型和环境型三种类型。[③] 本书主要运用罗斯韦尔和泽福德的政策工具分类方法来分析医养结合养老服务政策。

政策工具与医养结合政策分析相契合。罗斯韦尔和泽福德政策工具分类的优点在于它将复杂的政策体系在工具与措施层面进行了降维处理，维度间区分效度与维度内聚合效度明显，政策目标针对性与内容指导性较强。[④] 同时，该政策工具淡化了强制性特征，弱化了政府作为干预者和控制者的角色作用，强化了政府在促进政策项目发展过程中作为环境营造者的角色作用，凸显了供给型和需求型政策工具在推进政策发展中的作用。[⑤] 该政策工具的分类思想又与国务院推进医养结合纲领性文件《关于推进医疗卫生与养老服务相结合的指导意见》中的"政府引导，市场驱动"的基本原则相契合。该政策工具分类方法的应用也逐步由科技创新领域向社会福利领域扩展，部分学者开

[①]　M. Howlett, M. Ramesh, "Patterns of Policy Instrument Choice: Policy Styles, Policy Learning and the Privatization Experience", *Review of Policy Research*, Vol. 12, No. 1−2, 2010, pp. 3−24.

[②]　贾路南：《公共政策工具研究的三种传统》，《国外理论动态》2017年第4期。

[③]　Roy Rothwell, Walter Zegveld, *Reindustrialization and Technology*, Logman Group Limited, 1985, pp. 83−104.

[④]　李健、顾拾金：《政策工具视角下的中国慈善事业政策研究》，《中国行政管理》2016年第4期。

[⑤]　王辉：《政策工具视角下我国养老服务业政策研究》，《中国特色社会主义研究》2015年第2期。

始运用该政策工具分类方法对健康服务业、养老服务业、城镇弱势群体就业等福利政策进行分析。

（二）政策工具的分类

本书在借鉴罗斯韦尔和泽福德政策工具分类方法的同时，又结合我国当前医养结合政策的实际，将医养结合政策工具分为环境型、需求型和供给型三种类型，并对二级政策工具进行了修正，三类工具的功能作用如图2-5所示。

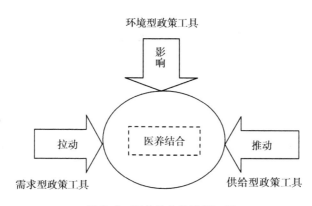

图 2-5　医养结合的政策工具

资料来源:笔者自绘。

环境型政策工具具体包括制定相关目标规划、实行税收优惠、行政事业费减免、完善投融资服务、加强或放松管制、制定相关技术标准、采取策略性措施等形式，为医养结合养老服务提供良好的外部发展环境。

需求型政策工具是政府通过政策措施挖掘市场需求，降低医养结合养老服务发展市场风险和障碍的措施。具体表现为政府通过购买服务、市场塑造（确定试点城市或示范项目）、服务外包、海外交流等工具，减少外部因素对医养结合的影响，直接拉动其快速和健康发展。

供给型政策工具是政府通过资金支持、基础设施建设、人才培养、信息支撑、医保和长期护理保险支付支持、用地保障等措施，推进医养结合供给侧改革,有效改善健康养老服务供需不均衡等问题,直接推动其发展。环境型、需求型和供给型政策工具分别起到了影响、拉动和推动医养结合发展的作用,如图 2-5 所示。

二、政策文本选择及编码

(一) 政策样本选择

2015 年 11 月,国务院推进医养结合纲领性文件《关于推进医疗卫生与养老服务相结合的指导意见》发布,该文件是国家层面上为推进医养结合而专门制定的专项指导文件,随后国务院及各部委相关文件密集出台。[①] 民族八省区为了贯彻该文件精神,纷纷在省级层面出台了相关的实施意见,本书选择民族八省区出台的推进医疗卫生与养老服务相结合的实施意见的政策文本为研究对象,如表 2-7 所示。涉及养老服务和医疗服务的政策文本数量繁多,本研究之所以选择民族八省区出台的实施意见为政策文本,主要基于以下考虑:

表 2-7　民族八省区医养结合政策文本统计表

编号	年份	政策名称	发文单位
1	2016	《关于推进医疗卫生与养老服务相结合的实施意见》	内蒙古自治区人民政府办公厅
2	2016	《关于推进医疗卫生与养老服务相结合的实施意见》	广西壮族自治区人民政府办公厅
3	2016	《关于加快推进医疗卫生与养老服务相结合的实施意见》	贵州省卫生健康委员会
4	2016	《关于推进医疗卫生与养老服务相结合的实施意见》	云南省人民政府办公厅

①　国家信息中心经济预测部:《人口老龄化背景下的养老服务业发展研究》,社会科学文献出版社 2019 年版,第 237—239 页。

续表

编号	年份	政策名称	发文单位
5	2018	《关于推进医疗卫生与养老服务相结合的实施意见》	西藏自治区卫生计生委、民政厅、发改委等9部门
6	2016	《关于推进医疗卫生与养老服务相结合的实施意见》	青海省人民政府办公厅
7	2016	《关于加快推进医疗卫生与养老服务相结合的实施意见》	宁夏回族自治区人民政府办公厅
8	2016	《关于推进医疗卫生与养老服务相结合的实施意见》	新疆维吾尔自治区人民政府办公厅

资料来源:民族八省区省级人民政府、卫生健康委员会官方网站和北大法宝数据库。

第一,典型性。从2013年开始,虽然全国人大、党中央、国务院及直属部委出台了40余项涉及医养结合政策的文本,但国家层面出台的独立、专项医养结合政策,仅《关于推进医疗卫生与养老服务相结合的指导意见》一部。该文件全面部署了地方政府医养结合的实践,对地方政府政策落实提出了要求,指导和推动了民族地区医养结合的发展,此后,民族八省区纷纷出台相关实施意见,省级层面医养结合试点正式启动。

第二,全面性。为贯彻落实国务院推进医养结合纲领性文件《关于推进医疗卫生与养老服务相结合的指导意见》的精神,民族八省区省级层面都制定了《实施意见》。选择民族八省区省级层面医养结合实施意见,既能够反映民族地区医养结合发展的共性特征,又能体现不同民族省份医养结合政策实施的差异化特征。

第三,统一性。选择民族八省区省级层面医养结合《实施意见》,不仅具有典型性和全面性的特征,而且具有政策的统一性。省级层面出台的其他老龄事业、养老服务业、健康服务业的配套政策虽然涉及医养结合,但部分民族省份没有出台,或相关文件缺乏对医养结合相关政策的论述。

(二)政策文本编码统计

本书以上述8项相关医养结合政策样本作为分析对象,将每项政策文本中包含的相关条款作为内容分析单元,从遴选的每项政策文本中挖掘蕴含有政策工具信息的分析单元,并对每项分析单元按照"政策编号—具体章节/条款序列号"进行编码。然后按照相同或相似原则将其划分为不同的政策工具类型,并对其进行归类整理和频数、比例统计(见表2-8)。

表2-8　医养结合政策文本分析单元编码表(部分)

编号	政策名称	政策文体内容分析单元	编码
1	宁夏回族自治区《关于加快推进医疗卫生与养老服务相结合的实施意见》	二、基本原则(一)保障基本,统筹推进	7-2-1
		四、主要任务(三)积极推进养老机构内设医疗康复机构	7-4-3
2	内蒙古自治区《关于推进医疗卫生与养老服务相结合的实施意见》	四、保障措施(十三)完善信息平台保障	1-4-13
…	…	…	…
8	新疆维吾尔自治区《关于推进医疗卫生与养老服务相结合的实施意见》	五、组织实施(二)抓好试点示范	8-5-2

资料来源:笔者整理。

三、民族地区医养结合政策体系存在的偏差

三类政策工具的非均衡运用。从表2-9可以看出,在医养结合政策演变的过程中,环境型政策工具运用最多,占比达到了64.08%,供给型政策工具占比为25.35%,需求型政策工具应用最少,仅占10.57%。这三类政策工具运用占比的差异说明,政府在推进医养结合的过程中,更加偏好环境型政策工具。主要原因包括:一是我国医养结合起步较晚,发展面临医养资源分割,多头管理、供需失衡、社会力量参与不足等诸多瓶颈,需要政府营造良好的政策环境促进其发展。二是政府在医养服务供给中角色的转变。行政体制改革和服务型政府都要求转变政府职能,在推进医养结合发展过程中,政府主要扮演主导者的角色,除了制定规划、出台政策、投入引导和规范

市场外,主要承担营造环境的职能。三是多元主体合作供给服务面临诸多困境,需要发挥环境型政策工具的积极作用。民族地区医养结合政策存在以下偏差。

(一)环境型政策工具使用过溢

从环境型政策工具内部结构上来看,二级政策工具分布呈现"中心—边缘"非均衡的态势。可以直观地看出,策略性措施是环境类政策工具的核心组成部分,占该类政策的比例达到34.51%;其次是目标规划,占比为9.86%;而法规监管、融资支持和税收优惠政策占比分别为4.93%、4.93%和1.41%,处于该类政策工具的边缘。过分倚重于策略性措施的使用。策略性措施作为政府推进医养结合政策的操作手段和方式,具有明确的指向性。

表2-9　民族八省区省级医养结合政策文本政策工具分布情况表

政策工具类型	工具名称	文本编码	频数	占比(%)	
环境型	目标规划	1-1,1-2-1,1-2-2,2-1,2-2,3-1,3-3,4-1,6-2-1,8-2-2,6-1,6-3,7-1,7-3	14	9.86	64.08
	税收优惠	1-4-9,4-3-7	2	1.41	
	组织保障/明确部门职责	1-5-14,2-5-1,2-5-2,3-6-1,4-3-10,4-4-13,8-5-1,8-5-3,6-5-1,6-6-1,7-6-1,7-6-2	12	8.45	
	融资支持	1-4-9,2-4-1,3-5-1,4-3-7,8-4-4,6-5-3,7-5-1	7	4.93	
	法规监管/考核	1-5-16,2-5-4,3-6-3,4-4-16,8-4-5,6-6-3,7-6-3	7	4.93	
	策略性措施	1-3-3,1-3-4,1-3-5,1-3-6,1-3-7,1-3-8,2-3-1,2-3-1,2-3-2,2-3-3,2-3-4,2-3-5,2-3-6,2-3-7,3-4-1,3-4-2,3-4-3,3-4-4,3-4-5,3-4-6,4-2-1,4-2-2,4-2-3,4-2-4,4-2-5,4-2-6,8-3-1,8-3-2,8-3-3,8-3-4,8-3-5,8-3-6,8-3-7,6-4-1,6-4-2,6-4-3,6-4-4,6-4-5,6-4-6,6-4-7,6-4-8,7-4-1,7-4-2,7-4-3,7-4-4,7-4-5,7-4-6,7-4-7,7-4-8	49	34.51	

续表

政策工具类型	工具名称	文本编码	频数	占比（%）	
供给型	基础设施建设/用地保障	1-4-10,2-4-2,3-5-2,4-3-8,8-4-3,6-5-2,7-5-2,6-4-2,6-5-4,7-5-1	10	7.04	25.35
	资金投入	1-4-9,2-4-1,3-5-1,4-3-7,8-4-4,6-5-3,6-5-6,7-5-1	8	5.63	
	信息支持	1-4-13,2-4-6,3-5-5,8-4-6,6-5-5,7-5-5	6	4.23	
	人才培养/培训	1-4-11,2-4-5,3-5-4,4-3-11,8-4-2,6-5-4,7-5-4	7	4.93	
	保险支持	1-4-12,2-4-4,3-5-3,4-3-9,8-4-1	5	3.52	
需求型	政府购买服务	1-4-9,2-4-1,3-5-1,4-3-7,8-4-4,7-5-1	6	4.23	10.57
	费用结算	2-4-3,4-3-9	2	1.41	
	试点示范	1-5-15,2-5-3,3-6-2,4-4-14,8-5-2,6-6-2,7-5-3	7	4.93	

资料来源:笔者整理。

民族八省区推进医养结合策略性措施既有共性特点,又有实践探索创新。共性特征方面,民族八省区在贯彻文件的基础上,制定了各自推进医养结合的策略性措施。例如,西藏提出大力发展藏医药健康养老服务,加强失能、慢性病老年人康复服务;内蒙古提出开展具有蒙医药中医药特色的医养结合服务;新疆、贵州提出落实老年人医疗服务政策。

策略性措施使用频率最高,反映出政府的决心,意在加强宏观方向的指引。然而,策略性措施大多停留在政策建议层面,除了医养结合重点任务分工方案等少数策略性措施操作性较强外,大多策略性政策工具缺乏配套政策支持和操作细则,其环境营造功能有限。

目标规划政策工具的运用适中。目标规划政策工具主要体现在医养结合专门性和规划类政策文本中,民族八省区在《关于推进医疗卫生与养老服务相结合的指导意见》的基础上制定了本省更为详细的医养结合发展目标。内蒙古提出家庭医生签约服务覆盖率达到 60% 以上;宁夏提出全区护理型养老床位占养老床位总数 30% 以上,每个县(区)至少建成一所医养结合护理型养老机构;新疆提出各县养老服务中心(100 张及以上床位)设立护理站或医务室的比例达到 50% 以上,家庭医生与辖区 65 岁以上老年人签约服务比例达 70% 以上;贵州提出 65 岁以上老年人健康管理率达到 75% 以上;广西结合本省养老服务业综合改革试验区规划,计划打造一批满足多元需求、竞争力强的医养结合产业集群。

税收优惠、金融支持政策和法规监管工具占比偏低,应用范围较窄,激励和规范作用有限。仅有云南和内蒙古运用了税收优惠政策工具,提出落实好支持养老机构和医疗卫生的税费优惠政策,对符合税法规定条件的基层医疗卫生机构、中医类医院、临终关怀、护理院、老年病医院、康复医院等机构,给予相应的税收优惠政策。相关税收激励措施可以起到减轻负担和助力发展的作用。其他民族省份政策文本对医养结合养老服务税收激励重视程度不够,税收优惠政策工具运用相对不足,不能有效缓解医养结合机构创办及运营压力,难以激发社会力量参与医养结合养老服务的积极性。

民族八省区医养结合政策文本都运用了金融支持政策工具,但金融支持政策工具使用得比较笼统和宽泛。政策文本缺乏具体的操作细则而难以落实,例如,新疆提出"拓宽市场化融资渠道",法规监管类政策工具所占比例也较低,难以发挥规制和监督作用,目前民族八省区尚未出台医养结合领域专项法律。

(二)需求型政策工具运用相对不足

需求型政策工具可以在一定程度上缓解政策的不确定性,有助于开拓医疗护理和老年照顾市场,从而拉动健康养老服务业持续快速的发展,其产生的拉动作用往往比环境型政策工具更直接、更有力。同时,政府购买服务和服务外包打破了政府单一供给医养服务的局面,实现了基本健康养老服务供给和生产的分离,符合福利多元主义和合作治理的发展趋势。但是,需求型政策工具运用仅占10.57%,只有其他两种政策工具的16.50%和41.70%。由表2-9可知,该类政策工具下的次级工具使用均处于较低水平,其中,试点示范占比4.93%,政府购买服务占比4.23%,费用结算(医疗保险费用报销结算)政策工具运用仅占1.41%。

政府购买服务、试点示范和费用结算政策工具使用相对缺乏。政府出资购买由社会、市场等主体提供的专业、基本健康养老服务,能够促进社会力量广泛参与服务的生产和递送,是推动健康养老服务业发展最直接的手段和方式。两种政策工具应用不足和缺失,抑制了社会力量参与健康养老服务供给的积极性和潜力,弱化了政策整体的引领和指导作用,成为当前政策设计的短板。民族八省区先后有乌鲁木齐市、克拉玛依市、巴音郭楞蒙古自治州、银川市等两批19个城市被列为国家级医养结合试点单位。

(三) 供给型政策工具运用相对适中,但内部结构不均衡

供给型政策工具运用介于需求型和环境型政策工具之间,其中基础设施建设/用地保障和资金投入占比较高,分别占7.04%和5.63%。人才培养占比为4.93%,信息支持占比为4.23%,保险支持占比为3.52%。这说明民族八省区在推进医养结合发展时,偏重于使用基础设施建设和资金投入政策工具,对用地保障、人才培养、信息支持、保险制度等政策工具应用相对不足。基础设施建设作为医养结合的依托和载体,各地在推进医养结合发展时,大都将基础设施建设作为一项重要内容。从供给型政策工具内部结构来看,其他二级政策工具明显较低,说明医养结合政策存在重视硬件建设而轻软件和服务结构优化的问题。部分地方政府甚至片面追求大规模、豪华、高档的公办医养结合机构,造成大量设施空置的现象。① 用地保障方面,城区用地紧张,老旧小区场地设施改造难度大,新建小区尚未强制要求配套养老用地及设施,社区

---

① 刘昌平、汪连杰:《老年服务业供给侧改革:研究缘起、理论逻辑与实践路径》,《河北学刊》2016年第2期。

医养结合机构或设施建设项目面临用地难题。

民族八省区普遍重视资金投入工具使用。资金同设施、人才、信息等都是医养结合政策的重要支撑。推行医养结合,财政投入十分关键,例如,公立养老机构内设医疗设施离不开财政补贴;促进医养机构合作,调动民间资本参与的积极性,需要财政资金奖励;相关人才培养、信息平台建立等同样需要财政支持。民族八省区在推进医养结合的过程中,普遍运用了人才培养和医护培训方面的政策工具,反映在服务人员匮乏的情况下,建立和完善老龄事业从业人员教育培训体系的紧迫性。

四、民族地区医养结合政策的发展方向

本研究以政策工具为视角,采用内容分析法,对民族八省区医养结合专项政策进行了文本分析,发现医养结合政策工具运用日益多元化。在医养结合政策发展的三个阶段,政策类型逐步由倡议型、环境型政策向专门型、配套型政策转变,政策工具运用也逐渐广泛、丰富,由单一运用环境型政策工具向综合使用需求型、供给型、环境型政策工具过渡。次级政策工具更是呈现多样化和多元化趋势,说明医养结合政策越来越受政府的重视。但民族地区医养结合政策尚处于初始阶段,虽然政策逐渐增加,但是多数属于环境型、倡议型和普适型政策,而非专门政策或配套措施。普适型文本中策略性措施具有同质化倾向,前瞻性和创新性不足,而且具体内容模糊和笼统,缺少具体的操作细则。民族地区医养结合政策改革的取向和路径包括以下几方面:

第一,推进医养结合政策工具全方位运用,优化类型结构。从推进"健康中国"战略和实现健康老龄化维度来看,满足每位老年人基本健康养老服务需求,需要从医疗服务、养老服务、医疗保险、长期护理保险及相关配套领域系统推进、整体突破。每类政策工具都有其功效,避免单一工具的局限性,优化组合和协调运用各类政策工具,对于实现政策目标至关重要。目前民族地区医养结合政策结构非均衡,环境型政策工具占比过高,说明在医养结合政策初

始阶段,民族地区政府重视职能的转变和政策环境的营造,为其发展提供良好的外部环境。供给型医养结合政策工具占比居中,但内部结构不均衡,制约其推动作用的发挥。需求型政策工具运用相对不足,对医养结合拉动作用不足。为提升医养结合政策的实施效果,综合考虑三种政策工具类型不同的政策效果,对其进行优化组合。

第二,优化医养结合环境型政策工具内部结构,提升政策可操作性。目前民族地区医养结合环境型政策过于偏好策略性措施和目标规划的使用,而税收优惠和金融支持政策工具短缺,难以产生有效的激励作用。针对该问题,在适度降低医养结合环境型政策工具总体使用比例的同时,调整其内部结构。一是降低医养结合策略性措施和目标规划次级工具的使用频度,进一步为其提供配套政策和实施细则支持,细化和明确宏观、模糊、倡议性政策条款,增强措施落实和目标完成的可操作性。二是提高医养结合税收优惠、金融服务和法规监管类政策工具的使用频率,扩展其使用范围,增强政府对医养结合税收优惠和金融支持力度,激励各类服务主体参与的潜力和活力,并为其发展创造良好政策法规环境,提高环境型政策工具的整体效能。

第三,有效增加医养结合需求型政策工具的比重,增强其对政策的拉动力。民族地区医养结合需求型政策工具整体使用不足,政府购买健康养老服务和市场塑造次级工具使用缺乏,服务外包和海外交流工具运用缺失,弱化了政策整体的引领和指导作用。首先,在"政府引导,市场驱动"原则下,有针对性地补充、完善、合理运用相关医养结合需求型政策工具,是医养结合政策结构调整优化的着力点,从而真正发挥需求型政策对医养结合的拉动作用。其次,加大政府购买服务的力度,重点向社会力量购买生活照料、康复护理、上门服务、人才培养、服务评估、网络信息建设等事项。再次,统筹使用医养结合服务外包、试点/项目示范和海外交流政策工具。继续强化医养结合试点示范政策工具的带动和引领作用,密切跟踪、及时总结试点经验和做法,为完善相关政策提供参考。同时,借鉴国外先进长期照护、整合照料等经验和成熟做法,吸引外资参与也是医养结合政策完善的方向。

第四,调整医养结合供给型政策工具结构,增强其对政策的推动力。供给型医养结合政策工具偏重基础设施建设和人才培养工具的运用,对资金投入和基础设施建设/用地保障工具潜能挖掘不足,导致当前医养结合出现"重硬件,轻服务"和"重形象,轻实效"等问题。一是改变重视医养结合硬件建设而轻服务的发展思路。在完善医养结合基础设施建设基础上,强化资金投入、信息提供、土地保障、医保和长期护理保险等政策工具的价值。二是探索建立医养结合财政投入和补贴制度,包括明确各级政府每年投入医养结合比重,并确保资金落实到位;将其纳入福利彩票公益金重点支持的范围;建立专项发展基金。三是进一步支持利用大数据、物联网、人工智能、移动互联网等新一代信息技术,建立医养结合信息服务大数据平台,实现医养结合资源的有效整合和服务供需的无缝对接。

第三章 民族地区医养结合养老服务需求评估体系构建

第一节 老年人医养结合养老服务需求及影响因素分析

一、前置性需求评估的重要性

前置性需求评估是政府提供医养结合养老服务的关键环节。政府有效提供医养结合养老服务主要涉及三个关键环节,包括需求评估、服务提供和结果评估。需求评估属于前置性评估,主要考察政府提供的医养结合养老服务是否有效,确保提供的服务是老年人需求的服务,同时为确定服务的对象、照护等级及其服务补贴资格等提供科学依据。老年人是一个异质性比较大的群体,不同健康状况、自理状况、居住状况、经济状况的老年人对医养结合养老服务的需求程度、需求内容存在差异。通过需求评估可以实现服务供给与需求精准的匹配,合理配置健康养老服务资源。准确识别老年人医养结合养老服务需求是政府提供相关服务的首要环节,关系着提供服务内容的合理性、供需的精准匹配性,所以民族地区医养结合养老服务体系的构建过程本质上是服务供需匹配的过程。准确识别老年人服务需求和评估政府提供服务情况,是政府提供优质高效社区老年服务的基础(Peter Griffiths 等,2005)。① 精准识别老年人养老服务、分类分层提供老年服务项目已成为西方国家有效提供长期照护的经验(Liza Van Eenoo 等,2016)。② 政府提供医养结合养老服务过程中,充分考虑不同老年群体需求的差异,分类分层地提供相关服务,可以提高服务供给的有效性。

通过文献梳理和实地调研发现,尽管民族地区地方政府加大了对医养结合养老服务的财政投入,供给项目或购买服务项目不断增加,但存在严重的供需错位(高矗群等,2018)③、供需满意度未达预期效果(边恕等,2016)④、服务供给的需求导向性不强(郭丽娜、郝勇,2018)⑤、对服务对象现实需求了解和回应不足(张新辉、李建新,2019)⑥、政策制定存在一定滞后性(陆杰华、周婧仪,2019)⑦等问题,上述诸多问题产生的一个重要原因是供给主体对老年人的医养结合养老服务需求了解不足,进而无法满足服务需求方的服务需求。本章重点探讨不同类型老年人对医养结合养老服务的需求状况,分析老年人对具体服务项目的需求、供给及利用情况,提出满足老年人服务需求的供给优先序策略。

---

① Peter Griffiths, et al., *Self-assessment of Health and Social Care Needs by Older People: A Multi-methods Systematic Review of Practices, Accuracy, Effectiveness and Experience*, NCCSDO Report, 2005, pp.301–312.

② Liza Van Eenoo, et al., "Substantial Between-country Differences in Organizing Community Care for Older People in Europe—A Review", *The European Journal of Public Health*, Vol.26, No.2, 2016, pp.39–45.

③ 高矗群、李福仙、张开宁:《破解少数民族地区农村养老服务"供需错位"难题的对策研究》,《云南民族大学学报(哲学社会科学版)》2018 年第 1 期。

④ 边恕、黎蔺娴、孙雅娜:《社会养老服务供需失衡问题分析与政策改进》,《社会保障研究》2016 年第 3 期。

⑤ 郭丽娜、郝勇:《居家养老服务供需失衡:多维数据的验证》,《社会保障研究》2018 年第 5 期。

⑥ 张新辉、李建新:《社区老年服务供需动态变化与平衡性研究——基于 CLHLS 2005—2014 的数据》,《社会保障评论》2019 年第 4 期。

⑦ 陆杰华、周婧仪:《基于需求侧视角的城市社区居家养老服务满意度及其对策思考》,《河北学刊》2019 年第 4 期。

二、理论分析框架及研究假设

安德森医疗保健利用模型简称"安德森模型"（The Andersen Model），是由美国学者安德森（Ronald Max Andersen）在20世纪70年代创建的，该理论模型被广泛应用于分析家庭卫生保健服务利用的影响因素，用于甄别、筛选和测量家庭及个人的健康服务需求及影响因素，进而为决策者改革卫生保健系统、提供相应卫生公共服务提供了理论依据。本书借鉴安德森医疗保健利用模型的理论分析框架，并结合民族地区医养结合养老服务的特点，对其倾向性特征（Predisposing Characteristics）、使能资源（Enabling Resources）和需要（Need）因素三个维度的指标体系进行修正和完善，如图3-1所示，用于分析老年人医养结合养老服务需求的影响因素，为政府提供该公共服务提供参考。[1]

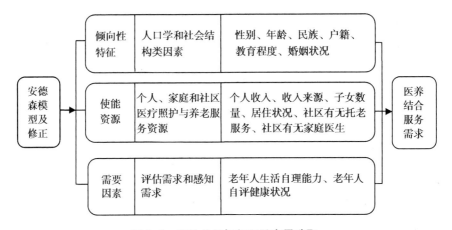

图3-1 理论分析框架图及变量选取

资料来源：笔者自绘。

（一）安德森医疗保健利用模型修正及原因

由于安德森模型产生于西方，将其应用于分析我国民族地区老年人医养

---

① Andersen R.M.，"National Health Surveys and the Behavioral Model of Health Services Use"，*Medical Care*，Vol.46，No.7，2008，pp.647-653.

结合行为选择,需要结合民族地区的经济社会特点,对其指标体系进行修正,从而构建符合民族地区特征的本土化理论模型。依据我国养老传统及医养结合领域特征,在传统前倾、使能和需求三类传统因素基础上,加入了文化传统(民族,与配偶、子女等同住情况)、家庭照料资源(子女数量)、社区医疗护理及照料资源供给状况(社区是否有日间照料中心、家庭医生上门服务等)等因素,使其指标体系和理论分析框架更加完善,更加本土化、合理化,也是本书在指标体系构建方面的创新之处。

(二)倾向性特征

此类因素表示医养结合养老服务使用的倾向,是老年人在利用服务前的个体或群体特征,主要包括人口学和社会结构类因素。其中,人口学特征包括性别、年龄等基本情况;社会结构类因素是指民族、户籍、教育程度、婚姻状况等,人口学和社会结构类因素短期不具有可变性或可变性较弱,都无法进行干预(李月娥、卢珊,2017)。[1]

(三)使能资源

使能资源是指医疗护理、养老服务资源的可获得性和老年人获得上述资源的能力,主要包括个人、家庭、社区的医疗照护与养老资源,属于间接影响老年人医养结合养老服务需求的因素。本书的使能资源主要包括个人收入、收入来源、子女数量、居住状况、社区日间照料中心(托老服务)、社区有无上门看病服务(家庭医生)等因素。个人、家庭、社区的医疗照护与养老资源属于易变变量,通过政策干预改变其状况,有针对性地满足老年人的健康养老服务需求。

---

[1] 李月娥、卢珊:《医疗卫生领域安德森模型的发展、应用及启示》,《中国卫生政策研究》2017年第11期。

（四）需要因素

需要因素是老年人基于自身的健康状况,感受到的医养结合养老服务需求,是直接影响老年人照顾护理服务需求的因素,主要包括评估需求(老年人生活自理能力)和感知需求(老年人自评健康状况)两个变量。老年人的评估需求和感知需求可以通过推动医养结合、财政补助、长期护理保险等政策改变。

三、调研区域、数据来源及变量特征

（一）调研区域医养结合养老服务发展的状况

1. 政策措施方面,健全了政策支撑体系

2015 年,在国务院出台了《关于推进医疗卫生与养老服务相结合的指导意见的通知》以及全国医养结合会议以后,宁夏回族自治区政府专门出台了《关于加快推进医疗卫生与养老服务相结合的实施意见》,随后又相继出台了《关于做好医养结合服务机构许可工作的通知》《医养结合重点任务分工方案》等一系列文件政策。2018 年,宁夏卫生健康委联合发改委、民政厅等 15 个厅局印发了《关于进一步加强健康养老服务工作的实施意见》,有计划按步骤推进医养结合养老服务的发展。各地紧密结合实际,大部分县区出台了医养结合的实施意见,积极为辖区老年人在提供日常生活照料的基础上,提供医疗护理服务。为了深化医养结合养老服务"放管服"改革,2019 年,宁夏民政厅、卫生健康委和市场监管厅联合印发了《宁夏回族自治区医养结合机构审批登记工作管理办法(试行)》,优化了医养结合机构审批流程和环境,进一步促进了医养结合养老服务的发展。

2. 实践探索方面,着力增加医养结合养老服务供给

一是发挥试点示范带动作用。自 2016 年我国开始试点医养结合,目前全

国设立了 90 个国家级城市开展医养结合试点,宁夏回族自治区的银川市、吴忠市被列入首批全国试点开展医养结合的地区,探索政府提供医养结合养老服务的经验做法,以试点带动全区医养结合养老服务的快速发展。2019 年 11月,宁夏专门召开全区医养结合推进会,总结银川市医养结合、石嘴山市居家社区养老试点示范做法和典型经验。二是强化医养结合养老机构建设。通过调研得知,全区新建或改造的医养结合型养老机构达到 103 个,占养老机构总数的 58.9%。推动老年养护院建设,提高护理型床位比例,推进养老机构普通床位向护理型床位转变,截至 2019 年年底,全区护理型床位 6065 张,约占总床位的 19.6%。三是重点开展社区健康养老服务。依托城市社区卫生服务中心(站)、乡镇卫生院和村卫生室,开展家庭医生签约服务,重点为辖区老年人提供健康管理服务,包括老年慢性病管理、健康状况评估、生活方式及健康指导等方面。截至 2019 年年底,全区 65 岁以上老年人健康管理率达到86.7%。[①] 通过调研得知,截至 2017 年年底,宁夏社区居家老年人家庭医生签约率达到了 61%。

3. 财政投入方面,加大了相关资金的支持力度

社区和居家养老是医养结合的短板,为此,全国和宁夏都启动实施了财政支持城乡社区医养结合能力提升工程。截至 2020 年 2 月,财政部联合民政部先后确定了五批中央财政支持开展居家和社区养老服务改革试点地区,宁夏的石嘴山市、固原市、银川市先后被纳入改革试点地区。宁夏各级地方政府也积极安排财政资金和福利彩票公益金支持开展医养结合养老服务。各地采取多种有效的方式推进医养结合,使选择机构养老和社区居家养老的各类老年人享受医养结合养老服务。积极推进养老服务设施建设,2014—2018 年,自治区争取中央预算资金 3 亿元,自治区筹措福利彩票公益金 20 余亿元,建设了一批老年人养老护理院、社区日间照料中心、老年饭桌等项目,有效促进了

---

① 宁夏回族自治区卫生健康委:《宁夏回族自治区卫生健康委关于报送医养结合工作进展情况的函》,2019 年 11 月 4 日,见 http://wsjkw.nx.gov.cn/info/1057/13049.htm。

城乡医养结合养老服务的发展。通过财政补贴推动社会力量参与服务供给，加大财政对健康养老服务业的财政支持力度，给予民办非营利性养老机构增设护理性床位，每张额外5000元的一次性开办补助。

（二）数据来源及变量特征

本章以宁夏为例，考察民族地区医养结合养老服务需求及财政支出优先序。笔者在文献回顾、实地调研、深入访谈（医养结合相关主管部门、医养结合机构工作人员）和专家小组讨论的基础上设计了政府提供医养结合养老服务状况调查问卷。2019年10—11月，笔者依托国家社科基金项目"少数民族地区医养结合养老服务体系构建研究"，调研团队（9人）对政府提供医养结合养老服务状况进行问卷调查，调查对象为60岁及以上的老年人，根据老年人的养老方式，将调查老年人分为社区居家老年人和机构养老老年人两种类型。问卷调查采用分层抽样和非严格随机抽样相结合的方法，调查涵盖宁夏北、中、南三大区域的全部5个地级市，共13个县（区），19家医养结合机构（养老机构），24个城乡社区（村）及日间照料中心，具体调研设计如下：

第一，根据每个市的经济发展水平和老年人口数量，在每个市抽取2—4个县（市、区），分别是银川市兴庆区、西夏区、灵武市和贺兰县；吴忠市利通区、青铜峡市和同心县；中卫市沙坡头区和中宁县；固原市原州区和隆德县；石嘴山市大武口区和平罗县。

第二，按照老年人居住方式和社会养老服务模式划分，医养结合养老服务可以分为机构型医养结合养老服务和社区居家型医养结合养老服务两种形式，根据老年人选择养老模式和享受医养结合养老服务的不同，本问卷调查地点主要为各类医养结合机构（养老机构）和社区居家养老服务中心（社区日间照料中心）。在医养结合机构（养老机构）主要调查享受机构型医养结合养老服务老年人的服务需求，在社区居家养老服务中心（社区日间照料中心）主要调查享受社区居家型医养结合养老服务老年人的服务需求。

第三,鉴于医养结合养老服务作为一种新型公共服务,政府先期投入的重点主要集中在城镇,大部分农村尚未开展相关服务项目,本次调研主要在上述县(市、区)抽取1个街道(城关镇)和1个郊区乡镇,在每个街道或乡镇随机抽取1—2个社区日间照料中心(社区居家养老服务中心)。在每个社区(行政村)选择20—40名60岁以上老年人作为访谈对象。考虑到社区居家老年人养老的特点,将所选择调研的社区日间照料中心附近社区老年人也纳入问卷调查范围。

第四,为了了解入住各种养老机构(养老院、社会福利院、敬老院、医养服务中心、社区日间照料中心)的老年人的医养结合养老服务状况,在上述样本县(市、区)分别抽取1—2所公办或公办民营养老机构,从中选择10—30位老年人进行问卷访谈。考虑到养老机构中部分老年人失能、失智,由养老机构工作人员协助选择有言语表达能力的老年人作为访谈对象。

第五,考虑医养结合养老服务体系的定位及面向的服务对象,居家和社区老年人占多数,本次调研样本的分布为:针对社区居家老年人的调查共发放868份问卷,有效问卷810份;针对入住各类医养结合机构(养老机构)老年人共发放303份问卷,有效问卷287份,有效问卷合计1097份,有效率为93.68%。考虑到本次调查对象均为60岁及以上的老年人,文化程度普遍较低,对社区居家老年人和机构养老老年人的问卷调查均采取访谈问答式问卷记录方式,即由调查员根据问卷内容逐项询问老年人并记录相关内容。

由于安德森模型产生于西方,将其用于分析民族地区老年人医养结合养老服务需求,需要结合民族地区的经济社会特点,对模型的指标体系进行修正与完善。依据民族地区养老传统及医疗养老资源状况,在安德森模型倾向性、促能、需求三维因素基础上,加入了民族、家庭养老照护资源(居住状况、儿女数量)、社区照护、医疗护理资源状况(是否有社区居家养老服务设施、家庭医生、上门看病护理等)等变量,从而使安德森理论框架和指标体系更加本土

民族地区医养结合养老服务体系构建研究

化、合理化。变量的基本特征如表3-1所示。民族地区老年人对医养结合养老服务需求人数为610人,占比为55.61%,说明超过半数的老年人需要社会化的照护服务,仅有家庭及成员的照护不能满足老年人的服务需求。

表3-1 变量的基本特征

变　量	样本人数(人)	百分比(%)	变　量	样本人数(人)	百分比(%)
照顾护理需求状况	—	—	收入来源	—	—
需要	610	55.61	社会养老保险金	714	65.09
不需要	487	44.39	子女提供	81	7.38
倾向性因素	—	—	自己积蓄或劳动	216	19.69
性别	—	—	社会救助金	86	7.84
男	585	53.29	子女数	—	—
女	512	46.71	0	105	9.57
年龄	—	—	1个	81	52.49
60—69岁	460	41.93	2个	283	25.80
70—79岁	432	39.38	3个及以上	628	57.25
80岁及以上	205	18.69	居住状况	—	—
民族	—	—	与配偶及儿女同住	241	21.97
汉族	874	79.67	仅与配偶同住	512	46.67
回族及其他	223	20.33	独居	87	7.93
教育程度	—	—	养老机构	257	23.43
小学及以下	656	59.80	社区有无日间照料中心	—	—
初中和高中	370	33.73	有	480	43.76
大专及以上	71	6.47	没有	617	56.24
户籍	—	—	社区有无家庭医生	—	—
农村	500	45.58	有	376	34.28
城镇	597	54.42	无	721	65.72
婚姻状况	—	—	需要因素	—	—
有配偶	725	66.09	生活能否自理	—	—
无配偶	372	33.91	能	589	53.69
使能资源	—	—	不能	508	46.31

变　量	样本人数(人)	百分比(%)	变　量	样本人数(人)	百分比(%)
个人月收入	—	—	自评健康状况	—	—
1000 元及以下	376	34.28	健康状况较好	339	30.90
1001—3000 元	324	29.54	健康状况一般	418	38.10
3001—5000 元	317	28.90	健康状况较差	340	30.99
5001 元及以上	80	7.29	—	—	—

资料来源:笔者根据相关资料整理而成。

四、实证分析结果

本研究的被解释变量是民族地区老年人对医养结合养老服务的需求,通过问卷中的"您是否需要照顾护理服务"问题来测量民族地区老年人对医养结合养老服务的需求,被访者从"需要"和"不需要"两个选项中进行回答,需要赋值为1,不需要赋值为0。

本书以安德森医疗保健利用构建理论模型,运用 Logistic 二元回归方法,利用软件 Stata 14 MP 对老年人医养结合养老服务需求及影响因素进行分析,老年人需要医养结合养老服务的概率设为 p,老年人需要照顾护理服务的发生比(OR)是 $p/1-p$,p 的 Logit 变换后,对数发生比为:

$$f(p) = \ln\left(\frac{p}{1-p}\right)$$

本书以安德森医疗保健利用为理论分析框架,并结合民族地区的经济社会、养老特点,对其进行完善,依次考察前倾因素、使能因素和需求因素对老年人医养结合养老服务需求的影响。模型 1 式(5-1)首先考察前倾因素对老年人服务需求的影响,模型 2 式(5-2)则在前倾因素的基础上加入使能因素,考察前倾因素和使能因素对服务需求的影响,模型 3 式(5-3)同时引入前倾因素、使能因素和需求因素。通过三次 Logistic 回归,得出三类因素对老年人照

护需求的影响。三次 Logistic 回归具体如表 3-2 所示:

$$f^1(p) = \alpha^1 + \beta_1^1 x_{前倾因素} + \varepsilon^1 \tag{5-1}$$

$$f^2(p) = \alpha^2 + \beta_1^2 x_{前倾因素} + \beta_2^2 x_{使能资源} + \varepsilon^2 \tag{5-2}$$

$$f^3(p) = \alpha^3 + \beta_1^3 x_{前倾因素} + \beta_2^3 x_{使能资源} + \beta_3^3 x_{需求因素} + \varepsilon^3 \tag{5-3}$$

表 3-2 老年人对医养结合养老服务需求的 Logistic 回归分析结果

因素	变 量	发生比(OR)		
		模型 1	模型 2	模型 3
倾向性因素	性别(女)	0.829	1.017	0.979
	年龄(80 岁及以上)			
	60—69 岁	0.242***	0.241***	0.404***
	70—79 岁	0.681***	0.673***	0.756**
	民族(回族及其他)	1.078	1.134	1.136
	教育程度(大专及以上)			
	小学及以下	2.299***	1.230	0.841
	初中和高中	1.317*	1.140	1.060
	户籍(城镇)	0.875	0.587***	0.601**
	婚姻状况(无配偶)	0.353***	0.548**	0.484***
使能资源	个人月收入(5001 元及以上)			
	1000 元以下		1.939*	1.621
	1001—3000 元		1.356*	1.357*
	3001—5000 元		1.113	1.095
	子女数量(3 个及以上)			
	没有		1.222**	1.117
	1 个		0.860	0.832
	2 个		0.860*	0.806**
	收入来源(社会救助金)			
	社会养老保险金		0.560	0.549
	子女提供		0.933	0.947
	自己积蓄或劳动		0.648***	0.702**
	居住状况(养老机构)			
	与配偶及儿女同住		0.299***	0.349***
	仅与配偶同住		0.594***	0.563***
	独居		0.536***	0.491***
	社区有无日间照料中心/托老服务(无)		0.899	1.058
	社区有无上门看病/家庭医生服务(无)		1.531***	1.251

续表

因素	变　量	发生比（OR）		
		模型 1	模型 2	模型 3
需求因素	自理状况（不能自理）			
	完全能自理		0.0300***	
	部分能自理		0.443**	
	自评健康状况（健康状况较差）			
	健康状况较好			0.174***
	健康状况一般			0.613***
	观测值	1097	1097	1097
	LR chi2	178.33	298.54	489.67
	Prob>chi2	0	0	0
	Pseudo R^2	0.118	0.198	0.325

注:数值为 Exp(B)值;自变量括号内为参照组; * p<0.1, ** p<0.05, *** p<0.01。

资料来源:笔者根据相关资料整理而成。

（一）模型 1 的结果

模型的结果显示,倾向性因素中,年龄、教育程度和婚姻状况对医养结合养老服务的需求有显著的影响,性别和民族因素对民族地区老年人对医养结合养老服务的需求没有显著的影响。在年龄因素中,老年人年纪越大照顾护理服务需求越强烈,以"80 岁及以上"老年人为参照组,"60—69 岁"老年人和"70—79 岁"老年人的照顾护理需求分别是"80 岁及以上"老年人的 0.242 和 0.681。随着年龄增长,老年人身体机能和健康状况会逐步变差,自然需要更多的专业的和社会化的照顾和护理服务。教育程度越低的老年人对照顾护理服务需求程度越高,教育程度与老年人医养结合养老服务需求呈现显著的负相关,"小学及以下"和"初中和高中"教育程度的老年人的照顾护理服务需求分别是"大专及以上"老年人的 2.299 倍和 1.317 倍。这一结论也在国家卫生计生委卫生发展研究中心的《医养结合与养老体系建设研究报告》[①]中得

① 国家卫生计生委卫生发展研究中心:《医养结合与养老体系建设研究报告》,载全国老龄工作委员会办公室:《第四次中国城市老年人生活状况抽样调查数据开发课题研究报告汇编》,华龄出版社 2018 年版,第 730—733 页。

到验证,该研究使用的是"第四次中国城乡老年人生活状况调查"全国样本的数据,即学历越低护理需求越强,但有别于田北海、王彩云(2014)以湖北三市为样本,得出的文化程度正向影响老年人社会养老服务需求的结论。①

婚姻状况方面,有配偶老年人的照顾护理需求远远低于无配偶的老年人。本书将无配偶老年人划分为无婚姻经历、配偶已过世、离异等情况,回归结果显示,目前有配偶的老年人对照顾护理需求的发生比仅是无配偶老年人照护护理需求的35.3%。丁志宏、曲嘉瑶(2019)在分析有照料需求老年人时,也得出了类似的结论,即丧偶老人对绝大部分养老服务项目的需求率和利用率都高于有配偶的老人。②

(二) 模型 2 的结果

模型 2 的结果显示,在加入个人、家庭和社区资源等使能变量后,回归方程的伪决定系数(Pseudo R^2)由 0.118 提高至 0.198,与模型 1 相比增加了 8.0 个百分点,说明模型 2 在加入使能因素后解释能力增强。在使能因素中,社区有无家庭医生签约制度或上门看病服务、老年人的居住状况及收入来源是否依赖自己积蓄或劳动等因素对老年人医养结合养老服务需求有显著的影响。家庭照料护理资源越少的老年人,越倾向于选择社会化的医养结合养老服务。模型 2 的结果显示,入住养老机构的老年人的医养结合养老服务需求最强,独居、仅与配偶同住、与配偶及儿女同住的老年人的需求意愿仅是入住养老机构的老年人的53.6%、59.4%和29.9%。相比仅与配偶同住、与配偶及儿女同住的老年人,在养老机构中入住的老人由于家庭照料护理资源欠缺,无

① 田北海、王彩云:《城乡老年人社会养老服务需求特征及其影响因素——基于对家庭养老替代机制的分析》,《中国农村观察》2014 年第 4 期。

② 丁志宏、曲嘉瑶:《中国社区居家养老服务均等化研究——基于有照料需求老年人的分析》,《人口学刊》2019 年第 2 期。

法从子女和配偶那里获得照顾、护理、物质、情感等方面的支持,从而有更为强烈的医养结合养老服务需求。李长远、张会萍(2018)在分析民族地区老年人对不同类型医养结合养老模式选择时得出相似的结论,即家庭照料资源越匮乏的老年人,由于无法从子女或配偶那里获取照护资源,越倾向于选择机构型医养结合养老模式。①

社区资源方面,社区拥有家庭医生签约制度或上门看病服务资源将显著提高老年人医养结合养老服务需求。与社区没有上门看病/家庭医生服务或资源的老年人相比,拥有该资源或服务的老年人对照护服务的需求是其需求的 1.531 倍,说明目前社区层面提供的医养结合养老服务还不能满足老年人的需求。张红凤、罗薇(2019)的研究同样验证了该结论,即社区拥有的老年人康复服务中心、社区医院等医护资源将显著提高老年人的社会养老服务需求。但是社区有无日间照料中心/托老服务对老年人医养结合养老服务需求影响并不显著,可能的解释是目前老年人对社区医疗康复护理类服务需求更为强烈(王震②,2018;武玲娟③,2018)。

在弱影响因素中,收入越低、越没有保障的老年人越有照顾护理需求。结果显示,收入为 3001—5000 元、1001—3000 元、1000 元及以下的老年人对照顾护理需求的发生比,分别是月收入为 5001 元及以上老年人的 1.113 倍、1.356 倍和 1.939 倍。收入与养老服务或照护服务需求的关系尚有一致的结论,部分学者认为经济状况越差的老年人对照护服务需求越强(丁志宏、魏海伟,2016)④,部分学者认为收入越高的老年人对社会养老服务需

---

① 李长远、张会萍:《民族地区老年人对社区居家医养结合养老服务模式选择意愿及影响因素分析——基于安德森行为模型的实证研究》,《云南民族大学学报(哲学社会科学版)》2018年第 5 期。

② 王震:《居家社区养老服务供给的政策分析及治理模式重构》,《探索》2018 年第 6 期。

③ 武玲娟:《农村老年人社会养老服务需求及其影响因素分析——基于第四次中国城乡老年人生活状况抽样调查山东省数据》,《山东社会科学》2018 年第 8 期。

④ 丁志宏、魏海伟:《城市中年人养老规划状况及其影响因素》,《人口与社会》2016 年第 3 期。

求越高(黄俊辉等,2014)①。此外,老年人收入来源中靠自己积蓄或劳动因素对老年人照顾护理需求有显著的影响,收入来源于社会养老保险金、自己积蓄或劳动、子女提供的老年人医养结合养老服务需求发生比是收入靠社会救助金的老人的56%、64.8%和93.3%,说明收入依赖政府或子女的老年人,照护需求更为强烈。

(三) 模型 3 的结果

需求因素对老年人医养结合养老服务有显著的影响。模型3进一步引入需求因素,主要包括生活自理状况和自评健康状况两个变量。引入该类变量后,回归方程的伪决定系数(Pseudo R^2)进一步提高,由0.198增长至0.325,说明模型3的解释能力进一步增强。生活越不能自理的老年人对照顾护理服务的需求越高,生活完全能够自理和生活部分能够自理的老年人对照顾护理服务需求仅是生活不能自理老年人的3%和44.3%。同样,自评健康状况越差的老年人对照顾护理服务的需求越高。自评健康状况较好和一般的老年人的照顾护理服务需求分别是自评健康状况较差老年人的17.4%和61.3%。针对生活自理状况和自评健康状况对老年人照护服务需求的影响,学术界基本达成了共识,认为生活自理能力对老年人照护服务需求有显著的负向影响,即自理能力越差的老年人需要照护服务的可能性越大(姚兆余等,2018)。②老年人一旦认为自身的健康状况不好,说明他们开始担忧自身未来的照护问题,从而提高其对照护服务的需求(杜鹏、王永梅,2017)。③彭希哲等(2017)则研究了慢性病对长期照料服务需求的影响,认为不同慢性病对老年人的照

---

① 黄俊辉、李放、赵光:《农村社会养老服务需求评估——基于江苏1051名农村老人的问卷调查》,《中国农村观察》2014年第4期。

② 姚兆余、陈日胜、蒋浩君:《家庭类型、代际关系与农村老年人居家养老服务需求》,《南京大学学报(哲学·人文科学·社会科学)》2018年第6期。

③ 杜鹏、王永梅:《中国老年人社会养老服务利用的影响因素》,《人口研究》2017年第3期。

护服务需求产生不同的影响①,侯慧丽(2018)②利用中国老年人社会追踪调查数据,通过实证分析得出慢性病得分越高对养老服务的需求越强烈,尤其是上门看病服务。

第二节 服务对象识别与梯次化瞄准策略

一、综合各类因素来识别医养结合养老服务对象

布克曼(Bookman)和金布雷尔(Kimbrel)(2011)认为以整个老年人群体为对象向其提供统一的养老服务,而忽略服务需求的差异性,容易造成老年人享受相关服务机会的不公平。③ 现实中,民族地区政府提供医养结合养老服务不仅受老年人年龄、文化程度、婚姻状况、户籍等倾向性因素的影响,而且还受收入、家庭社区养老资源、居住状况、生活自理能力、健康状况等使能资源和需求因素的制约,不能为每一个老年人提供平等的服务。民族地区受制于经济发展水平不高和医养服务资源匮乏的限制,政府提供医养结合养老服务,首先要解决"为谁提供服务"的问题,即根据老年人的健康养老服务需求,精准识别优先服务对象。在公共服务提供过程中,一个普遍的共识是,优先满足社会中最弱者的需求。阿玛蒂亚·森基于可行能力理论视角,从经济、能力和精神等方面对贫困对象的识别(杨帆、章晓懿,2016)④,为综合各类因素识别医养结合养老服务对象提供了思路。目前,民族地区大多以经济状况和身体状

① 彭希哲、宋靓珺、黄剑焜:《中国失能老人长期照护服务使用的影响因素分析——基于安德森健康行为模型的实证研究》,《人口研究》2017年第4期。
② 侯慧丽:《社会养老服务类型化特征与福利提供者的责任定位》,《中国人口科学》2018年第5期。
③ Bookman Ann, Kimbrel Delia, "Families and Elder Care in the Twenty-First Century", *Future of Children*, Vol.21, No.2, 2011, pp.117-140.
④ 杨帆、章晓懿:《可行能力方法视阈下的精准扶贫:国际实践及对本土政策的启示》,《上海交通大学学报(哲学社会科学版)》2016年第6期。

况来识别服务提供对象,有较大的失准可能性。在医养结合养老服务对象识别过程中,不以家庭、个人经济状况、身体状况等单一指标认定服务对象,而是从倾向性特征、能力、需要等整体性的视角,充分考量、全面评估老年人医养结合养老服务需求及面临的风险,从而形成梯次化服务对象保障格局,如表 3-3所示。

表 3-3　民族地区老年人医养结合养老服务需求特征及主要需求群体

个人特征	主要影响因素	主要需求群体
倾向性特征	年龄(+)、教育程度(−)、有无配偶、户籍	高龄老人;低文化程度老人;无配偶老人;农村老人
使能资源	个人收入(−)、子女数量(−)、经济独立性(−)、居住状况	无收入、低收入老人;无子女、少子女老人;收入来源主要依赖政府或子女的老人;养老机构、独居老人
需求因素	生活自理能力(−)、自评健康状况(−)	失能、半失能老人;自评健康状况差的老人

资料来源:笔者根据相关资料整理而成。

二、梯次化对象瞄准策略

根据阿玛蒂亚·森的可行能力理论,医养结合养老服务应以满足老年人的健康养老需求为根本目的,要逐步实现医养结合养老服务均等化供给,财政投入应聚焦于保障老年人的可行能力(屈群苹、许佃兵,2018)。[1] 能力贫困、经济贫困、精神贫困的老年人对医养结合养老服务需求更为强烈,但需要更多的照护资源或付出更高的成本(如康复护理成本)才能达到一般状况老年人的养老水平。因此,政府提供医养结合养老服务时,对上述能力脆弱老年人关注度越高,提供的服务会越精准。据此,根据老年人的服务需求和能力特点,

---

① 屈群苹、许佃兵:《养老服务均等化:基于阿玛蒂亚·森可行能力的理性审视》,《南京社会科学》2018 年第 2 期。

结合民族地区经济社会发展状况,分层覆盖服务对象,医养结合养老服务梯次化瞄准的策略如表3-4所示:

表3-4　医养结合养老服务梯次化对象瞄准

服务类型	特征	涵盖的老年群体	服务提供形式
第一类:兜底型保障对象	能力贫困+经济贫困+精神贫困	城市"三无"老人、农村"五保"老人、低保或低收入家庭中孤寡、失能或高龄的老年人	公办医养结合机构免费收养、政府购买服务
第二类:福利型保障对象	部分能力贫困+有限经济贫困+精神贫困	部分失能(失能等级认定)、高龄、独居、低收入的老年人	公办医养结合机构低偿收养、政府购买服务
第三类:普惠型补贴对象	生活能够自理的一般经济状况	一定年龄以上的城乡社区居家老年人	政府发放补贴或购买服务

资料来源:笔者根据相关资料整理而成。

第一类服务对象为同时具备能力贫困、经济贫困、精神贫困特质的老年人,属于福利性基本医养结合养老服务瞄准的对象,该类老年人可行能力最差、异质性最强,对医养结合养老服务需求度最强,属于政府兜底保障性对象,因此,是政府无偿提供服务和优先应瞄准的服务对象。

第二类服务对象为部分能力贫困、有限经济贫困和精神贫困的老年人,属于非营利性基本医养结合养老服务瞄准的对象,该类老年人服务需求和可行能力居中,属于福利型保障对象,政府可根据财政能力状况逐步将相关服务向该类老年人延伸,可以采取公办医养结合机构低偿收养或政府购买服务的方式向其提供服务。

第三类服务对象为普惠型补贴对象,该类老年人生活能够自理且经济独立,属于营利性非基本医养结合养老服务瞄准的对象,目前各地根据财政状况逐步将80岁、70岁以上年龄的城乡老年人纳入政府发放的高龄补贴、养老服务补贴或购买社区居家养老服务的范围,未来随着民族地区福利模式由补缺型向普惠型转变,政府提供的医养结合养老服务将覆盖所有老年群体。

第三节　医养结合养老服务需求、供给及利用状况分析

医养结合养老服务内容广泛,政府刚刚开始提供这一新型公共服务项目,投入力度还十分有限,如何在有限财政投入下优先满足老年人需求最迫切的服务,成为服务有效提供的关键性问题。社区居家类医养结合养老服务是政府购买服务和转变提供方式的重点,为了加快推进政府购买养老服务工作,2014 年,财政部等四部委专门发布了《关于做好政府购买养老服务工作的通知》,将养老服务纳入政府购买服务指导性目录。2019 年,国家卫生健康委、民政部等 12 部委联合发布了《关于深入推进医养结合发展的若干意见》,指出各地要加大政府购买医养结合养老服务力度,社会福利彩票公益金要重点支持开展医养结合养老服务,支持符合条件的民办医养结合机构承接当地基本医养结合养老服务。

多数学者在不分类的情况下,对老年人的具体养老服务需求进行了分析。姚兆余等(2018)将养老服务划分为康复护理、医疗保健、生活照料、精神慰藉、法律援助、文化娱乐等六种类别。[1] 王洁非、宋超(2016)则从基本生活照料、精神情感支持、疾病预防护理、物质设施志愿、病期卫生护理等五方面分析了老年人对社区养老照顾服务需求的差异。[2] 边恕等(2016)则将养老服务需求划分为生存、生活照料、医疗护理和精神慰藉四种类型。[3] 上述学者都没有对上述服务项目进行细分,也没有进一步对服务供需差、利用率进行分析。王琼[4]

---

① 姚兆余、陈日胜、蒋浩君:《家庭类型、代际关系与农村老年人居家养老服务需求》,《南京大学学报(哲学·人文科学·社会科学)》2018 年第 6 期。

② 王洁非、宋超:《基于福利多元主义的社区养老供需研究》,《统计与决策》2016 年第 1 期。

③ 边恕、黎蔺娴、孙雅娜:《社会养老服务供需失衡问题分析与政策改进》,《社会保障研究》2016 年第 3 期。

④ 王琼:《城市社区居家养老服务需求及其影响因素——基于全国性的城市老年人口调查数据》,《人口研究》2016 年第 1 期。

(2016)和熊茜等①(2016)则分析了老年人对 8 项社区居家养老服务项目的需求、供给和利用状况。姚虹、向运华(2017)则将民族地区社区居家养老服务分为生活照料、精神慰藉和医疗保健三大类 12 小项,以三大类服务项目为因变量,对影响老年人 12 项服务需求的因素进行了分析,但未对三类服务项目的需求强度进行分析。②

由此可见,目前学术界对老年人医养结合养老服务需求项目缺乏具体分层分类分析,而且对项目细化不够,对政府细化提供服务或制定购买服务目录清单指导意义有限。由于社区居家医养结合养老服务项目较多,各学者对服务项目进行分类的侧重点和依据差异较大,且随意性大。因此,充分了解民族地区老年人医养结合养老服务基本需求和社区公共卫生、基本养老等服务资源状况,深入分析各服务项目的供需差,明确服务种类、内容及层次,可以为政府有的放矢地供给相关服务提供参考。

一、模型设定

本节使用的数据,与本章第一节相同,来源于政府提供医养结合养老服务状况问卷调查数据,为问卷的第三部分,变量的基本特征前面已有介绍。该部分分析 15 项医养结合养老服务项目的需求、供给及利用情况,与已有文献相比,本书分析了政府供给医养结合养老服务与服务供需、利用均衡矩阵模型。与已有文献对服务项目选择、归类不同,本书根据克雷顿·奥尔德弗(Clayton Alderfer)提出的 ERG 需要理论和马斯洛提出的需要层次理论,将 15 项医养结合养老服务项目划分为生活照料、医疗护理保健、精神慰藉娱乐、权益保障与社会参与四大类。对老年人各项服务的需求、供给状况、利用和满意度状况

---

① 熊茜、钱勤燕、王华丽:《社区养老服务体系的构建——基于居家老人需求状况的分析》,《山东大学学报(哲学社会科学版)》2016 年第 5 期。

② 姚虹、向运华:《少数民族地区社区居家养老服务的现实特征与需求探析》,《湖北民族学院学报(哲学社会科学版)》2017 年第 1 期。

进行了调查。本书运用服务需求率、服务供给率、服务利用率来分析各服务项目的供需、利用状况,同时运用供需差、利用差、供需差排序和利用率排序指标,比较分析不同服务项目需求、供给及利用之间的差距。服务供给率为回答附近社区有该项服务供给的老年人比例,服务需求率为回答需要(由"非常需要"、"需要"和"有点需要"加总得到)的老年人比例,服务利用率为回答使用过该项医养结合养老服务项目的老年人占比。供需差是指各类养老服务项目的需求率减去该项目的供给率,差值越大说明该服务项目供需矛盾越突出;利用差是指各类养老服务项目的供给率减去该项目的利用率,差值越大说明该服务项目利用效率越低,过剩情况越突出。

本书借鉴张会萍等人(2014)对民生服务供需分析时使用的均衡模型①,结合民族地区医养结合养老服务需求、供给及利用状况,根据民族地区医养结合养老服务供需差和老年人对相关服务的利用情况,建立政府供给医养结合养老服务与服务供需、利用均衡矩阵模型。实现医养结合养老服务供需两端的精准匹配,单从服务供需均衡角度进行分析,还难以判断具体服务项目是否充足,还需要考虑服务的实际使用情况。

其中,供需差大是指政府供给的医养结合养老服务与老年人的需求差值排序前50%的服务项目,利用率高是指实际使用过医养结合养老服务的老年人比例排序前50%的服务项目。A区域表示医养结合养老服务供需差大、利用率高的项目,即需求大于供给值排序前50%的服务项目和服务利用率排序前50%的服务项目;B区域是指医养结合养老服务需求大于供给值,但服务利用率低(供给过剩)的项目;C区域是指医养结合养老服务供需缺口值排序后50%和实际使用过医养结合养老服务老年人比例排序后50%的服务项目;D区域为供需缺口小,但老年人实际使用比例高的项目,如图3-2所示。

---

① 张会萍、惠怀伟、刘振亚:《欠发达地区农村民生服务需求及其均衡分析——基于宁夏回族自治区的农户调查》,《农村经济》2014年第6期。

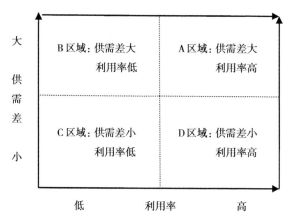

图 3-2　医养结合养老服务供需差和利用率矩阵模型

资料来源:笔者自绘。

二、医养结合养老服务需求强度分析

(一)整体上,老年人健康养老服务需求呈现层次性的特征

本书将医养结合养老服务的需求程度均设置"非常需要"、"需要"、"有点需要"和"不太需要"和"不需要"五个等级,每项依次赋值 0.5、0.4、0.3、0.2、0.1。需求率主要由表 3-5 中需求强度"非常需要"、"需要"和"有点需要"的比例加总后得到,老年人对每项服务的需求得分总和即为该项目的需求度得分。不管是依据需求率均值,还是按照需求度得分均值,老年人对医养结合养老服务的需求整体上呈现医疗保健类项目>生活照料类项目>精神慰藉娱乐类项目>权益保障与社会参与类项目的特征,如表 3-5 所示。该结论与侯冰(2019)以上海、长沙等地为调查地得出的结论具有一致性,说明民族地区与发达地区老年人养老服务需求层次具有整体上的趋同性。① 医疗保健类服务项目排在第一位,老年人对医疗保健类项目的需求率均值均达到了 53.69%,

① 侯冰:《老年人社区居家养老服务需求层次及其满足策略研究》,《社会保障评论》2019年第 3 期。

其中,健康管理、上门看病的需求程度超过了60%。说明老年人对医疗保健类服务项目需求最为迫切。这也说明了老年人日常生活中面临困难的差异程度和需求的层次性,即以医疗健康类需求为中心,由基础型、必须型服务向高层次、补充型服务需求延伸。

表3-5 医养结合养老服务各项目需求度得分及排名

服务类别	服务项目	需求强度(%)						需求度得分	需求度排序
		非常需要	需要	有点需要	不太需要	不需要	需求率		
生活照料类	日间照料	7.93	25.25	15.86	31.18	19.78	49.04	296.6	8
	助餐服务	12.59	29.65	12.77	23.54	21.44	54.97	316.1	5
	上门做家务	3.56	13.76	16.23	32.73	33.73	33.55	242.1	10
	无障碍设施	14.59	28.44	20.78	20.97	15.22	63.81	335.9	3
	均值	—	—	—	—	—	50.34	297.7	
医疗保健类	健康管理	8.31	33.06	22.01	22.74	13.88	63.26	327.6	4
	上门看病	17.32	32	16.04	21.7	12.94	65.36	350	2
	康复服务	6.47	24.7	23.43	25.16	20.24	54.6	298.4	7
	陪同看病	10.21	27.99	17.87	25.8	18.14	56.06	314.1	6
	家庭病床	3.92	10.76	14.49	37.28	33.55	29.17	235	11
	均值	—	—	—	—	—	53.69	305	
精神慰藉娱乐类	心理咨询	1.28	5.38	13.22	29.63	50.5	19.87	194.5	14
	互助养老	3.01	17.96	34.55	30.54	13.95	55.52	291.3	9
	健身设施	20.05	31.27	15.59	19.6	13.49	66.91	356.3	1
	均值	—	—	—	—	—	47.43	280.7	
权益保障与社会参与类	法律维权	4.1	7.11	10.67	30.26	47.86	21.88	207.7	13
	教育培训服务	5.29	11.85	9.94	22.97	49.95	27.07	218.9	12
	再就业服务	0.73	3.92	3.83	11.12	80.4	8.48	146.4	15
	均值	—	—	—	—	—	19.14	191	

注:需求强度中非常需要、需要、有点需要、不太需要和不需要,依次赋值0.5、0.4、0.3、0.2、0.1,各项服务的需求得分总和即为该项目的需求度得分。
资料来源:笔者根据相关资料整理而成。

(二)具体项目上,需求弹性与需求强度呈现反向关系

第一,需求缺乏弹性的养老服务项目,如果按照李兆友、郑吉友(2016)

对需求强度分层的标准①,即选择"非常需要"、"需要"和"有点需要"的老年人比例超过50%,则代表该项目需求缺乏弹性,上门看病、健康管理、陪同看病、康复服务、无障碍设施、助餐服务、健身设施项目、互助养老等8项为需求缺乏弹性的养老服务项目,其中4项为医疗保健类服务项目。第二,需求弹性较大的服务项目。选择"不需要"的老年人比例超过40%,则表示该项目需求弹性较大或可舍弃,包括再就业服务、心理咨询、教育培训服务、法律维权、殡葬服务等项目。第三,中等弹性的服务项目。选择"不太需要"的老年人比例超过30%,则表示该项目需求中等弹性,舍去已经归入其他需求弹性类别的家庭病床、互助养老和法律维权项目,属于该需求类别的需求项目包括日间照料、上门做家务和家庭病床三项。综上所述,民族地区老年人对医养结合养老服务需求呈现需求弹性与需求强度反向关系,政府可根据两者的关系及各项目的供给、利用状况,确定各服务项目的供给优先序。

三、医养结合养老服务供给、利用状况及需求差、利用差

(一) 从供给来看,各项服务整体水平较低,且供需匹配度低

随着各级政府投入的增加和社会力量的积极参与,民族地区部分社区已经有一定规模医养结合养老服务供给,但整体供给水平依然较低,除了健身设施和无障碍设施外,其他服务项目的供给率都不足50%,如表3-6所示。从结构上看,供给最多的医养结合养老服务项目是精神慰藉娱乐类服务项目,供给率均值为37.19%,但该项目的需求率低于医疗保健类和生活照料类服务项目。需求最多的医疗保健类服务,供给率仅有23.96%,远低于精神慰藉娱乐类和生活照料类服务项目。

---

① 李兆友、郑吉友:《农村社区居家养老服务需求强度的实证分析——基于辽宁省S镇农村老年人的问卷调查》,《社会保障研究》2016年第5期。

表 3-6 医养结合养老服务各项目需求、供给及利用状况和供需差、
利用差排序

服务类别	服务项目	需求率（%）	供给率（%）	利用率（%）	供需差（%）	利用差（%）	供需差排序	利用率排序
生活照料类	日间照料	49.04	43.76	16.88	5.28	26.88	11	6
	助餐服务	54.97	44.94	26.16	10.03	18.78	9	4
	上门做家务	33.55	19.71	10.85	13.84	8.86	7	11
	无障碍设施	63.81	52.42	32.18	11.39	20.24	8	3
	均值	50.34	40.21	21.52	10.14	18.69	—	
医疗保健类	健康管理	63.26	43.07	33.64	20.19	9.43	6	2
	上门看病	65.36	34.28	20.99	31.08	13.29	3	5
	康复服务	54.6	27.37	14.31	27.23	13.06	4	8
	陪同看病	56.06	21.35	15.14	34.71	6.21	2	7
	家庭病床	29.17	7.94	4.47	21.23	3.47	5	12
	均值	53.69	23.96	15.57	24.82	8.40	—	
精神慰藉娱乐类	心理咨询	19.87	10.12	2.1	9.75	8.02	10	14
	互助养老	55.52	17.41	12.24	38.11	5.17	1	10
	健身设施	66.91	84.05	71.01	-17.14	13.04	15	1
	均值	47.43	37.19	28.45	10.24	8.74	—	
权益保障与社会参与类	法律维权	21.88	22.01	2.01	-0.13	20	13	15
	教育培训服务	27.07	42.52	12.94	-15.45	29.58	14	9
	再就业服务	8.48	4.83	3.92	3.65	0.91	12	13
	均值	19.14	23.12	6.29	-3.98	16.83	—	

资料来源：笔者根据相关资料整理而成。

（二）从供需差看，各项服务呈现需求大于供给的特征

有 13 个服务项目的供需差为正数，表示大多数养老服务项目存在需求大于供给，供给匮乏的问题，这也体现了目前民族地区医养结合养老服务供给与需求不平衡。供需差值排在前五位的项目依次为：互助养老、陪同看病、上门看病、康复服务、家庭病床，供需差排序前五的项目中有四个为医疗保健类服务项目。仅有健身设施、教育培训服务、法律维权的供需差为负数，负数表示供过于求，服务供给充足的项目多集中于权益保障与社会参与类和精神慰藉娱乐类项目。供给过剩排在前三位的项目依次为：健身设施、教育培训服务和

法律维权。从整体供需差来看,四类项目中医疗保健类服务项目供需差均值最大,为24.82%,不管是从单项还是整体来看,医疗保健类服务项目的供需矛盾、供需不平衡问题最为突出。权益保障与社会参与类服务项目普遍存在供给过剩的情况,供需差均值为3.98%,三个项目有两个存在供给过剩,如教育培训服务的供给过剩达到了15.45%。

(三)从利用率和利用差看,各项服务呈现供给大于利用的特征

仅了解民族地区老年人各项医养结合养老服务的供需,还不能准确把握各项服务项目的利用情况,不仅难以判断服务提供的效果,也难以实现服务的精准高效供给。各项医养结合养老服务供给和利用的落差,说明目前民族地区社区医养结合养老服务普遍存在利用率低,即过剩问题。从整体上来看,生活照料类服务项目的利用差均值最大,为18.69%,医疗保健类服务项目的利用差均值最小,为8.40%。说明民族地区社区医养结合养老服务需求大于供给和服务利用率低的矛盾并存。

造成服务利用率低的主要原因有以下几个方面:一是政府福利发展模式、购买力、便利程度等原因。通过实地调研发现,目前民族地区和我国其他地区一样,医养结合养老服务供给采取的是自上而下的供给模式,地方政府在提供相关服务时主要从当地经济社会发展状况、资源、财政能力等方面出发,作为新型的公共服务项目,目前尚处于补缺性福利模式阶段,即政府提供的医养结合项目或购买服务一开始只针对政府托底保障的"三无""五保""低保""失能"等困难老人。针对全体老年人的普惠型医养结合服务项目,仅有健康管理、助餐等少数项目。二是医养结合养老服务在民族地区刚刚起步,养老服务体系不完善,老年人对服务知晓度低,部分服务项目政府在本社区或附近已有设施或服务供给,但老年人对相关服务认知水平较低,影响了对相关服务的使用。通过调研发现近几年地方民政部门在城市或农村社区兴建了大量的社区日间照料中心,开展日间照料或社区居家养老服务,地方卫健部门积极推进家

庭医生签约服务工作,为老年人逐步开展了健康管理和上门看病服务,问卷过程发现部分社区已经开展相关服务项目,而老年人却回答尚未听说过或使用过相关服务项目。

第四节　医养结合养老服务供给优先序

前一节对民族地区老年人各项医养结合养老服务需求、供给和利用状况进行了分析,得出了各服务项目的需求强度、供需差和利用率排序,基于本书提出的医养结合养老服务供需差和利用率矩阵模型,提出了医养结合养老服务供给优先序(供需、利用均衡矩阵),第一类为供需差大、利用率高的项目,属于"雪中送炭"类服务项目,政府应优先提供;第二类为供需差小,利用率高的项目,该类项目政府可继续保持相关服务的提供;第三类为供需差大、利用率低的项目,该类项目政府可以根据经济状况逐步实现服务项目的提供;第四类为供需差小、利用率低的项目,该类项目政府可根据经济状况有选择地提供。每类项目包括的项目如图3-3所示。

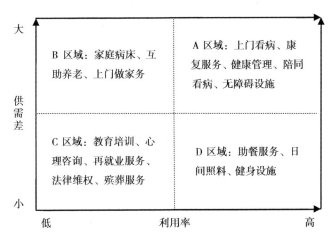

图3-3　医养结合养老服务供需、利用均衡矩阵模型及供给优先序

资料来源:笔者自绘。

一、供需差大、利用率高的项目

供需差大、利用率高的项目,属于"雪中送炭"类服务项目,政府应优先提供。A 区域的服务项目属于该类,主要包括上门看病、康复服务、健康管理、陪同看病和无障碍设施,上述五种服务项目是需求大于供给值排序和服务利用率排序同时前 50%的服务项目,供需和利用最不均衡,老年人对上述项目的需求率和利用率较高,但供需差较大,该类项目主要集中于医疗保健类项目,A 区域所属的五个项目中有四个为医疗、康复等健康类服务项目。在 15 个项目的供需差排序中,陪同看病、上门看病、康复服务、健康管理分别位列第 2、3、4 和 6,但政府提供该类服务满足老年人需求的程度较低。政府在精准化供给医养结合养老服务时,供需差大、利用率高的项目应最优先提供。从 2017年,宁夏才开始全面启动家庭医生签约服务工作,为居家、社区老年人提供的上门巡诊、健康指导、定期体检、慢性病管理等服务覆盖面有限,家庭签约服务首先从建档立卡贫困人口家庭中的老年人开始,实现家庭医生签约服务制度的全覆盖,将医疗护理、康复等服务延伸至老年人家庭,还受制于民族地区医疗护理康复资源不足的制约,所以 A 区域的服务项目老年人需求强烈,有效需求无法得到满足,属于"雪中送炭"类服务项目,是政府应最优先提供的服务项目。

二、供需差小、利用率高的项目

该类项目政府可继续保持相关服务的提供。D 区域的服务项目属于该类,主要包括助餐服务、日间照料、健身设施,与其他服务项目相比,该类服务项目供给、需求和利用均衡度相对较高。上述项目民族地区政府前期较为重视,积极推动日间照料中心、健身设施、老年助餐服务等设施建设,普遍将老年助餐服务和日间照料服务纳入民生计划和政府购买服务的范围。日间照料中心、老年活动中心是公益性为老服务机构,政府财政承担了对日间照料中心的管理运营和设施维护经费,由老年人免费享受相关服务。通过调研发现,民族地区部分城市街道已经实现老年人日间照料中心的全覆盖。通过对宁夏老龄办的调研获知,近年宁夏加强养老服务设施建设,不断提升老年人健康养老服务的可及性。以日间照料、助餐服务为例,截至 2018 年年底,宁夏城市社区老年人日间照料中心达到 111 个,床位 2220 张,城镇社区养老服务设施共计 397 个,覆盖率 73.66%;农村幸福院 1282 个,农村老饭桌 434 个,农村养老服务设施覆盖 1585 个行政村,覆盖率 69.8%。随着政府对上述项目投入不断增加,城乡日间照料、健身设施、老年助餐服务供需矛盾逐步得到缓解,上述三个项目都是普惠型服务,利用率得以不断提升。

三、供需差大、利用率低的项目

该类项目政府可以根据经济状况逐步实现服务项目的提供。B 区域中的家庭病床、互助养老、上门做家务属于该类服务,该类项目老年人需求高,政府有效供给不足,但同时利用率又低,主要原因在于该类服务项目多为准公共产品,政府将此类服务项目定位于残补型福利项目,瞄准的对象多为困难的失能失智老年人,通过调研发现银川、中卫、石嘴山都已开展政府购买居家养老服务,但受惠对象有限,所以出现社区老年人听说过政府提供的家庭保洁、打扫卫生等家政服务,但大多没有利用的状况。以银川市为例,根据《银川市人民政府关于全面推进居家养老工作的实施意见》,银川仅将城乡享受低保的 60 岁及以上失能老人纳入政府购买居家养老服务的对象。2018 年,石嘴山大武口区则将年满 70 周岁及以上的分散供养的特困人员、城乡高龄低收入、优抚对象和最低生活保障对象中,经评估工作后确定为轻度、中度、重度失能的老年人纳入购买居家养老服务对象。2019 年,中卫市共有 1430 名困难老人享受了政府购买的家庭保洁、家电维修等社区居家养老服务。另外,针对失能老年人的家庭病床和志愿服务、互助养老也处于探索阶段,受惠老年人数有限。该类项目,民族地区可以根据当地实际情况,有步骤实施。

四、供需差小、利用率低的项目

该类项目属于"锦上添花"类服务项目,政府可根据经济状况有选择地提供。C区域的老年大学、心理咨询、法律维权、再就业服务属于该类项目,该类服务项目属于精神慰藉娱乐类和权益保障与社会参与类老年服务项目,根据马斯洛的需求层次理论,应优先提供老年人的基本医疗护理康复安全类服务和日常生活照料类服务,在此基础上,提供满足老年人更高层次需求的精神慰藉、社会交往、权益保障、社会参与类服务。权益保障与社会参与类服务项目普遍存在供过于求的状况,通过调研发现,有一定比例的老年人听说过并知道所在社区附近有老年人大学或职工活动中心,但享受过相关服务的老年人比例有限,通过访谈得知,老年人对上述服务项目的需求度较低。

第四章　民族地区医养结合养老服务供给体系构建:居家社区层面

　　根据服务递送方式、多层次医疗护理服务与养老服务整合路径的差异,医养结合养老服务可以分为机构医养结合养老服务和居家社区医养结合养老服务。两者在服务递送方式方面的差异主要体现在:从地点上看,机构医养结合养老服务发生在医养结合机构内部,居家社区医养结合养老服务是在家庭和社区为居家老年人提供服务。居家社区医养结合养老服务符合老年人在熟悉环境中养老的传统,是最有助于老年人健康养老需求满足的养老模式,是我国和民族地区健康养老服务的总体发展方向。实践中政府支持和社会力量参与医养结合仍严重偏向机构层面①,居家和社区层面的医养结合发展滞后,下一步应更加强调居家社区医养结合养老服务的基础和依托作用。

---

　　① 葛延风、王列军、冯文猛等:《我国健康老龄化的挑战与策略选择》,《管理世界》2020 年第 4 期。

第一节　居家社区医养结合养老服务的内涵及重要性

一、居家社区医养结合养老服务的内涵

居家社区养老服务("居家养老+社区养老")是一种老年人在自己熟悉的环境中养老和不离家式的养老模式,无论是"9064"还是"9073"①的养老服务格局,都说明居家社区养老服务是绝大多数老年人选择的养老模式②。居家社区养老服务兼具居家养老和社区日间照料两大类功能,并将其融为一体,通过社区综合服务平台的搭建,为有需求的老年人提供社会化居家养老服务。社区养老是居家养老服务的重要提供者,90%的老年人选择居家养老,而家庭成员仅是居家养老服务提供的主体之一,无法提供所有的服务,更多的社会化服务项目和内容主要依托社区,由市场和社会力量来提供。所以居家养老服务能否在社会养老服务体系中发挥基础性作用,主要取决于社区养老对其的支撑。钟仁耀、王建云(2019)认为居家社区养老服务的供给主要通过两个途径:一是培训专业的养老护理员和管理人员为居家社区老年人提供上门服务;二是依托社区健康养老设施,让居家老年人走出家门在社区享受养老服务。③居家社区医养结合养老服务就是将上门看病、康复护理、长期照护等医养结合服务,嵌入到居家养老服务体系中。

---

① "9064"指90%的老年人居家养老,6%社区养老,4%机构养老;"9073"指90%的老年人居家养老,7%社区养老,3%机构养老。

② 穆光宗、朱泓霏:《中国式养老:城市社区居家养老研究》,《浙江工商大学学报》2019年第3期。

③ 钟仁耀、王建云:《社区居家养老服务的发展现状、问题与对策》,载王延中:《中国社会保障发展报告(2019)》,社会科学文献出版社2019年版,第171—172页。

本书将居家社区医养结合养老服务界定为:以社区为平台,将多元服务主体、医养服务资源有效集中整合起来,使医疗卫生服务嵌入居家社区养老服务体系之中,为居家社区老年人提供多元化的健康养老服务。

二、居家社区医养结合养老服务的重要性

推进医养结合的重点应在居家养老和社区养老层面。居家社区医养结合养老服务以社区作为纽带或平台,使医养服务资源下沉到社区、家庭,并实现融合,其在社会养老服务体系中扮演着越来越重要的角色,是推进医养结合的最佳途径。如北京市提出了"9064"、武汉市提出了"9055"、上海市提出了"9073"等方案,相对于机构养老,居家养老和社区养老的经济成本、社会成本和心理成本较低。针对绝大多数社区或在家养老的老年人,通过居家社区医养结合,为其提供基本健康养老服务,对于有照护需求的特殊困难失能、半失能老年人,通过机构医养结合,满足其对康复护理服务需求。从目前各地推进医养结合的实践来看,主要侧重于从机构层面推进医养结合,即通过养老机构内设医疗机构、医疗机构内设养老机构、医疗和养老机构建立合作关系实现医养结合。

从养老服务体系结构来看,"十二五"时期,机构养老服务发展最快,居家和社区养老服务是基础和依托,但居家和社区养老服务明显滞后于机构养老服务。"十三五"期间,重新定位与改革了机构养老,使其由"支撑"作用回到"补充"的位置,显示了机构养老在社会养老服务体系建设中的应然地位,同时更加强调居家社区养老的重要性和基础性作用。

然而,目前各地在推进医养结合的过程中普遍存在"重机构,轻社区"的偏差,该发展思路与现实老年人健康养老服务需求无法契合。① 当前医养结合养老服务发展的短板是居家社区养老服务,居家社区医养结合养老服务存

① 曲夏夏:《社区医养结合影响老年人养老获得感的理论依据及验证方法》,《山东社会科学》2019 年第 12 期。

在基础薄弱、结构失衡、供给不足、满意度较低等问题。①"十四五"规划进一步强调未来我国要"构建居家社区机构相协调、医养康养相结合的养老服务体系"。

针对当前各地居家养老、机构养老和社区养老三种养老服务发展不均衡的情况，未来养老服务体系将强调居家社区机构"三位一体"、协调发展。将医养结合的养老服务体系扩展为医养康养相结合的养老服务体系，进一步融入健康中国全方位全周期的新理念，将健康、康复等服务内容都加入进来。"十四五"期间，我国推进医养结合政策，其着力点是在居家养老和社区养老两个层面实现医疗卫生与养老服务相结合。

第二节　居家社区医养结合养老服务模式的 SWOT 分析

一、居家社区医养结合养老服务模式的优势

居家社区养老服务兼具机构养老的专业性和家庭养老在熟悉环境中养老的优势，能够弥补机构养老成本高、覆盖面窄、不能实现就地养老等缺陷，克服家庭养老不断弱化的困境，能够为所有老年人提供普惠、经济的养老服务。②其优势主要体现在以下六个方面：

一是有效整合和充分利用各种医养资源，形成医、养、康、护一体化服务模式。该模式可以依托社区日间照料中心、社区卫生服务中心、社区养老信息平台等社区机构及设施，有效整合社区内医疗护理资源和居家养老

---

① 穆光宗：《中国养老服务业的改革方向和政策展望》，载张车伟：《中国大健康产业发展报告(2018)》，社会科学文献出版社 2018 年版，第 204 页。

② 封铁英、马朵朵：《社区居家养老服务如何包容性发展？一个理论分析视角》，《社会保障评论》2020 年第 3 期。

服务资源,并充分利用社区各种闲置资源,形成医、养、康、护一体化服务模式。李长远(2018)认为居家社区医养结合养老服务符合健康老龄化提倡的在适宜地方养老的理念,发挥社区平台作用,为老年人提供"一站式"、连续性、综合化健康养老服务,充分整合社区各种资源,提高老年人的健康状况。①

二是有利于实现健康养老服务社会化。该模式也符合福利多元主义主张的政府、社会、市场、家庭等多元主体共同参与、合作供给健康养老服务的要求,充分调动社会力量广泛参与,形成多元主体的良性互动的合作关系,满足老年人多样化服务需求。

三是有利于服务供需的无缝对接。依托社区养老服务信息平台,建立老年人服务需求信息库,通过服务网络实现社区医养资源供给同需求有效对接,连接家庭和服务机构,为老年人提供便利、就近的多样化服务。依托社区基层组织,有利于开展政府购买健康养老服务对象的认定工作、服务需求反馈和满意度评估工作,支持市场和社会组织承接相关服务。

四是满足老年人的心理需求。居家社区医养结合养老服务模式既能让老年人在熟悉的社区环境中养老,又符合"去机构"养老的发展趋势,具有机构养老和家庭养老无法比拟的优势(陈通明、马妍,2018)。② 既符合民族地区敬老孝亲传统美德,弥补家庭照护资源不足的缺陷,又可避免老年人入住医养结合机构产生的亲情淡薄和归属感缺乏的弊端。

五是有利于发展普惠型养老服务。相对于机构型医养结合主要以生活不能自理老年人为主,居家社区医养结合覆盖范围大,服务对象面向居家社区所有老年人。同时,有助于政府购买服务的实施,进一步扩大健康服务的受益面,建立适度普惠型福利模式。

---

① 李长远:《社区居家医养结合养老服务模式的比较优势、掣肘因素及推进策略》,《宁夏社会科学》2018 年第 6 期。
② 陈通明、马妍:《宁夏社区居家养老模式探讨》,《宁夏社会科学》2018 年第 3 期。

六是具有成本控制优势,适应了普通家庭的经济承受力。相比建设医养结合型机构,该模式成本较低,延缓或避免生活自理能力受损的老年人入住养老机构,可有效节省资源,更好地适应民族地区一般家庭的经济承受能力(刘行,2017)。[①]

二、居家社区医养结合养老服务模式的劣势

资金投入不足,社区养老设施不完善。目前,医养结合尚处于起步阶段,健康养老服务供给侧存在失衡问题,各地政府倾向于投资示范性、大规模和高档次医养结合机构,而忽视对社区养老设施的投入。资金投入不足限制了社区养老设施的建设和服务开展,城乡社区日间照料中心、居家养老服务中心、托老所等养老设施建设普遍滞后,设施不足进一步制约了社区健康养老各服务项目广泛、深入地开展。城乡养老设施建设融资渠道单一,过分依赖政府财政投入,而政府对其财政投入有限,绝大多数地区对其投入方式多为一次性设施建设补贴,缺乏制度性的资金支持,也没有将后期运营费用纳入财政预算。[②]

社区养老机构设施运营困难。社区日间照料中心、居家养老服务中心等社区养老机构大多属于公办非营利性机构,大都由社区居委会或村委会运营管理,管理也比较粗放,只有少数社会组织参与了社区养老机构的运营管理。社区养老机构多处于亏本或微利经营状态。[③] 政府购买社区养老服务项目刚刚起步,购买力度和范围有限,一般服务承接方只能免费提供服务,致使社会力量参与动力不足。

---

①　刘行:《人口老龄化危机下社区居家养老服务研究》,《人民论坛·学术前沿》2017年第16期。
②　潘屹:《社区综合养老服务体系建设:挑战、问题与对策》,《探索》2015年第4期。
③　侯惠荣、高丽华、王峥:《北京居家养老医养结合服务相关问题研究》,《社会政策研究》2017年第5期。

服务内容单一，无法满足老年人多层次的服务需求。目前社区开展的服务项目多停留在生活照料服务、家政服务、文化娱乐、健身、公共卫生等方面，根据历次全国老年人生活状况调查数据，上门看病、康复护理等医疗健康类服务需求排名靠前，其次是上门做家务等日常生活类服务，但现实中康复护理服务、上门服务提供不足。①

由于社区全科医生总量不足，家庭医生签约形式化问题突出，签约覆盖的服务项目较少。服务内容主要侧重健康教育、健康咨询、健康检查等方面，没有实质性开展上门看病、医疗护理和康复服务项目。另外，专业化、个性化的法律援助、心理疏导、临终关怀等服务较为缺乏。

三、居家社区医养结合养老服务模式面临的挑战

居家社区医养结合养老服务发展不均衡。我国民族地区多为山区、边远地区、穷困地区，由于地理环境、历史发展、生活方式及现实原因，民族地区多属于经济欠发达地区，民族地区医养结合养老服务体系建设普遍滞后于发达地区，内部还存在城乡间、区域间发展不平衡问题。

广大农村地区的社区照护资源比较稀缺。城镇社区养老服务设施保有率明显高于农村，中心城区、边缘城区拥有的日间照料中心的比例分别是21.14%和18.83%，城区以外的镇/乡中心、离乡镇较远的地区拥有的日间照料中心的比例则分别为41.43%和10%。养老机构的分布与日间照料中心的分布情况类似，离乡镇较远地区的社区中有养老机构的比例最低，说明农村养老服务设施可及性低于城镇。② 具体如表4-1所示。

①　党俊武：《中国城乡老年人生活状况调查报告（2018）》，社会科学文献出版社2018年版，第32页。

②　全国老龄工作委员会办公室：《第四次中国城乡老年人生活状况抽样调查数据》，华龄出版社2018年版，第620—621页。

表4-1 2015年城乡社区养老服务设施分布情况 （单位:%）

	中心城区	边缘城区	城乡结合部	城区以外的镇/乡中心	乡镇附近	离乡镇较远的地区	其他	全部
日间照料中心	21.14	18.83	21.77	41.43	19.17	10.00	31.25	18.53
养老机构	36.53	23.61	22.56	17.14	9.77	7.40	6.25	17.36
都没有	50.73	61.8	61.39	47.86	72.76	83.31	68.75	67.82

资料来源:根据《第四次中国城乡老年人生活状况抽样调查数据开发课题研究报告汇编》数据整理计算所得。[1]

管理体制不健全,多部门难以协同合作。医养结合养老服务涉及了医疗卫生服务、养老保障、医疗保障、社区服务等多个领域,需要卫健、民政、人社、医保、财政等多个职能部门共管共治。多头管理、分而治之的管理模式容易导致责权交叉,职责界定不清,多部门间难以协调等问题,从而影响医养结合的推进。具体表现在:一是医养结合社区服务机构的审批、管理及评估涉及多个部门,部门间信息交叉、平台不统一,信息共享困难,降低了服务和管理的效率。二是各职能部门主管的业务间缺乏协同合作,社区养老机构和社区卫生服务机构独立为辖区内老年人提供服务,资源不共享,在服务对象认定、服务内容确定、评估标准制定等方面不统一,容易出现对象遗漏、服务叠加等问题。三是不同部门设立的制度门槛不统一,导致医养结合政策目标难以达到。

社区健康养老服务供需不匹配,服务利用程度低。居家社区医养结合养老是一个新生事物,老年人知晓率低、使用少,很多老年人及其家人还处于听说过、没见过、更没有用过的阶段。[2] 城乡老年人对照护服务的需求由2000年的6.6%上升至2015年的15.3%,15年间上升将近9个百分点,农村老人

---

① 全国老龄工作委员会办公室:《第四次中国城乡老年人生活状况抽样调查数据发课题研究报告汇编》,华龄出版社2018年版,第680—681页。

② 国家应对人口老龄化战略研究课题组:《健康老龄化与老年健康支持体系研究》,华龄出版社2014年版,第185页。

对照护服务的需求比城市上升得更快,由 2000 年的 6.2% 上升至 2015 年的 16.5%。① 近年来民族地区围绕社区老龄服务事业采取了一系列措施初见成效,社区配套设施和服务不断完善,但城乡老人居家社区健康养老服务需求与供给的差距仍然较大,具体表现为现行社区各项健康养老服务项目利用率较低。

居家社区医养结合养老服务定位存在偏差,政策支持力度不足且难以落实。近几年民族地区机构医养结合养老服务发展迅速,各地纷纷投资兴建示范性医养结合机构。同时,各地对居家社区层面支撑辐射型医养结合模式重视不足,将医护服务延伸至社区和家庭的机制和措施有限,居家社区健康养老服务滞后于需求。居家社区医养结合养老服务同样存在重机构和设施建设,而轻管理和服务的现象。近年来部分民族地区将社区服务机构数、设施覆盖率、床位数等纳入量化考核指标,各地投入巨资扩充社区日间照料中心或居家养服务中心的数量和容量,但由于缺乏日常运营经费保障、专业管理服务人员和切实可行的运行机制,部分社区日间照料中心处于闲置状态,未充分发挥其作为社区照顾的支撑作用。

智慧医养结合服务发展滞后。智慧社区养老综合服务平台的建立能够快速响应老年人健康养老服务需求,实现线上线下快速联动,同时能反馈服务满意度,将各方紧密联系起来,对实现医养结合意义重大。目前民族地区医养结合信息化的水平仍较低,信息互联不畅。社区各类服务和信息网络平台建设资金投入机制不健全,只有少数地区将其纳入政府购买服务范围。信息平台建设相关配套政策未能及时到位,平台运行缺少管理主体和使用主体(周云、卢钊,2018)。②

---

① 党俊:《中国城乡老年人生活状况调查报告(2018)》,社会科学文献出版社 2018 年版,第 31 页。

② 周云、卢钊:《城市社区养老服务供应链中的瓶颈与对策探研——基于对武汉市的调查》,《经济体制改革》2018 年第 1 期。

四、居家社区医养结合养老服务模式面临的机遇

新兴信息技术为智慧社区健康养老模式提供了技术支持。在"互联网+"、物联网、大数据、云计算等一系列新兴信息技术环境下,居家社区医养结合养老服务迎来了新的发展机遇,智慧社区健康养老模式应运而生。搭建居家社区智慧健康养老平台的优势表现在:一是可以实现养老服务供需有效对接,整合各类资源,为老年人提供更加方便、快捷、优质、高效的健康养老服务。二是可以提升社区健康养老服务的管理水平和能力,将以往被动应对养老问题的管理模式转变为主动发现养老需求并积极响应模式,所以智慧发展思维是居家社区医养结合养老服务发展新的突破口。三是盘活社会医养资源。居家社区医养结合养老服务信息平台立足于云端,结合信息科技手段,将所在区域内的社区卫生服务中心、日间照料中心、社区服务中心、家政公司及社区等多方资源进行整合。引导社会各行各业加入信息平台提供无偿或低偿服务。目前部分民族地区已经开始探索智慧社区健康养老模式。

政策层面,政策法规体系已经基本形成。医养结合是近几年各级政府极力倡导的一种新型养老模式,发展居家社区健康养老服务也越来越受到重视。截至目前,民族八省区都已经出台了省级推进医养结合实施意见及规范性文件,居家社区医养结合养老服务的政策法规体系已经基本形成,为其持续稳定发展提供了基本的政策指导和保障。

第三节　民族地区居家社区医养结合养老服务的典型模式

一、智慧养老助推模式:以宁夏石嘴山市大武口区为例

智慧健康养老是在大数据背景下,以满足老年人的需求为出发点,充分利

用互联网、云计算、物联网等信息技术,整合线上线下各类卫生服务、养老服务资源,从而实现供需无缝对接的一种新型养老模式(董红亚,2019)。① 智慧健康养老作为医养结合养老服务全面升级的新动能、新引擎,是实现健康养老服务提质增效的重要支撑。智慧健康养老通过引入智能技术、建设智慧社区,促进了医养护要素的衔接互通,提升了居家社区养老服务的精准化程度,是助推居家社区养老服务体系构建的桥梁和催化剂。智慧健康养老嵌入居家社区养老服务的意义在于,创造全新的生态系统,推动健康养老服务内容的精准化和智能化,助推传统养老产业转型、升级和优化(孙建娥、张志雄,2019)。② 智慧养老,借助信息技术的价值嵌入和技术赋能,将智能化建设融于传统居家社区养老模式中,成为政府推动养老服务体系优化和模式升级的必然选择。

通过调研发现,智慧养老助推居家社区医养结合养老服务发展有三个方面的着力点:一是建立健康养老服务信息平台;二是"互联网+养老"应用方面,支持相关企业在社区开展智慧养老业务,引导老年人、养老服务机构使用智能养老产品;三是推动居家社区智慧健康养老产品适老化改造,缩小老年人"数字鸿沟"。该模式以宁夏石嘴山市大武口区为代表,具体做法如下:

案例:宁夏石嘴山市大武口区以"1+4+N"信息化为手段
助推居家社区健康养老服务

石嘴山市结合宁夏建设"互联网+医疗健康"示范区的规划,以"互联网+养老"助推居家社区健康养老服务发展,初步形成了"1+4+N"居家社区养老服务模式,即搭建一个涵盖社区、居家、机构养老的智慧健康养老信息服务平台,建设四级服务平台,通过"N"个社区和居家养老服务组织和医养康复护理站提供服务。通过"1+4+N"

① 董红亚:《技术和人文双维视角下智慧养老及其发展》,《社会政策研究》2019年第4期。
② 孙建娥、张志雄:《"互联网+"养老服务模式及其发展路径研究》,《湖南师范大学社会科学学报》2019年第3期。

的"互联网+养老"创新思路,形成了石嘴山市智慧健康养老服务生态圈,实现了线上(一个智慧健康信息服务平台和四级服务平台)线下[34个居家养老服务中心(站)]数据快速互通互联,合理布局改造四级居家社区养老设施,实现了社区、家庭、机构健康养老资源的对接和优化配置,结合全市"12349"民政服务热线,开展助医、助餐、助洁等"十助"定单式服务。构筑起政府、社会、行业"三位一体"的居家社区健康养老服务格局。

二、"联合运行"模式:以宁夏石嘴山市平罗县为例

该模式主要通过社区卫生服务中心与社区养老服务机构(社区日间照料中心、居家社区养老服务中心、托老所等)合作实现服务提供。社区卫生服务站与附近街道或老年服务机构签订合作协议,对医疗护理服务设施进行托管,或选派医护和康复专业人员定期到社区养老服务机构,上门为入住老人以及周边居民提供护理康复服务。这种模式的优势是程序简化,形式灵活多样,资源互补,实现了互利共赢。将社区卫生服务和社区老年服务两类彼此独立的机构连在一起,方便提供服务。缺点是合作关系比较松散,可能出现双方协议对彼此约束力不够,缺乏激励和惩罚机制,双方责任边界不清,容易出现违约道德风险问题。民族地区大多没有建立长期护理保险,使该模式缺乏筹资和支付机制,护理康复费用过于依赖城乡医保和个人自付,医护人员的劳动报酬难以保证。该模式以宁夏石嘴山市平罗县为代表,具体做法如下:

案例:宁夏石嘴山市平罗县居家社区养老服务机构与
卫生院签订医养结合协议

2018年,平罗县新建设的16个居家和社区养老服务中心(站)全部与乡镇医疗卫生机构签订医养结合服务协议书,将医疗服务引入养老服务机构,为城乡居家养老服务中心(站)的老年人提供医疗

服务。协议明确了双方权利和义务,医疗卫生机构将按照协议内容为老人提供相关医疗卫生服务。养老服务机构提供场地、老人相关信息资料,做好人员组织等服务工作。根据协议,乡镇社区卫生院(服务站)与辖区内居家和社区养老服务中心(站)的老年人签订责任医生签约服务书,责任医生每月到居家养老服务机构服务至少一次,提供义诊、健康咨询和养生讲座等服务。同时,对居家养老的失能、半失能老人,提供上门医疗服务和护理指导,确需住院的,按分级诊疗原则优先考虑安排就诊,并对就诊病人提供绿色通道、转诊服务等。下一步,该县将进一步推进医养结合养老服务工作,扩大卫生医疗机构和养老机构签约覆盖面,提高医养结合服务水平和效率,促进老年人健康养老。

三、家庭医生签约服务助力模式:以宁夏吴忠市利通区为例

该模式依托社区基层医疗护理机构,组织由公共卫生医生、社区护士、乡村医生、康复师等组成的家庭医生签约团队,将医护服务延伸至家庭和社区,为居家社区老人开展巡诊业务,推行家庭医生签约制度。全科医生团队与辖区老年人家庭签订医疗服务协议,社区医生提供家庭巡诊、免费体检、健康管理、预约上门服务、家庭病床、社区护理等服务,通过医护人员定期上门查床,实现医护协作。该模式通过稳步扩大家庭医生签约服务的覆盖面,建立签约居民的健康评估,建立完善的培训、监管与评价机制,充实、整合家庭医生团队,推进"互联网+"家庭医生签约服务。该模式的优势是能够满足老年人的健康需求,使他们在家就可以获得医疗康复服务,医护服务从社区延伸到家庭是未来医养结合工作的重点。但目前该模式政策保障不足,而且该模式需要比较庞大的服务团队,包括由医生、护士、心理、健康管理、康复等人员组成的专门团队,民族地区社区家庭医生缺口普遍较大,社区全科医生团队在开展基本医疗和公共卫生服务的同时,还要兼顾康复、护理等工作,困难较大。该模

式以宁夏吴忠市利通区为代表，具体做法如下：

案例：宁夏吴忠市利通区以家庭医生签约服务助推医养结合

吴忠市是宁夏回族自治区首批两个省级医养结合试点城市，近年来，吴忠市利通区打出政策引领、团队整合、技术支撑和考核机制的组合拳，通过家庭医生签约服务扎实推进医养结合。一是以惠民政策为引领实现老年人签约服务全覆盖。引导老年人主动与家庭医生签约，截至 2019 年年底，家庭医生签约率达到了 100%，推行家庭医生上门服务，把医养结合养老服务延伸到签约老年人家中，有效打通医养结合"最后一公里"。二是整合服务团队提供优质签约服务。以社区卫生服务机构、乡镇卫生院、村卫生室为依托，每月为 65 岁以上老年人提供免费家庭巡诊一次，对有需求、行动不便的老年人开展上门服务，提供免费上门送医送药服务，提供健康监测与评估、健康咨询等健康管理服务。三是以信息化技术为支撑。利通区以"互联网+社区卫生服务中心+社区 580 家庭医生签约"为抓手，通过"社区580"APP，开展上门访视、慢性病管理、健康管理、健康教育、紧急救援、临终关怀等服务，实现家庭医生与老年人（家人）互动，进行自我检测、预约、咨询等。四是以绩效考核为保障。利通区建立了科学的签约服务考核绩效分配机制，合理确定个人绩效工资中服务质量（效）、服务数量（绩）、群众满意度（评）等所占的比例，有效提高了家庭医生签约服务的满意度和签约率。

第四节　推动民族地区居家社区医养结合养老服务高质量发展的策略

"十三五"时期以来，民族地区居家社区医养结合养老服务发展迅速，形成了智慧养老助推、"联合运行"、家庭医生签约服务助力等模式。但是居家社区养老服务模式本身不成熟,各地普遍处于试点探索阶段,在设施建设、服务供给、规范标准等方面远不能为居家社区老年人养老提供足够的支撑条件,部分老年人不得已选择机构养老模式。① 民族地区居家社区医养结合养老服务尚处于起始阶段,发展还面临诸多挑战和问题,突出表现在以下三方面:一是服务设施在地区之间、城乡之间分布不均衡。相对于东部地区,民族地区社区养老服务设施建设相对滞后;相对于城市,农村社区医养资源供给不足。二是与机构医养结合相比,民族地区居家社区医养结合服务保障水平较低,设施、人员、运营投入相对不足,服务平台不完善。三是服务供需匹配度不高、整体利用率偏低,供给侧层面存在服务供给能力不足的问题,需求侧层面存在有效需求不足的问题。推进居家社区医养结合养老服务可持续发展,亟须解决上述难点问题。

一、建立和完善居家社区医养结合健康养老服务网络

居家社区建立和完善医养结合养老服务网络,必须依托社区健康养老服务机构和设施。居家社区健康养老服务设施包括社区服务中心、社区养老床位以及社区生活服务、医疗护理、文化娱乐、康复辅具、紧急救助、体育等设施。

一是着力解决社区养老服务设施规划编制、配套配建等未严格落实的突出问题。居家社区健康养老机构和设施作为社区公共服务设施,参考地区老年人口分布状况、服务需求、服务半径等因素,将设施建设纳入当地统一规划,由民政或卫生部门统一管理。建立和完善社区健康养老服务机构和设施,必须落实用地保障。新建小区通过配建养老服务设施,已建成小区通过购置、置换、改造、租赁、合建等多种途径开辟养老服务设施,充分利用社区闲置资源,落实社区养老服务场地。

---

① 国务院发展研究中心社会部课题组:《养老服务体系发展的国际经验与中国实践》,中国发展出版社 2019 年版,第 9 页。

二是建立三级健康养老服务的基础性设施。县（区）级政府组织建立居家社区养老服务指导中心，每个街道（乡镇）应当设置1个居家社区养老服务中心，并根据社区布局和服务半径合理设置社区养老服务站或日间照料中心。

三是重点加强农村养老服务设施建设。在乡镇政府的统筹协调下，以村委会为基本载体，在村委会所在地建立驿站。建立乡镇养老照料中心与社区养老服务站、老年人互助照料中心、农村敬老院等的协作关系，实现与功能分级和有效衔接。

四是支持社区各类养老机构增加医疗护理和康复功能。各级财政通过财政投入、福彩公益金资助、慈善捐赠和社会投资等多渠道筹集社区健康养老服务设施建设资金，支持改造或兴建社区卫生护理康复机构或设施。

二、优化居家社区医养结合养老服务供给结构

第一，强化社区健康养老服务功能。促进医疗护理服务资源向社区和家庭延伸，充分依托社区基本公共卫生服务项目，开展老年健康管理服务，提高社区医疗卫生服务机构为社区65岁以上老年人开展健康管理服务的能力，积极拓展和加强老年人健康教育、慢性病管理、健康档案管理、社区护理家庭病床、上门看病等基本健康养老服务。

第二，探索建立家庭养老床位、社区康复病床、家庭病床，为社区老年人开展专业康复护理、上门看病、上门护理等服务。家庭养老床位是推进居家社区养老改革的创新举措，家庭养老床位以养老机构或医疗机构为依托、以社区养老服务中心或社区卫生服务中心为支点，将专业化养老服务与医疗服务辐射延伸至家庭。家庭养老床位有诸多优点：一是相对于机构养老成本较低；二是老人无须离开自己熟悉的家庭与社区就能接受专业医养结合养老服务；三是老人可根据自身养老需求，灵活选择包括家政服务、护理服务、康复服务等在内的多种养老服务。家庭养老床位或家庭病床建设可以实现将专业化的健康养老服务延伸到老人家中，已经成为居家社区健康养老服务的一项重要试点

内容。借鉴北京、上海、杭州、青岛等试点城市经验,在民族地区城市社区探索建立家庭养老床位。鉴于社区卫生服务中心医疗床位利用率不高,可以将部分床位转化为康复病床,组建由社区全科医生、护士、康复保健人员等组成的医护人员团队,为老年人提供专业的康复护理服务、上门看病和上门护理服务。

第三,支持中医药、蒙医药、藏医药健康管理服务项目。依托社区基层医疗服务机构,利用社区公共卫生人员、家庭医生签约团队,探索运用适宜技术方法,丰富老年人中医药健康指导的内容,构建集中医、蒙医、藏医慢性病指导、养生调理、跟踪管理于一体的健康养生服务模式,加强养老护理人员传统中医保健、中医药技能培训,发展具有中医药、蒙医药、藏医药特色的居家社区医养结合养老服务。

第四,根据不同年龄段、不同生活自理状况老年人的需求,提供不同类别的服务。针对低龄、生活能够自理的老年人,社区卫生服务机构重点为其提供健康咨询、慢性病管理、健康知识培训等预防式健康服务。依托社区服务中心、互助养老院、文化大院等设施,开展文化娱乐服务项目,鼓励老人参加社区互助养老和公益活动,丰富老年人的文化生活。对于高龄失能老年人,社区日间照料中心或托老机构为其提供日常生活照料、大病出院后康复护理、家庭喘息等服务。对于中高龄的半失能老年人,依托社区日间照料中心、托老所、社区卫生服务中心康复护理床位等设施,重点为其提供康复护理、慢性病管理、短期托养服务。上述健康养老服务项目之间通过恰当过渡与结合,最终在社区形成立体化的健康养老服务网络,为不同需求的老年人提供有针对性的社区健康养老服务。

三、搭建综合支持体系和"一站式"服务平台,实现社区医养资源互补共享

社区作为社会治理的基本单元和医养结合养老服务的重要载体,创新医

养结合社区养老服务模式需要进一步发挥其依托和枢纽作用。一是搭建居家社区养老服务平台,具体是指由街道(乡镇)政府牵头,在财政支持和社区居委会(村委会)的参与下,以社区各类养老、医疗服务机构和设施为支撑,实现健康养老服务生产、提供或递送。二是搭建社区"枢纽式"为老服务综合支持体系,统筹布局或利用社区已有的养老服务、卫生、助残等公共服务机构和设施(社区生活服务中心、社区卫生站、日间照料中心等),实现社区内医疗卫生与养老专业机构的融合与对接,有效地整合社区内部各类养老、医疗卫生、社会服务等资源。三是利用社区"枢纽式"养老服务综合服务平台,引入多方力量共同参与健康养老服务的供给和递送,回应社区老年人的服务需求。四是建立居家社区健康养老服务信息共享平台,整合老年人基本信息档案、健康等资源,推动信息共享,为居家社区老年人提供"一站式"健康养老服务。

四、利用现有社区卫生服务网络,推动医疗护理服务向社区、家庭延伸

一是利用现有社区卫生服务网络,助推居家社区医养结合。以社区卫生服务中心为平台,为周边社区老年人提供居家(医疗、康复)护理服务,与街道(乡镇)、社区社会服务合作,将部分服务扩展至更广区域。可以打破卫生与民政系统之间的部门界限,实现社区医疗机构与各类养老机构(设施)相结合、居家养老与机构养老相结合、社区公共医疗卫生服务与养老相结合,发展社区嵌入式养老服务模式。二是将家庭病床、康复护理等服务作为社区医养结合的重点项目任务。将社区卫生服务中心(站)打造成为社区健康服务提供者,既能满足社区老年人对健康管理、康复护理等专业健康服务的刚性需求,又可以进一步提升基层社区卫生服务机构的价值,也符合三级医疗卫生体制改革的趋势。三是促进社区卫生服务中心和社区养老机构部分床位向老年护理床位转换,为社区老年人群提供全程、连续服务,在社区层面实现医养结合,缓解社区老年康复护理供需矛盾突出的现状。

第五章　民族地区医养结合养老服务供给体系构建：机构层面

　　机构养老是指由专门的养老机构将需要照护的老年人集中起来进行全方位的照顾。[①] 机构养老主要针对失能半失能、空巢独居、高龄体弱等脆弱老人，因此，医养结合型或护理型机构是其发展的趋势。居家社区养老，对脆弱老人的服务有效性滞后于机构养老。随着老龄化、少子化老龄时代的到来，具有专业化、专职化优势的机构养老日趋重要，在养老服务体系中的作用也将由"补充"作用上升为"支撑"作用(穆光宗，2018)。[②]

　　本书将机构型医养结合养老服务界定为：机构型医养结合养老服务是相对于居家社区医养结合养老服务的一种服务模式，主要针对有照护需求的失能半失能老年人，通过医养结合机构，满足其对康复护理服务需求。从目前各地推进医养结合的实践来看，主要侧重于从机构层面推进医养结合，即通过养老机构内设医疗机构、医疗机构内设养老机构、医疗和养老机构建立合作关系实现医养结合。

---

　　① 赵一红等：《我国城市社区综合养老服务体系建设状况分析》，社会科学文献出版社2019年版，第21页。
　　② 穆光宗：《中国养老服务业的改革方向和政策展望》，载张车伟：《中国大健康产业发展报告(2018)》，社会科学文献出版社2018年版，第222—223页。

第一节　机构医养结合在养老服务体系中
定位的演变

长期以来,党和政府高度重视老龄事业发展和构建养老服务体系,在探索建立养老服务体系过程中,不断修改完善,逐步形成了符合新时代要求的多元化养老服务体系。政府对养老服务体系中机构养老的定位经历了四个阶段,如表5-1所示。

第一阶段,将机构养老服务定位为"支撑"作用,服务对象既包括传统的"三无""五保"等政府"兜底"对象,也包括有机构养老需求的社会老年人。

第二阶段,将机构养老服务定位为"补充"作用,2015年后,我国养老服务体系建设的表述发生了新的变化,主要变化是机构养老的定位,表述由"支撑"转变为"补充"。从服务对象上看,机构养老只针对少数老年群体,仅处于一个相对次要的地位。

第三阶段,将医养相结合嵌入养老服务体系之中,机构养老定位依然是"补充",该阶段明确将医养相结合作为养老服务体系的重要内容,这是我国首次把"医养相结合"上升到养老服务体系建设的高度,是养老服务进入新时代的重要特征之一。[①] 将医养相结合纳入养老服务体系建设的重要内容,不管是居家养老、社会养老,还是机构养老,都应实现医养结合。

第四阶段,突出机构与居家社区养老服务相协调,"十四五"规划和2035年远景目标建议,对养老服务体系的最新表述是:"加快建设居家社区机构相协调、医养康养相结合的养老服务体系。"我国幅员辽阔,地域差距、城乡差距较大,各地经济社会发展、老龄化程度、地域文化等都不相同,很难用一种养老

---

① 董红亚:《中国养老进入服务新时代》,中国社会科学出版社2019年版,第122页。

服务模式解决养老服务体系构建问题。① 针对当前三种养老服务模式发展不均衡的情况,国家层面及时提出了解决的思路,即注重居家社区机构养老协调发展,而不能人为将居家养老、机构养老和社区养老割裂开来,同时发挥三者的优势。

表 5-1　机构医养结合在养老服务体系中定位的演变

时间	政策文件名称	养老服务体系表述	机构养老的定位
2011 年	《国务院办公厅关于印发社会养老服务体系建设规划(2011—2015年)的通知》	居家为基础、社区为依托、机构为支撑	支撑
2015 年	《中共中央关于制定国民经济和社会发展第十三个五年规划的建议》	居家为基础、社区为依托、机构为补充	补充
2016 年	《国务院关于印发国家人口发展规划(2016—2030 年)的通知》	居家为基础、社区为依托、机构为补充、医养相结合的养老服务体系	补充
2019 年	《中国共产党第十九届中央委员会第四次全体会议公报》	居家社区机构相协调、医养康养相结合的养老服务体系	居家社区机构相协调

资料来源:根据《国务院办公厅关于印发社会养老服务体系建设规划(2011—2015 年)的通知》《中共中央关于制定国民经济和社会发展第十三个五年规划的建议》《国务院关于印发国家人口发展规划(2016—2030 年)的通知》《中国共产党第十九届中央委员会第四次全体会议公报》整理所得。

第二节　民族地区机构医养结合养老服务的实践模式

本书基于对宁夏五市 24 家医养结合机构的调研,根据医疗机构和养老机

---

① 王晓慧:《四中全会提出居家社区机构协调发展新思路　养老服务体系构建进入新的想象空间》,《华夏时报》2019 年 11 月 7 日。

构在医养结合中的地位关系和资源整合路径,将医养结合养老服务划分为以下三种模式,各种机构型医养结合养老服务模式的优势、劣势及结合方式如表5-2所示。

表5-2　机构型医养结合养老服务的类型

基本模式	医养结合方式	优势	劣势
养老机构内设医疗机构	独立开办老年病医院、护理院、康复医院	以"养"为主,拓展医疗护理服务,服务效率相对较高;增强养老机构在市场中的竞争优势	成本较高;需要医保、长护险等政策的支持;运营风险增加;经费和技术难以得到保障
	内设医务室门诊部、保健站、护理站内设医务室		
医疗机构内设养老院	内设或市场并购养老机构	发挥了医疗机构的专业优势;减少了大型公立医院压床现象	成本较高;容易造成骗保现象;大型医疗卫生机构开设动力不足
	转型为老年护理院、康复院		
医疗机构和养老机构之间的合作运营	合作式—协议约定	成本低;方便、快捷;解决养老机构入住率低的问题;缓解医疗机构床位紧张	利益难以协调;协调成本较高;容易出现违约和道德风险;可持续性较差
	养老机构与医疗机构毗邻而建		

资料来源:笔者根据相关资料整理而成。

一、养老机构内设医疗机构或引入医疗服务模式

该模式是指具有一定区域影响力、规模较大的养老机构根据自身资源状况,通过独立开办老年病医院、护理院、康复医院,或内设医务室门诊部、保健站、护理站,从而实现养老服务和医疗服务的有机结合,为老年人提供日常照料、医疗、保健、康复、护理等全方位的医养结合养老服务。如贵阳市曜阳养老服务中心设有曜阳中西医结合医院,南宁市中科护理院增设医疗机构,该模式适合资源较为完备的、有实力的养老机构。养老机构内设医疗机构采取的是以"养"融"医"的模式,"养"的功能排在第一位,医养结合养老机构中的"医"

主要体现在长期护理、康复、健康管理等方面(潘正琼,2019)。[1] 张航空、姬飞霞(2020)以北京市为例,研究了养老机构开展医养结合服务能够提高入住率。[2]

养老机构内设医疗机构的主要优势是:一是便于入住老人享受到方便快捷的医养结合服务;二是通过自己的力量实现医养结合,服务效率相对较高;三是养老机构可以有效盘活各种存量资源,增强其在养老市场中的竞争优势。主要劣势是:成本(资金、设备、医护人员)较高;需要强有力的国家财税、医疗服务准入、医疗保险定点服务机构认定、医保报销等政策的支持;养老机构运营风险增加;政府对其政策和资金支持力度弱,经费和技术得不到有效保障。

典型案例:宁夏银川市西夏区幸福颐养院

宁夏银川市西夏区幸福颐养院是一所公建民营养老机构,2020年被民政部和国家发改委遴选为全国 49 家公办养老机构改革优秀案例,其经验做法供各地学习借鉴。自运营以来,该机构始终注重构建照料、医疗、康复、护理一体化的养老服务体系,2018 年,成立了宁夏全区第一家养老机构护理站,并与第三人民医院、长城机床厂卫生服务站、丽子园社区卫生服务站等医疗机构签订了长期合作协议,由上述医疗机构定期安排医生来院巡诊,指导规范用药,为长者建立健康档案,定期进行健康体检,加强糖尿病、高血压等慢性病管理。面对 82% 的护理型长者,为进一步提高医疗护理水平,2021 年 1 月,幸福颐养院在护理站三年发展的基础上,升级成为医务室,满足老年人

---

[1] 潘正琼:《医养结合养老机构服务质量和能力评价》,华中科技大学博士学位论文,2019年,第 22 页。

[2] 张航空、姬飞霞:《养老机构开展医养结合服务能提高入住率吗?——以北京市为例》,《中国卫生政策研究》2020 年第 3 期。

医疗服务需求,进一步提高养老服务质量。在医务室硬件方面,专门配备了医务室相关物资,增添了药品;在软件方面,制定了医务室管理制度,聘请了专业医生、护士、康复理疗师等,并对人员进行了专项培训。为入住护理型长者提供常见病、多发病等疾病诊疗服务,开展健康教育宣传活动、慢性病健康管理及慢性病治疗药物用药指导,让长者足不出户就能解决就医、护理、康复等问题,并被国家卫生健康委确定为全国首批老龄健康医养结合远程协同服务试点机构,全方位提高了护理型长者的健康养老服务能力。

二、医疗机构内设养老院或转型为医护型的养老院

该模式是指医疗机构依托自身医疗资源,利用自身优势,内设或市场并购养老机构,实现医疗服务和养老服务的内部化,为集中居住老人提供一体化的护理、康复和照料服务。2020年,国家卫生健康委办公厅结合地方医养结合探索创新,发挥典型经验的示范引领作用,通报了全国医养结合典型经验名录,全国共199个案例被选为"全国医养结合典型经验",案例主要包括地方政府和医养结合机构的典型做法。涉及民族地区医养结合机构的典型经验案例共15例,其中,医疗机构内设养老院或转型为医护型的养老院案例共7项,如表5-3所示。

表5-3　民族地区机构型医养结合典型经验案例①②

序号	医养结合机构	案例名称(典型经验)	类型	案例来源
1	内蒙古巴彦淖尔市慈善医院	探索"135"路径,推进医养结合一站式服务	医办养机构	国家卫生健康委

---

① 国家卫生健康委:《关于全国医养结合典型经验名单的公示》,2019年12月15日,见ht-tp://www.gov.cn/xinwen/2019-12/15/content_5461265.htm。

② 社会发展司:《走进养老服务业发展新时代——养老服务业发展典型案例汇编》,社会科学文献出版社2018年版,第3—4页。

序号	医养结合机构	案例名称(典型经验)	类型	案例来源
2	广西南宁市第八人民医院	砥砺"养老"之医术,锤炼"孝老"之仁心	医办养机构	国家卫生健康委
3	贵州省铜仁市德江县民族中医院	创新"三区三院三联"模式,推进医养结合工作	医办养机构	国家卫生健康委
4	云南省文山州德惠老年病专科医院	民办公助,融合发展	医办养机构	国家卫生健康委
5	宁夏石嘴山市大武口区医养服务中心	政府主导,促医养深度融合	医办养机构	国家卫生健康委
6	新疆生产建设兵团第一师七团医院	惠民、利民、服务于民	医办养机构	国家卫生健康委
7	新疆生产建设兵团第七师奎屯中医院	关爱健康生命有约,奉献真情服务无限	医办养机构	国家卫生健康委
8	广西南宁市夕阳红康复护养中心	功能区齐全,老牌精细服务,解决刚需问题	养办医机构	国家卫生健康委
9	内蒙古自治区巴彦淖尔市五原县夕阳红老年公寓	县乡村三级"互联网+"智能医养服务体系	养办医机构	国家卫生健康委
10	贵州省毕节市社会福利院	创新机制,多措并举,推进医养结合工作	养办医机构	国家卫生健康委
11	云南省大理州南山养老院	以医带养、以养促医,强化提升服务质量	养办医机构	国家卫生健康委
12	新疆库尔勒市九九老年公寓	医养事业献真情,智能康养我先行	养办医机构	国家卫生健康委
13	新疆克拉玛依市白碱滩区广佑颐养老年服务中心	构建养医结合、医养结合、养康结合新型养老服务模式	养办医机构	国家卫生健康委
14	广西重阳老年公寓	依托优势资源做精做强"医养结合"养老服务模式	养办医机构	国家发改委、民政部、全国老龄办
15	贵州省贵阳市曤阳养老服务中心	积极探索"1+5"医养服务新模式,全力构建医养结合新体系	养办医机构	国家发改委、民政部、全国老龄

该模式的优势是:充分利用医疗机构的医疗资源和设备;发挥其在康复、护理等方面的专业优势;减少大型公立医院压床现象。主要劣势是:医疗机构需要配备大量养老服务硬件和照护人才;容易造成骗保现象。该模式仅适用

于拥有闲散医疗康复资源的医疗机构,大型医疗卫生机构无暇顾及,基层的医疗卫生机构缺乏能力。

典型案例:宁夏石嘴山市大武口区医养服务中心

该中心是由大武口区政府与宁夏第五人民医院合作设立。医养服务中心依托宁夏第五人民医院石炭井医院(二级医院)的优良医疗资源,2018 年 3 月取得养老机构登记许可,经过一系列改造,由原本以基本医疗为中心的运营模式转变为医养结合的运营模式,将医院和养老机构的功能相结合,包含社区卫生服务、养老、残疾人托养三大服务功能。在全自治区率先建成了集医疗、养老、残疾人托养三位一体的医养服务机构。通过调研发现大大武口区医养服务中心有四个楼层,一楼为门诊、老年人能力评估室和康复理疗区,二楼、三楼为养老服务中心和残疾人托养服务中心,四楼为老年病住院部。大武口区医养服务中心由石炭井医院院长统一领导,组建了专业的服务团队为入住老年人服务,能在“一个大楼”内解决老年人看病、住院、养老、康复和健康管理问题,实现“健康管理、即时康复、床边门诊、随时住院”的无缝对接,真正将医养结合落到了实处。2017 年,大武口区医养服务中心被民政部和国家发改委确定为全国第二批公办养老机构改革试点单位;2019 年,大武口区医养服务中心医养结合的探索与实践被国家卫健委列入全国医养结合典型经验。

三、医疗机构和养老机构之间的合作模式

该模式是指某一区域内的养老机构和医疗机构结合自身拥有的差异性资源,在政府支持下或通过自发合作,与就近的医养机构签订合作共建协议,整合和优化利用彼此的资源与服务,共同满足老年人健康养老服务需求。通过建立双向转诊和预约就诊绿色通道,医疗机构可以为入住养老机构老人开辟

绿色抢救、转诊、医疗巡诊、健康体检、健康档案管理、免挂号、优先就诊、入院免费体检等优惠服务。

该模式的优势是:通过协议内容和双方的利益协调,养老机构的养老资源和医疗机构的医疗资源都得到充分利用;大大缓解入住养老机构的老年人在医疗康复护理方面的需求,可以方便、快捷地获得高质量的医疗、康复和护理服务;一定程度上缓解医疗机构床位紧张;提高大型医疗机构资源的利用效率;一定程度上解决养老机构入住率低的难题。

劣势:该模式属于双边治理,在合作协议对双方权利义务规定不清晰的情况下,容易出现责任边界模糊,发生风险或责任事故时,难以界定责任方,无法保障老年人的合法利益。合作协议法律效力不高,缺乏有效约束,在利益协调机制不健全的情况下,容易出现违约和道德风险,该模式的可持续性较差。

典型案例:宁夏阅海老年服务中心

宁夏阅海老年服务中心与宁夏中医医院签约合作,被编入全国养老服务业发展典型案例。宁夏阅海老年服务中心是 2013 年宁夏回族自治区人民政府投资建设的,是目前宁夏最大的公建民营养老机构,已开设床位 840 张,入住老人 710 余人。2017 年 12 月,宁夏阅海老年服务中心与宁夏中医医院签署了医养结合合作协议,充分发挥宁夏中医医院医疗资源优势,为老年服务中心入住老年人日常就医、医疗急救和住院开通绿色通道,并确定为医疗救治定点医院,为老年人提供方便快捷的医疗服务。老年服务中心充分发挥专业护理服务团队优势,为住院患者提供个性化、专业化的生活照料和护理服务。中医院定期为入住服务中心老年人开展健康讲座、义诊、医护人员培训等服务。双方通过资源共享、优势互补开展全方位的多元化医养合作,为老年人提供更加优质的医养服务。

第三节 民族地区机构医养结合养老服务
取得的成效

一、机构医养结合养老服务发展迅速

民族地区养老机构床位数增长迅速，从总体趋势上看，民族八省区每千老年人口养老床位数处于增长趋势，由 2012 年的 11.94 张迅速增长至 2020 年的 27.78 张，如表 5-4 所示。但依然低于全国平均水平，除 2015 年和 2016 年外，民族八省区的养老机构每千老年人口养老床位数低于全国平均水平，截至 2019 年年底，民族八省区每千老年人口养老床位数为 27.78 张，总体上低于全国每千老年人口养老床位数（31.1 张）。从民族八省区内部来看，2020 年只有内蒙古和贵州两省的每千老年人口养老床位数高于全国平均水平，民族省区内部差异较大，每千老年人口养老床位数最高的内蒙古是最低的新疆的3.43 倍，说明民族地区养老机构设施发展不平衡问题较为突出。从养老机构的发展来看，82.9% 的养老机构为近 15 年内成立的，养老机构的平均规模为102 张床位。[①]

表 5-4 2012—2020 年民族八省区每千老年人口养老床位数

（单位：张）

地区＼年份	2012	2013	2014	2015	2016	2017	2018	2019	2020
内蒙古	19.89	22.47	49	56.66	58.32	52.17	54.75	53.2	44.2
广西	7.88	17.64	21.92	25.78	25.59	25.14	23.95	30.1	32.1
贵州	9.96	14.2	22.42	35.3	36.8	36.73	30.4	30.8	27.6

[①] 吴玉韶、王莉莉：《中国养老机构发展研究报告》，华龄出版社 2015 年版，第 56—57 页。

续表

年份 地区	2012	2013	2014	2015	2016	2017	2018	2019	2020
云南	9.35	9.22	11.18	19.9	21.62	19.05	15.05	16.5	17.3
西藏	16.32	17.25	27.66	61.95	14.24	17.32	8.2	23	19.4
青海	10.17	16.18	26.64	31.64	38.37	32.57	30.55	28.6	26.4
宁夏	8.73	10.22	15.1	30.41	40.72	29.05	24.52	26.9	27.9
新疆	13.24	13.56	21.01	24.78	26.62	23.7	16.48	15.5	27.3
民族八省区	11.94	15.09	24.37	35.80	32.79	29.47	25.49	28.08	27.78
全国	21.48	24.39	27.2	30.31	31.62	30.92	29.15	30.5	31.1

资料来源:根据 2013—2021 年《中国统计年鉴》中的数据整理计算所得。

　　民族地区医养结合服务设施建设取得了一定成效。由于老年人体弱多病,患慢性病比例高,医疗与康复设施对于满足老年人的医疗护理需求尤为重要。对入住养老机构的老人调查显示,养老机构能否提供医疗护理服务是影响老年人入住行为的重大影响因素,机构提供相关医疗护理康复服务,将有效解决目前养老机构床位空置率高的问题。① 根据本书课题组对宁夏回族自治区的调研,截至 2020 年年底,全区共有医养结合机构 23 家;全区共有养老机构 168 家,养老机构与医疗机构签约 63 对。全区各类养老机构共有床位 3.2 万张,其中护理型床位 1.24 万张,占养老机构床位数的 38.8%。其他医养结合进展情况如表 5-5 所示。调研中发现,现有运营的各类医养结合机构中医疗卫生机构科室设置、设施设备、人员配备等基本符合标准和要求,各类医养结合机构按照执业范围开展了相关医疗服务。

---

　　① 崔树义、田杨:《养老机构发展"瓶颈"及其破解——基于山东省 45 家养老机构的调查》,《中国人口科学》2017 年第 2 期。

表 5-5　宁夏回族自治区医养结合进展统计表①

指标	合计	备注(数据截止时间)	指标	合计	备注(数据截止时间)
医养结合机构数(个)	23	2020年年底	养老机构数(个)	168	2020年年底
医疗机构与养老机构签约对数(对)	63	2020年年底	公办养机构(个)	87	2020年年底
公建民营(个)	26	2020年年底	民办机构(个)	55	2020年年底
每千老年人口拥有养老床位数(张)	35.4	2020年年底	养老机构床位数(万张)	3.2	2020年年底
养老机构内共有养老护理员(名)	1174	2020年年底	护理型床位数(万张)	1.24	2020年年底

资料来源:根据宁夏回族自治区人民政府办公厅发布的《关于印发宁夏回族自治区养老服务体系"十四五"规划的通知》整理所得。

二、政府对机构医养结合养老服务的资金支持

养老机构内设医疗机构或医疗机构转型为护理康复型机构,需要投入大量的基础设施建设资金,而且后期需要购置医疗服务设备、聘用医护人员,养老机构转型为医养结合型养老机构运营成本将大幅度增加。政府的资金支持直接关系到机构医养结合养老服务供给的数量、质量,关系着养老服务社会化和健康养老产业能否形成,关系着老年人的基本健康养老服务需求的满足(王延中、龙玉其,2018)。②

目前民族地区同其他地区一样,在推进医养结合的过程中,对社会力量新建的非营利性养老机构给予一次性建设补贴和运营补贴,如表 5-6 所示。例如,内蒙古财政按房屋类别(自建、维修改造和租赁)对社会力量新建的非营利性养老机构分别给予每张床位 6000 元、4000 元和 2000 元的一次性补贴。

---

① 宁夏回族自治区人民政府办公厅:《关于印发宁夏回族自治区养老服务体系"十四五"规划的通知》,2022 年 1 月 4 日,见 https://www.nx.gov.cn/zwgk/qzfwj/202201/t20220118_3287442.html。

② 王延中、龙玉其:《我国养老服务体系建设的进展、问题与对策》,《中国浦东干部学院学报》2018 年第 2 期。

广西按房屋性质(自建、租赁、公建民营养老设施),分别给予每张新增床位5000元、4000元和3000元的一次性补贴。青海省对民办养老机构的建设补贴力度最大,2018年,补贴标准由原来的每张5000元提高到每张10000元。

为了支持社会资本兴办护理院、康复医院等医养结合机构,宁夏、云南和贵州在一次性床位建设补助的基础上,又专门针对医养结合型养老机构制定了额外的补贴政策。宁夏对于护理型床位,再给予每张床位3000元的一次性开办补助[其中,由自治区财政预算内资金和自治区区本级福彩公益金各承担1000元,县(市)财政承担1000元,市辖区由地级市和辖区财政各承担500元],分3年给予补助。

表5-6　民族八省区养老机构床位建设补贴费用

地区	实行时间(年)	建设补贴	运营补贴	对护理型机构及床位的补贴
内蒙古	2016	按使用的房屋性质补贴 2000—6000元/床	按入住老年人数每人每月补贴100元	—
广西	2017	按使用的房屋性质补贴 3000—5000元/床	按入住老年人能力等级每人每月补贴60—160元	—
贵州	2015	省级补贴 3000元/床,市、县两级合计补助不低于3000元/床	—	对符合条件的护理型养老机构,享受民办医疗机构的优惠扶持政策
云南	2017	按使用的房屋性质补贴 5000—10000元/床	每年补助每张床位不少于600元	按使用的房屋性质每张额外增加 1000—2000元补助
青海	2018	补助10000元/床	按每人住满一个月给予30元补贴	—
宁夏	2012/2018	补助5000元/床	每年运营补贴1200元	从2018年起,按使用的房屋性质再给予3000—5000元/床补助
新疆	2016	补助5000元/床	按照每人每月100元的标准给予运营补贴	

续表

地区	实行时间（年）	建设补贴	运营补贴	对护理型机构及床位的补贴
西藏	——	——	——	——

资料来源:根据《广西壮族自治区民办养老机构补贴暂行办法》《宁夏关于全面放开养老服务市场加快养老服务业转型升级的实施意见》《内蒙古关于申报福利彩票公益金资助2017年社会办养老机构床位运营补贴、一次性建设补贴、等级评定补贴和责任保险补贴的通知》《贵州省关于支持社会力量发展养老服务业的政策措施》《云南省关于支持社会力量发展养老服务业的实施意见》《青海省关于全面放开养老服务市场提升养老服务质量的实施意见》《新疆关于鼓励民间资本参与养老服务业发展的实施意见》整理所得。

三、养老服务机构供给结构状况

养老机构的分类。依据2015年新修订的《中华人民共和国老年人权益保障法》和民政部养老机构设立许可服务指南,营利性社会办养老机构到工商部门登记,公办养老机构到编制部门登记,非营利性社会办养老机构到民政部门登记。民办非营利性养老机构又称作民办公助养老机构,也属于公益类养老机构,政府为其提供资金、场地、设施等资源,因其接受了政府的资助,应当具有非营利性质,提供基本公共养老服务。民办营利性养老机构属于非公益性机构,由政府以外的组织或个人举办,按照市场规则运营,自负盈亏。

公办、民办养老机构床位占比失衡。民族八省区公办养老机构床位占比最高,达到48.4%,高于全国平均水平(37.65%),除了内蒙古和广西,其他民族省份公办养老机构床位占比都超过了全国平均水平。而民族八省区民办营利性养老机构和民办非营利性养老机构的床位占比均低于全国平均水平,如表5-7所示。

表5-7　2020年民族八省区各类养老机构床位占比、入住人数占比及入住率

（单位:%）

地区	各种类型养老机构床位占比				各种类型养老机构床位入住率			
	民办营利性养老机构	公办养老机构	民办非营利性养老机构	一个机构多块牌子	民办营利性养老机构	公办养老机构	民办非营利性养老机构	一个机构多块牌子
内蒙古	1.16	37.01	60.67	1.16	52.51	47.36	59.63	30.01

地区	各种类型养老机构床位占比				各种类型养老机构床位入住率			
	民办营利性养老机构	公办养老机构	民办非营利性养老机构	一个机构多块牌子	民办营利性养老机构	公办养老机构	民办非营利性养老机构	一个机构多块牌子
广西	18.39	22.92	56.82	1.87	16.53	28.46	35.69	27.05
贵州	5.60	64.14	29.13	1.13	35.88	46.71	35.95	61.45
云南	13.44	69.96	16.60	—	16.91	35.24	42.54	—
西藏	—	83.44	—	16.56	—	58.17	—	55.88
青海	—	52.14	46.18	1.68	—	42.30	52.96	22.12
宁夏	0.60	44.71	54.40	0.30	20.00	46.65	34.22	78.33
新疆	1.98	45.58	52.30	0.14	48.31	54.75	46.55	50.00
民族八省区	8.39	48.40	42.15	1.06	21.03	42.44	44.41	40.28
全国	12.33	37.65	48.94	1.08	34.76	49.27	45.32	49.07

资料来源:根据《中国民政统计年鉴 2021》中的数据整理计算所得。

从床位入住率来看,民族八省区公办养老机构、民办营利性养老机构、民办非营利性养老机构和一个机构多块牌子养老机构的床位入住率均低于全国平均水平。

四、机构医养结合养老服务的服务对象

根据入住人员性质,可以将入住对象分为自费人员、特困人员和其他(优抚对象)。特困人员是指家庭经济状况较差的城乡低保户家庭老年人,自费人员主要指社会所有老年人,其他(优抚对象)主要包括农村"五保"老人和城市"三无"老人。从不同属性的机构定位来看,公办养老机构优先保障经济困难、身体失能和特殊家庭状况(如"五保"、"三无"、独居以及失独)的老年人,民办非营利性养老机构存在一定程度的"公共属性",是公办养老机构的补充,对部分特困老人提供"托底"服务。根据自理程度,可以将入住对象分为完全自理、半自理和不能自理三种类型。

从在院人员性质来看,民族八省区养老服务机构入住的特困人员占比较

高,自费老年人比例相对较低。民族八省区养老服务机构中入住的特困人员占比为 48.83%,远远高于全国平均水平(39.72%),除内蒙古和广西外,其他六省区特困人员占比均超过了全国平均水平。与此相反,民族八省区养老服务机构入住的自费老年人占比(45.25%)则低于全国平均水平(55.88%),民族八省区内部差异巨大,广西最高,占比高达 75.17%,西藏仅有 0.58%,如表5-8 所示。一方面说明民族地区养老服务业发展滞后,市场化养老服务供给不足;另一方面说明民族地区老年人对机构医养结合养老服务的支付能力较弱,有效服务需求较低,依赖政府提供的免费型、福利型医养结合养老服务。

表 5-8　2020 年民族八省区养老服务机构中入住老年人情况　(单位:%)

地区	在院人员按性质分			在院人员按类型分		
	自费人员	特困人员	其他(优抚)	完全自理	半自理	不能自理
内蒙古	64.99	32.02	2.99	56.81	23.09	20.10
广西	75.17	21.13	3.70	25.27	30.47	44.26
贵州	22.55	72.95	4.50	71.73	18.93	9.34
云南	21.48	66.89	11.63	54.68	29.04	16.27
西藏	0.58	91.18	8.24	55.37	34.48	10.15
青海	26.83	67.75	5.42	49.03	42.98	7.98
宁夏	46.34	52.63	1.03	47.46	36.58	15.97
新疆	46.78	43.31	9.91	48.52	32.72	18.76
民族八省区	45.25	48.83	5.92	52.79	26.92	20.28
全国	55.88	39.72	4.41	50.62	27.30	22.08

资料来源:根据《中国民政统计年鉴 2021》中的数据整理计算所得。

从在院人员自理程度来看,民族八省区养老服务机构中入住的完全自理老年人占比较高,高于全国平均水平(50.62%)。相反,民族八省区养老服务机构中入住的不能自理老年人的占比相对较低,为 20.28%,低于全国平均水平(22.08%)。民族地区养老服务机构中不能自理老年人占比较低,可能的原因是民族地区养老机构护理设施、医护人员缺乏,提供医养结合服务能力有限,进而影响收住不能自理老人的能力。

第四节　民族地区机构医养结合养老服务的发展策略

"十四五"时期,我国要建设居家社区机构相协调、医养康养相结合的养老服务体系,其中机构养老在养老服务体系中发挥着"补充"和"支撑"的作用。从 2012 年开始,民族地区机构医养结合发展迅速,服务设施建设取得了显著成效,但是还面临一些现实问题,具体表现在:养老机构通过内设医务室或自办医院形式提供医疗护理服务,低于全国平均水平,护理床位建设滞后;医养结合机构存在结构性失衡问题,公办医养结合机构占比过高且定位存在偏差;不同性质医养结合机构发展不均衡,民办营利性医养结合机构发展相对滞后;医养结合机构服务对象定位存在错位现象,各类医养结合机构更倾向于收住健康、高收入老年人,对兜底型对象提供服务相对不足。未来民族地区机构医养结合养老服务的发展策略包括以下四方面内容。

一、调整机构医养结合养老服务的供给结构

第一,在保证公益性的基础上,积极稳妥推进公办医养结合养老机构改革。尽管民族地区政府对民办医养结合机构的优惠政策和资助力度逐渐增加,但公办医养结合机构可以享受政府各种体制内福利和优惠,使公办医养结合养老机构在市场竞争中占据绝对优势。在保证公益性的基础上,积极稳妥推进对公办医养结合养老机构改革,问题的关键不在于公办医养结合养老机构所占比重过高,主要是公办医养结合养老机构封闭运行、形式单一、效率低下。① 公办医养结合养老机构改革不应简单理解为改制或民营化,而应进行

---

① 青连斌:《求解中国养老难题》,中共中央党校出版社 2017 年版,第 187 页。

分类指导。首先,在确保其福利性、兜底保障性的基础上,改革其职能定位。在保障"三无""五保"失能半失能老年人入住的基础上,利用空余床位,为社会上其他贫困、失能老年人提供低收费服务。其次,重点发展中小型医养结合机构,鼓励建设中低档床位,将医养结合机构的供给档次由"哑铃型"结构调整为"橄榄型"的合理结构。最后,改变以身份地位评估的单一化标准,建立综合化的健康状况、自理状况、家庭经济状况等综合化的标准体系。不同医养结合机构的功能定位,如表5-9所示。

表5-9 不同医养结合机构的功能定位

营利性质	创办主体	服务对象	责任范围	服务范围	服务水平	收费标准
非营利性	公办	孤寡、优抚对象和经济困难的、失能、高龄需要护理的老年人	兜底保障责任	生活照料、康复护理、紧急救助	基本健康养老服务	对"三无"、"五保"、优抚老人不收费,对其他困难老年人按成本收费
	民办	部分为公办收住范围的特殊困难老年人,部分面向一般的失能、高龄老人	辅助性地承接公办机构保障责任	生活照料、康复护理、紧急救助	基本健康养老服务	成本收费
营利性	民办	面向全体有需求的老年人	市场化行为	基本医疗、生活照料、康复护理、紧急救助服务	高端化、个性化服务	市场定价

资料来源:笔者根据相关资料整理而成。

　　第二,全方位促进民办非营利性医养结合养老机构的发展。鉴于民办非营利医养结合养老机构定位与属性不明确,应当通过政策制定,明确其法人地位、运行规范和权利义务,完善其在内部治理结构,提升其治理能力。以公益性原则为导向建立民办非营利性医养结合机构产权制度,处理好"民办"和"非营利"的关系,民办非营利性医养结合养老机构不以营利为目的,并不等于不能营利,只是收益不能用于个人分配。[1] 在保证其非营利的基础上,增加

_____

[1] 龙玉其:《民办非营利性养老机构发展研究》,经济管理出版社2018年版,第41页。

其独立自主性,细化相关土地、税费、财政、捐赠等激励性与保护性政策。政府通过购买健康养老服务的方式积极培育民办非营利性养老机构的发展,支持机构硬件设施建设和护理人员培养培训。

二、加大财政扶持力度,优化财政补助方式

在我国全面放开养老服务市场,促进养老服务业发展的过程中,养老服务仍面临市场潜力未充分释放、供给结构不尽合理、服务数量和质量有待提高等问题,养老服务进一步社会化和市场化面临困境。健康养老服务业具有初期投资大、风险高、回报周期长等特点,社会资本参与机构医养结合动力不足,需要政府发挥引导和杠杆作用。分类补贴的优化策略如图5-1所示。

一是加大财政扶持力度。根据经济社会发展、财政收入、人口老龄化、老年人数量等变化,逐步增加各级财政投入的力度,逐步提高政府对养老机构尤其是医养结合型机构的建设补贴、运营补助的标准。加强和改进财政投入,首先,满足老年人兜底性、福利性和基本健康养老服务需求。其次,通过加大对公办和民办养老机构的支持力度,使其为失能、高龄、贫困等困难老年人提供低偿服务。

二是完善财政补助政策。各级财政重点向农村和医养结合型(护理型)养老机构倾斜,加大对其的扶持力度。对符合条件的护理型养老机构,除了让其享受养老机构运营补贴和一次性建设补助外,给予额外的补助。同时,充分利用医疗卫生资金、社会保障基金、就业资金及中小企业、创业投资等方面的扶持资金,撬动更多民间资本,发挥杠杆放大效应,培育和扶持健康养老服务业的发展。另外,采取直接补助、项目补贴、保险补偿金、小额贷款、财政贴息等多种方式,引导民间资本加速进入健康养老服务领域。

三是财政补贴由以补供方为主向以补需方为主转变。根据入住老年人数量(人头)自理能力、健康状况、经济状况、养老机构类别及等级,对不同医养结合机构进行差别化补贴。建立以兜底线、保基本为导向,以"人头"为标准

的差异化养老机构补贴方式。改变单纯按照床位数对养老机构进行补贴的办法，逐渐侧重于对入住老人进行补贴，这样不仅能解决政策套利而带来的无效补贴问题，同时也可以增强老年人的支付能力，提高民办养老机构的入住率。可以借鉴发达地区做法，向老人发放养老服务消费券或护理券，多元化政府财政对健康养老服务的补贴方式。

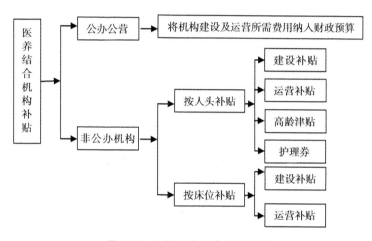

图 5-1　医养机构分类补贴内容

资料来源：笔者自绘。

三、从重医养结合机构建设向重医养资源整合转变

第一，改变单纯重视医养结合机构建设的发展思路。养老机构最重要的服务对象是失能、半失能老年人，他们对康复、护理需求较为迫切，推进机构医养结合的关键在于提升服务水平，满足入住老年人康复护理方面的需求。目前养老机构在实现医养结合的过程中存在一些认识误区和实践偏差。第一，明确养老机构的首要功能是"养"，即日常生活照料，"医"主要是配套服务。医养结合的"医"与医院的"医"有较大区别，医养结合的"医"主要是健康管理、康复和护理，而医院的"医"主要为诊断和治疗。朱恒鹏（2017）指出医养结合的"医"并非指"住院"，如果将其理解为"住院"，也就是通常意义上的

"看病难"问题,那么"医养结合"这个概念也没有任何意义了。① 所以,解决养老机构中入住老年人的疾病治疗问题,更多的应该依靠医疗机构,而非在养老机构专门建立全科型、综合型医疗机构。

第二,养老机构实现医养结合应注重整合医养资源。调研中发现,部分地区政府和民间资本倾向于投资兴建示范性、综合性、高标准、全科性的医养结合机构,养老机构内设医疗机构或专门建设护理院、康复院成本高昂,也脱离了一般的失能、高龄老人的承受能力,致使服务对象有限。未来养老机构实现医养结合应注重医养资源与机制整合,鼓励医养机构合作。城市和农村规模较小的养老机构可与附近医疗机构协商设立护理康复联系点,满足入住老年人的健康养老服务需求。

四、促进民办医养结合机构的持续健康发展

对于民办医养结合机构,应充分体现市场化导向,重在办出特色,满足中高收入老年人多层次、差异化的健康养老服务需求。促进竞争性市场的发育,着力解决目前民办医养结合机构发展中面临的突出矛盾和困境,提升其运营管理能力。

一是提高民办医养结合机构服务的可及性和精准性。主动引导面向少数人的高端民办医养结合机构的发展,重点发展面向绝大多数老年人的中低端民办医养结合机构。加大政府支持民办医护型、养护型养老机构建设力度,支持社会力量重点发展医养结合。

二是民族地区各级政府应严格贯彻落实国务院及国家发改委、卫健委、财政部、民政部等部门出台的对民办医养结合机构的优惠、补贴和其他支持政策,建立监督检查机制,落实相关资金支持、土地使用政策,支持民办医养结合机构护理人才培养和培训,提升其服务能力和管理能力。

---

① 朱恒鹏:《"医养结合"的痛点在医不在养》,《中国医疗保险》2017 年第 10 期。

第六章　民族地区医养结合养老服务责任共担体系构建

第一节　"一主多元"型供给模式的提出

一、元治理理论的核心理念

多中心治理理论倡导多元力量参与福利治理,主张福利多元、"去国家化",但忽视了福利多元治理本身也会失灵的问题。针对多中心治理理论的缺陷,鲍勃·杰索普(Bob Jessop)提出了元治理理论(Meta governance),也称之为"治理的治理"。① 元治理理论认为由于多元治理中的各参与主体目标、利益的冲突,在共建共治的治理格局中,只有发挥政府的权威及主导作用,方能有效解决多元治理失灵问题。由此可见,元治理理论的核心理念在于强调政府在多元中心治理中的作用,矫正去中心化、去权威化而带来的治理失灵。② 李剑(2015)在梳理主流治理理论后,指出元治理范式的特色在于治理中发挥政府关键性作用,政府是治理者,通过发挥其影响力,可以有效整合社

---

① Bob Jessop,"The Rise of Governance and the Risks of Failure:The Case of Economic Development",*International Social Science Journal*,Vol.50,No.155,1998,pp.29-45.

② Whitehead Mark,"In the Shadow of Hierarchy:Meta-Governance Policy Reform and Urban Regeneration in the West Midlands",*Area*,Vol.35,No.1,2003,pp.6-14.

会、市场等多元主体的资源,避免多元无序的状况。① 但是元治理理论中政府角色又不等同于包办一切的全能政府,在福利治理过程中政府是治理的主导者,强调政府责任的回归而非权利。

二、元治理理论对养老服务供给主体结构的指导意义

民族地区医养结合养老服务体系需要进一步强化政府职能。当前民族地区尚处于补缺型福利阶段,服务受惠面窄,仅瞄准失能、"三无"、"五保"等困难老年人,建立覆盖所有老年人、公平的医养结合养老服务体系,需要政府发挥主导作用,纠正多元主体合作共治的失灵问题。民族地区多元主体共建共治医养结合养老服务的模式尚未形成,多元主体合作治理还面临社会组织力量弱小、市场主体参与动力不足、家庭照护功能弱化等失灵的问题,需要政府制定各项支持性政策,整合各种资源,推动社会力量广泛参与服务递送与管理。由此可见,元治理理论对明晰医养结合养老服务体系建设中政府职能定位具有重要指导意义。

"一主多元"型的供给模式,即政府主导下的多元主体共建共治医养结合养老服务体系。政府起着关键性和主导性作用,市场、社会(社会组织、社区和家庭)发挥着基础性作用,是服务的主要供给者。该观点类似于石人炳、罗艳(2017)提出的照护三菱锥体体系设计,即政府处于照护体系的顶点,市场、社区和家庭处于底部,四者之间已经从"平面"关系发展为"立体"关系,由孤立的四个供给主体发展为由各主体组成的有机联系体。② 民族地区构建"一主多元"型的医养结合养老服务供给模式,从实践上看,很大程度上取决于民族地区供给主体的结构及供给效率,从理论上看,可以对照西方元治理理

---

① 李剑:《地方政府创新中的"治理"与"元治理"》,《厦门大学学报(哲学社会科学版)》2015 年第 3 期。

② 石人炳、罗艳:《中国"老年照料三棱锥体"供给体系建设构想》,《华中科技大学学报(社会科学版)》2017 年第 4 期。

论和福利多元主义范式,用民族地区实践经验反思、修正和补充既有理论范式。

我国和民族地区养老服务正在经历由补缺型福利向普惠型服务过渡,养老保障的重点也由以经济保障(养老保险)向服务保障(养老服务)转换。因此,有必要讨论区别于发达国家福利多元主义范式下,养老服务中各供给主体的边界。医养结合养老服务产品属性复杂、服务内容丰富、递送方式多样,加快医养结合养老服务体系构建的关键,在于厘清政府与市场的责任边界(韩淑娟、谭克俭,2017)。①

第二节　供给主体角色定位及责任边界

一、"一主多元"型供给模式中各主体角色定位

建立一个供给主体多元、分工明确、功能互补、合作有效的医养结合养老服务体系,关键在于清晰界定供给结构中各主体之间的责任。在分析市场结构时,卡尔·波兰尼(Karl Polanyi)根据"结构位置层级",将经济行动者分为政府、市场、社会三类,其依次对应经济生产方式中的再分配、市场与互惠模式。② 长期以来,国内外学者们利用该经济生产方式类型划分作为分析框架,分析经济社会活动中政府、市场、社会三种力量在资源配置中的功能和作用。在我国经济社会转型和变迁中,政府发挥着主导性作用,社会与市场两者的功能和作用正在逐渐显现与增加(张继焦,2018)。③

---

① 韩淑娟、谭克俭:《政府的责任边界与养老服务业的突围路径》,《东岳论丛》2017年第8期。

② [英]卡尔·波兰尼:《大转型:我们时代的政治与经济起源》,冯钢、刘阳译,浙江人民出版社2007年版,第243—270页。

③ 张继焦:《经济社会结构转型:政府、市场、社会三者的不同作用》,《湖南师范大学社会科学学报》2018年第1期。

（一）政府发挥着关键性和主导性作用，明晰各阶段角色定位

作为社会福利供给中的重要组成部分，如何让各级政府在养老服务体系中履行好强力推行职责，一直是困扰世界各国的难题之一，毕竟政府在制定政策、倡导行动、整合资源、筹措资金、提供或购买服务、兜底作用等方面发挥了关键主导作用（石人炳、罗艳，2017）。① 任勤、何泱泱（2016）认为政府在养老服务供给中的优势主要表现在资源与资金有效整合方面，扮演购买者、执行者、确认者、监督者和评估者的角色。② 政府在事前、事中和事后三个阶段的角色定位及职责如表6-1所示。

表6-1 政府在医养结合养老服务体系中的角色与职责

	角色	医养结合养老服务的核心问题	职责
事前	规划者、合作制度供给者	养老服务全面可持续协调发展，各供给主体的关系、责任与利益平衡协调问题	政府负责制定医养结合发展规划和提供供给主体合作供给制度
事中	出资主体和服务购买者	需方筹资和供方补贴问题，解决基本医养结合养老服务资金来源的问题	发挥财政资金兜底线、保基本、促参与的功能
	促能者和培育者	社会力量参与医养结合养老服务的激励与扶持问题	建立与完善支持政策体系，促进社会力量逐步成为发展健康养老服务业的主体
事后	评估者和监督者	医养结合养老服务质量、服务满意度、供给效率问题	制订各类政策标准，全程监督，进行奖惩激励

资料来源：笔者根据相关资料整理而成。

在"事前"阶段，政府作为规划者和合作制度的供给者。在科学研判人口老龄化态势的基础上，负责制定基本养老服务的发展规划和提供合作供给制

---

① 石人炳、罗艳：《中国"老年照料三棱锥体"供给体系建设构想》，《华中科技大学学报（社会科学版）》2017年第4期。

② 任勤、何泱泱：《社会养老服务供给主体间的职能与合作》，《四川大学学报（哲学社会科学版）》2016年第3期。

度。此外,当政府与社会组织、经济组织合作供给医养结合服务时,政府还要负责拟定、及时补给合作制度如《政府购买服务管理办法》等,保障合作各方的权益,约束合作各方的行为。

在"事中"阶段,政府作为出资主体和服务购买者。在补缺型福利阶段,各级政府通过财政投入和福利彩票公益金,承担兜底保障对象的照护责任。在普惠型福利阶段,政府财政责任进一步扩大,作为主要的资金筹措者,履行保障全体老年人基本健康养老需求的财政职责。政府作为促能者和保障者。在社会组织能力不足、参与积极性不高和市场潜力未充分释放的情况下,需要发挥政府促能者的角色。通过简政放权、放管服改革,降低社会力量参与健康养老服务的准入门槛。建立与完善土地支持、人才队伍、财政和税费支持、投融资等支持政策体系,增强政策保障能力,对社会力量参与医养结合养老服务给予全方位激励与扶持。

在"事后"阶段,政府作为评估者和监督者。在养老服务领域"放管服"改革背景下,加强政府对健康养老服务行业"事前"评估、"事中"和"事后"监管是一个重点,有效评估和监管是保障老年人基本权益和提升养老服务质量的重要手段。该阶段,政府工作重心在于建设养老服务领域的社会信用体系与失信联合惩戒机制。国家卫生健康委员会同民政部、国家中医药局制定出台的《医养结合机构管理指南(试行)》和民政部印发的《养老服务市场失信联合惩戒对象名单管理办法(试行)》,正是政府发挥自身监管主体的责任的重要体现。

(二)市场在资源配置中发挥决定性作用,强化主体角色

理论和实践都表明,市场是最有效的资源配置方式。市场在健康养老服务资源配置中的先天优势主要表现在:能够及时、灵活地调节养老服务的供求之间的矛盾;利用市场交换机制、价格机制和竞争机制,调动社会力量参与养老服务的积极性,降低服务成本,实现优胜劣汰。

表 6-2　医养结合养老服务供给中政府、市场和社会的角色定位

主体	政府	市场	社会		
			社会组织	社区	家庭网络
角色定位	主导者、规划者、供给者、促能者、评估者、监督者	参与者、供给者、生产者	参与者、服务递送者、监督者	参与者、供给者、生产者、监督者	消费者、供给者、生产者、监督者
特性	福利性	营利性	公益性	协同性	自利性
驱动机制	政策驱动	经济利益驱动	社会公益导向、微利驱动	邻里互助、归属感	家庭和睦

资料来源:笔者根据相关资料整理而成。

　　养老服务的优质高效供给离不开市场主体,而如何有效发挥市场机制作用、实现资源合理配置则离不开国家层面的顶层设计。为此,除重申政府的保基本、兜底线责任外,中央出台的各类文件中均强调要充分发挥社会力量的主体作用,要以"放管服"改革为抓手,通过完善政府购买、PPP、委托等方式,让养老服务资源配置在市场机制的作用下实现动态平衡。市场是健康养老服务的直接提供者,包括各类医疗服务机构、养老院、护理院、托老所、日间照料中心、家政公司、老年餐厅等多种机构,其核心是立足于老年人服务需求的差异性与多层次性,按照市场规律提供各种形式的生活照料和护理服务,让老年人的个性化、自主化选择成为可能。未来通过鼓励和引导社会资本投入医养结合领域,发挥市场在健康养老服务资源配置中的决定性作用。

(三) 社会成为逐渐崛起的责任主体,提升服务能力

　　社会的含义相对广泛,包括社会组织(公益类社会组织、慈善机构)、家庭、社区(社区互助养老组织、邻里互助组、志愿组织)等服务主体。家庭和社区是老年人最熟悉的地方,是促进社会团结、建立归属感、倡导社会价值、应对困难的希望所在,也是医养结合养老服务的最佳场所(王啸宇、于海利,2020)。① 社会

---

　　① 　王啸宇、于海利:《行动者网络视域下养老服务多元协同供给结构研究》,《学习与实践》2020 年第 5 期。

组织作为医养结合养老服务合作供给的参与者,具有公益性、组织规模小、贴近民众、运营灵活、管理成本低等特点,能够为老年人提供便利化、个性化的健康养老服务,有力补充政府和市场健康养老服务供给不足。

"十三五"期间,为进一步推进新养老服务体系格局的形成,政府在健康老龄化规划中突出强调了家庭和社区作为医养结合养老服务载体和平台的作用,医养结合就是要在居家社区和机构两个层面上实现。党的十九届四中全会又进一步提出,"加快建设居家社区机构相协调、医养康养相结合的养老服务体系"。要实现居家养老、社区养老和机构养老的协调发展,需要充分调动家庭、社区等各种资源,激发社会各类主体参与医养结合养老服务体系建设的积极性。

社会组织对健康养老服务提供的支持主要包括四个方面:第一,社会组织参与健康养老服务的递送和管理,积极承接政府购买为老服务项目。第二,公益慈善类社会组织通过开展慈善捐赠,为健康养老提供资金支持。第三,开展志愿者义务助老服务,社区志愿组织积极招募和壮大志愿者队伍参与社区健康义诊、免费体检、健康管理、心理咨询等服务。第四,参与政策倡导与协商、资源动员与整合、行业自律与建设(刘春湘、姜耀辉,2020)。① 由此可见,社会力量在健康养老服务链条中将会成为不可替代的一部分。

社区是健康养老服务的重要载体和平台,主要为老年人提供直接的、互助性的健康养老服务。在多元主体合作供给医养结合养老服务过程中,社区起着连接政府、社会组织、老年人的中介角色,发挥着沟通与协调的功能(姜玉贞、宋全成,2019)。② 社区承担的健康养老服务职能主要表现在:以社区为平台举行综合为老服务和敬老活动;通过完善社区为老服务基础设施,以社区为

---

① 刘春湘、姜耀辉:《社会组织参与养老服务的逻辑框架:制度环境·主体类型·实践方式》,《吉首大学学报(社会科学版)》2020 年第 5 期。

② 姜玉贞、宋全成:《社会养老服务福利治理的局限性及其成因分析——基于 RHIJ 社区养老服务中心案例的分析》,《山东社会科学》2019 年第 11 期。

平台整合社区内和周边资源,广泛吸纳社区多元主体参与为老服务供给;为老年人提供集日常生活照料、家政服务、医疗护理、健康管理、文化娱乐等一站式、综合化服务。

家庭在社会转型过程中,仍然是老年人照护的重要承担者,传统孝道文化为家庭照护提供了文化基石,老年人权益保障法从法律上对子女赡养、照顾老年人作出了强制性的规定。子女、配偶、亲属等是养老经济保障和服务保障的重要承担者,家庭网络对老人的照护功能具有不可替代性,尤其是在精神慰藉等方面(席恒[①],2020;鲁全[②],2020)。在家庭照护能力不足,老年人的多样化需求无法满足的情况下,需要加大对家庭养老的政策支持力度,充分发挥家庭成员在满足老年人健康养老服务需求的作用。

民族地区健康养老服务社会化和市场化尚处于起步阶段,责任主体由家庭和国家二元主体向国家、市场、社会等多元主体共同分担转变面临诸多困境。民族地区推进医养结合养老服务,应避免假借养老服务市场化、社会化及服务主体多元化,推卸、过早让渡、弱化政府责任的问题。民族地区实现健康养老服务供给主体多元化、生产与提供分离,应以发挥政府主导责任为前提。

医养结合养老服务是政府、社会、市场等不同的供给主体将不同层次、内容和质量的健康养老服务项目或产品,以不同的方式递送到不同需求层次、类型老年人群的过程(郭林,2019)。[③] 在服务供给和递送过程中,系统分析服务供给主体的结构及行动逻辑是实现服务提质增效的重要前提。随着民族地区人口老龄化的不断加速加重,家庭结构变迁带来的照护功能弱化以及对高品质养老服务需求的增加,都表明健康中国建设已经不能单靠家庭或政府,需要经济组织、社会组织、社区等主体发挥养老功能,形成多元主体合作治理医养

---

① 席恒:《养老服务的逻辑、实现方式与治理路径》,《社会保障评论》2020 年第 1 期。

② 鲁全:《促进居家社区机构相协调、医养康养相结合》,《人民日报》2020 年 8 月 4 日。

③ 郭林:《中国养老服务 70 年(1949—2019):演变脉络、政策评估、未来思路》,《社会保障评论》2019 年第 3 期。

结合服务的局面。在医养结合养老服务体系的建设中,厘清政府、社会、市场等主体的角色、边界及关系至关重要,因为这是医养结合养老服务体系构建的基础环节(李万钧等,2018)。[①]

二、医养结合养老服务供给中政府与市场、社会的责任边界

(一)政府与市场的责任边界

在养老服务领域,廓清政府与市场责任边界的关键在于实现事业与产业的有机平衡。养老服务事业与产业的特性决定了政府的角色定位与责任担当应有根本的区别。医养结合养老服务事业具有福利性、公益性的特性,决定了政府作为第一和最终责任人,承担"保基本、兜底线"的责任,重点满足老年人基本的健康养老服务需求,尤其是解决失独老人、"三无"老人、"五保"老人、失能失智等老人的照护问题。穆光宗(2019)进一步将政府的养老责任界定为兜底责任、普惠责任、公平养老责任和品质养老责任。[②] 医养结合养老服务产业具有商品性、竞争性的特征,经营主体为各经济组织,开发的适老产品或项目为私人物品,养老产业的责任主体是市场。推动养老服务产业的发展,激发市场主体的积极性,需要发挥政府的主导作用,政府主要承担规划、指导、扶持、促能、监管等职能。

(二)政府与社会的责任边界

民间社会能否在健康养老服务递送中充分发挥志愿性、非营利性等比较优势,关键是需要政府通过政策支持其服务能力,不断调整政府与社会之间的责任关系。我国目前公共服务治理面临政府职能转型、社会力量相对弱小、市

---

① 李万钧、李红兵、余翰林等:《新时代养老服务发展中政府、市场、社会的关系和边界研究》,《社会政策研究》2018 年第 4 期。

② 穆光宗:《论政府的养老责任》,《社会政策研究》2020 年第 4 期。

场机制发挥不充分等挑战,需要进一步推进多元主体共建共治格局的形成。

1.政社关系注重合作主义的构建

我国公共服务中的政社关系趋向于政府与各社会力量合作、协同任务分工。王家合等(2018)以政府转型与政社关系嬗变为主线,将公共服务合作治理分为四类,即政府主导的共同承办模式、政府授权的非政府部门经营模式、政府监管的服务外包模式、政府补助的社会治理模式。① 曲绍旭则按照政府与社会组织在养老服务中的管理从属性和服务目标一致性,将政社关系划分为四种类型:政府主导、组织运作;政府主导、组织参与;政府支持、康复机构运作;政府允许、社会企业运作。② 罗艳、刘杰(2019)认为政府与社会组织在居家养老服务供给中,可以通过"双向嵌入"达到"双向赋权"的效果。③

2.政府与社会组织的关系与边界

培育和发展社会参与力量是政社合作供给医养结合养老服务的前提和重点。政府作为培育者和促能者,一方面,通过"放管服"改革,给社会参与力量创造更多参与服务递送与治理的机会。目前我国社会组织虽然存在自上而下、自下而上两种发展路径,但社会组织发展依然无法摆脱对政府过度的资源依赖。政府为社会组织参与创造空间和条件,政府与社会组织之间从而形成"互惠、互补、互利"型关系。另一方面,为社会力量的有效参与扫清障碍。首先,从宏观制度(国家政策规划)、微观制度(登记备案、评估、税收管理等具体管理制度)、执行制度(层级协调和部门协作)三个层面,优化社会组织参与医养结合养老服务的制度环境。其次,创新社会力量参与医养结合养老服务的方式。通过政府购买服务、完善社区公共服务平台、借势"互联网+"等方式,

---

① 王家合、赵喆、柯新利:《公共服务合作治理的主要模式与优化对策》,《中国行政管理》2018年第11期。
② 曲绍旭:《城市居家养老服务政社关系类型的转换效应及对策研究》,《华中科技大学学报(社会科学版)》2020年第5期。
③ 罗艳、刘杰:《政府主导型嵌入:政府与社会组织的互动关系转变研究——基于H市信息化居家养老服务项目的经验分析》,《中国行政管理》2019年第7期。

推进政社合作,为社会力量参与养老服务提供政策、资金、场地、平台等方面的保障与支持。

3.政府与社区、家庭的关系及边界

发挥社区的纽带、组织化及平台载体优势,需要政府资源及政策的支持。硬件建设方面,政府应以社区公共服务综合信息平台和智慧健康养老社区建设为抓手,补齐社区设施方面的短板。配套政策方面,构建集社会工作服务机构、专业养老服务机构等健康养老资源为一体的服务网络,整合社区内部零碎资源,实现资源互补。运行机制方面,以家庭医生签约制度实现医疗养老服务下沉社区,以"时间银行"等机制强化社区邻里互助养老服务。

建立健全家庭照护者支持政策,助力家庭在健康养老服务中发挥基础作用。一是采取经济补贴、税收减免、照料假期、适老化改造等措施,减轻家庭照顾者的负担,合力推进家庭成员在老年人经济供养、生活照料和精神慰藉的基础作用。二是建立家庭照护主体责任奖惩机制,通过法律强制和教育引导相结合,合力推进家庭照护功能发挥。

第三节　民族地区医养结合养老服务合作治理的实践模式

民族地区医养结合养老服务体系呈现出政府主导下的多元主体共建共治的特点,即"一主多元"型的供给模式中,政府起着关键性和主导性作用,市场、社会发挥着基础性作用。本书基于对宁夏五市的调研,选取两种典型的合作治理实践模式,剖析其面临的障碍,以此提出相应的优化策略。

一、公私合作:政府和社会资本合作投资运营医养结合服务设施

公私合作模式简称 PPP 模式,萨瓦斯(E. S.Savas,2002)认为 PPP 模式是

公营和私营部门共同参与供给公共物品和服务的安排。① 公私合作供给养老服务,能够避免政府、市场单独供给的局限性,发挥各自的比较优势,通过优势互补,提高服务效率,改善服务质量与效果。② 为形成与市场需求相适应的供给结构,2017 年由财政部等 3 部委印发的《关于运用政府和社会资本合作模式支持养老服务业发展的实施意见》,提出应将医养结合发展、社区养老体系建设和机构养老发展作为优先支持的三个重点领域,以更好地释放多元主体的活力。随后民族地区开始积极探索社会力量参与医养结合的投资、建设和运营。

(一)公私合作投资建设医养结合机构

截至 2021 年 4 月 26 日,根据财政部政府和社会资本合作中心管理库数据,全国共有 105 项养老 PPP 项目,其中民族八省区养老 PPP 项目 22 项。养老 PPP 项目又分为医养结合、养老产业、老年公寓三种类型,医养结合项目具体包括医疗、护理、康复、保健等设施设备兴建;养老产业具体指养老服务设施、养老服务用品等;老年公寓是指养老机构、养老住宅等。在民族八省区已经落地的 22 项养老 PPP 项目中,医养结合 PPP 项目为 10 项,占比为 45%,云南为 3 项,内蒙古、贵州各 2 项,青海、宁夏、新疆各 1 项,如表 6-3 所示。医养结合 PPP 项目共包括识别、准备、采购、执行和移交等 5 个阶段,从医养结合 PPP 项目发展所处阶段看,有 5 个项目处于采购期,4 个项目处于执行期,1 个项目处于准备期。PPP 项目产权结构、运营方式可以划分为服务外包、特许经营(TOT、BOT、ROT)、私有化(BOO)三类③,民族八省区医养结合 PPP 项目大都采取特许经营模式,即合同到期后项目所有权移交政府,有 3 个项目采取

---

① [美]E. S. 萨瓦斯:《民营化与公私部门的伙伴关系》,中国人民大学出版社 2002 年版,第 105 页。
② 鲁迎春:《公私合作上海养老服务供给的探索》,上海人民出版社 2019 年版,第 55—56 页。
③ 徐宏:《失能老人长期照护服务 PPP 供给模式研究》,经济科学出版社 2020 年版,第 128—133 页。

BOO 模式,即建设—拥有—运营,社会资本方在该模式中拥有完全的项目所有权。

表 6-3　民族八省区医养结合 PPP 项目汇总表

发起时间	项目名称	运营方式	所处阶段
2020-03-05	内蒙古自治区巴彦淖尔市乌拉特前旗德馨医养医疗服务中心项目	TOT+BOT	执行阶段
2015-10-15	内蒙古国际蒙医药医养结合 PPP 项目	其他	采购阶段
2020-06-01	黔南南山医养示范小区建设 PPP 项目	BOT	准备阶段
2018-01-09	贵州贵定"金海雪山"国际康养城(第一期)	BOT	采购阶段
2018-10-30	云南省普洱市澜沧拉祜族自治县医养结合康复中心建设项目	其他	采购阶段
2016-08-15	云南省文山州中医医院医养结合基础设施综合发展项目	BOT	采购阶段
2015-08-18	云南省红河州开远市凤凰谷养老养生项目	BOT	执行阶段
2018-04-25	海南州阳光医疗养老服务中心项目	BOO	采购阶段
2016-06-13	宁夏吴忠市盐池县民政局康复生态养生园 PPP 项目	BOO	执行阶段
2017-03-03	新疆乌鲁木齐市离退休人员医养综合服务园项目	BOO	执行阶段

资料来源:根据财政部政府和社会资本合作中心管理库项目数据整理所得。

(二)政府委托市场主体运营健康养老服务设施

为了提升政府投资兴办医养结合机构的效能,从 2013 年开始,民政部启动了以公办民营改革为重点的公办养老机构改革试点,先后遴选了两批 242 家试点机构。为确保养老机构公建民营改革的平稳进行,上海市民政部门以政策规定形式要求政府新建的养老服务机构或设施,均应以公办民营方式运营。2020 年,民政部和国家发改委开展了公办养老机构公建民营改革试点工作总结,遴选出了 49 家公建民营改革优秀案例,其中涉及民族八省区的优秀案例共 8 个,内蒙古、宁夏、新疆各 2 例,广西和西藏各 1 例,如表 6-4 所示。通过实地调研发现,宁夏为了扶持养老机构公建民营,免收运营方 3 年国有资产使用费,银川市西夏区敬老院(幸福颐养院)和宁夏老年人服务中心两家医养结合机构,2020 年被列为全国优秀案例,经验做法如下:

银川市西夏区积极探索医养结合机构公建民营改革,通过租赁服务设施,将西夏区敬老院委托给北京幸福颐养医疗投资控股有限公司运营,实现了公私合作供给养老服务。一方面,强调公办医养结合机构"保基本、兜底线"作用,预留 20% 的专用床位,专门收住特困供养老人,保证特困供养对象 100% 入住;另一方面,积极进行服务管理标准化建设,推进医疗护理专业化、养护服务规范化、康乐服务多样化等改革,逐步提升服务质量,形成了集医疗、护理、康复、养老于一体的医养康养结合的养老新环境,被自治区评为健康养老服务标准化试点单位。

表 6-4　民族地区公办养老机构公建民营改革全国优秀案例①

省区	优秀案例名称
内蒙古	锡林郭勒盟爱祺乐牧民养老园区
内蒙古	内蒙古自治区兴安盟社会福利院
广西	北海市海城区综合福利院
西藏	拉萨市达孜区特困人员集中供养服务中心
宁夏	自治区老年人服务中心
宁夏	银川市西夏区敬老院
新疆	克拉玛依市社会福利服务中心
新疆	第六师五家渠市吾家乐宝养老总院

(三)政府委托社会主体运营社区健康养老服务网点和设施

《关于运用政府和社会资本合作模式支持养老服务业发展的实施意见》

---

① 资料来源:《民政部关于公办养老机构改革优秀案例的公示》,2020 年 8 月 31 日,见 http://www.mca.gov.cn/article/xw/tzgg/202008/20200800029203.shtml。

提出支持政府和社会资本合作投资、建设或运营居家社区健康养老服务设施或网络,鼓励将设施委托给企业或社会组织统一建设、统一运营。通过实地调研获知,2015—2018 年,宁夏各级财政共投资将近 3 亿元,建设了 136 个城乡老年人日间照料中心。2021 年,宁夏出台《老年人日间照料中心管理办法》,进一步放宽了对运营管理主体的限制,第三方委托管理模式得以被引入老年人日间照料中心运营过程。目前宁夏老年人日间照料中心的运营管理仍以街道办或社区居委会为主,占已运营总数的 81.8%。政府委托第三方运营还处于探索运营阶段,其中,由社区监管指导,老年协会参与管理运营,占运营总数的 15.8%;由社会组织或专业服务公司承包运营,占运营总数的 2.4%。

二、政社合作:政府向社会组织购买医养结合养老服务

政府向社会组织购买医养结合养老服务,创新健康养老服务的供给模式,是推动政府职能转变、提升服务供给质量和建设社会化服务体系的重大举措。① 自《关于做好政府购买养老服务工作的通知》文件提出要加大政府购买健康养老服务力度后,民族各地区纷纷跟进。以宁夏为例,2015 年自治区民政厅等四部门专门出台了《关于政府向社会力量购买养老服务的实施意见》。民族地区通过政府购买服务,推动多元主体合作治理医养结合养老服务,主要有以下特点:

一是立足老年人需求,不断扩大政府购买服务范围。目前民族地区政府购买医养结合养老服务仍处于摸索阶段,各地开展了相关的试点,购买服务范围主要集中在居家社区医养结合养老服务、机构医养结合养老服务、养护人员培养培训、健康养老服务评估等方面。调研中发现,宁夏各地级市在不断探索扩大政府购买服务范围,以银川市为例,2021 年政府购买养老服务内容主要

---

① 王名:《以政府购买服务助推社会治理创新》,《中国财经报》2021 年 2 月 25 日。

包括家政服务、生活照料、医疗保健、康复护理、精神慰藉等几大类。吴忠市通过引入相关产业的服务商,以服务购买的形式完成全市一体的居家社区养老服务信息网络服务平台与老年家庭医疗监测和传感系统建设。服务评估方面,2019 年,石嘴山市通过政府购买服务,委托 9 家社会组织调查老年人服务需求和采集老年人信息,2020 年,又开展了老年人能力评估工作,为后续精准确定服务对象和服务内容提供了依据。

二是积极培育政府购买服务承接主体。政府购买医养结合养老服务是一种参与式治理,涉及三方参与主体,其中,政府是购买者、主导者和推动者,社会组织是生产者或承接方,老年人是服务对象和满足者(蔡礼强,2018)。[①] 近年来,民族地区根据政府购买健康养老服务的特点,积极培育承接政府职能转移的为老服务组织或机构,通过政府购买服务,把应由政府提供的健康养老服务逐步转移由社会组织承接。以石嘴山大武口区为例,通过开展政府购买为老服务,截至 2020 年年底,辖区已培育新型为老服务机构 13 家,比 2018 年的机构数量提升 85%。2019—2020 年,政府购买社会组织养老服务等项目资金累计 220 万元,对引导、培育社会组织起到了积极作用。

三是以监管和评估倒逼政府购买服务规范化。在对服务主体、供给主体、服务内容、服务范围清晰界定的前提下,通过规范购买程序、运行机制、评价体系,切实推进政府购买服务规范化建设。例如,中卫市不仅通过公开招标方式择优选择承接机构,订立购买服务合同,而且建立了"事中监管"机制,强化跟踪服务和监督;银川市通过第三方监管评估机构,对服务承接方提供的服务质量和满意度进行监管和评估;石嘴山大武口区政府购买养老服务,委托第三方进行评审。

---

① 蔡礼强:《政府向社会组织购买公共服务的需求表达——基于三方主体的分析框架》,《政治学研究》2018 年第 1 期。

第四节　民族地区医养结合养老服务合作治理的优化策略

政府主导下的多元主体共建共治医养结合养老服务是责任共担体系构建的方向。民族地区多元主体共建共治医养结合养老服务的模式尚未形成,还面临如下问题:一是合作治理制度不健全,政府的监管和评估角色有待进一步强化,政府与市场、社会主体的合作机制有待进一步加强;二是健康养老服务类社会组织发展还面临内部治理能力弱、经费资金缺乏、独立性不强、项目管理能力不足、人力资源匮乏、财务管理不规范等,影响社会组织优势的发挥,制约社会组织参与合作治理;三是市场是医养结合养老服务重要的参与主体,由于健康养老服务业具有前期投入高、投资回收周期长、利润低、风险高等特点,市场参与合作治理积极性不高,面临多重挑战;四是家庭规模持续小型化,家庭照护功能在不断弱化,亟须更多支持。多元主体合作治理还面临多重失灵的问题,需要政府制定各项支持性政策,整合各种资源,推动社会力量广泛参与服务递送与管理。

一、政府层面:促进"一主多元"合作治理格局的形成

面对老年群体愈发趋于多样化、个性化的健康养老需求,任何单一主体都难以满足老年人的服务需求。无论从健康养老服务需求,还是从福利多元主义、包容性发展与治理趋向看,建立"一主多元"、多元主体责任共担的供给新格局,是医养结合养老服务供给侧结构性改革的方向。合理定位政府职责是养老服务发展中的核心问题。政府在推进医养结合养老服务发展中,主要扮演统筹者、保障者和监管者的角色。

一是政府作为主导者,加强顶层设计和统筹规划。统筹规划发展城乡社区养老服务和医疗服务设施,加强社区养老服务设施与社区医疗、综合服

务设施的整合利用。以明晰的准入准出机制、规范化的服务流程、科学化的服务标准为发力点,营造一个有益于医养结合养老服务良性发展的制度环境。

二是以政策支持、资金倾斜为支点,撬动社会主体活力。针对民间资本面临税费偏高、人才不足、场地有限等难题,一方面,增加社会福利彩票公益金对养老服务的资金投入,另一方面,不断加大健康养老服务购买力度,修订政府购买服务目录,引导医养结合机构向家庭医生签约服务、康复护理、生活照料的复合型方向发展。此外,就养老服务行业市场化程度不高、活力不足的问题,以"放管服"改革的深入推进,激发市场主体和社会力量的积极性,除履行基础的健康养老服务职责外,政府的工作重心应逐渐转到制定服务标准、做好市场监管上来。

三是建立健全医养结合养老服务平台,提高服务质量。以地方政府民生实事项目为抓手,发挥财政资金效益,增加居家社区健康养老服务设施建设与供给。通过线上线下融合,培育智慧养老服务新业态,促进居家社区健康养老服务社会化。线下层面,构建社区综合性养老服务网络,让民营资本和市场机构成为服务主体。线上层面,建立信息化平台,破除供需双方信息、资源对接中存在的阻滞问题。

四是理顺跨部门协调机制,强化政府对健康养老服务的监管。医养结合涉及部门众多,有赖于各公共部门的政策共享、资源统筹和互相配合,明确各项任务的牵头和配合部门,以实现部门间的分工协作。政府作为监管者,严格机构与人员的准入、退出机制,并建立等级评定制度,建立集服务信息大数据与监督反馈于一体的信息服务平台,对服务需求、反馈与监管进行动态化、及时性监控。

二、市场层面:发挥社会资本在服务供给中的主体性作用

社会资本具有市场灵活性、高效率、低成本等天然优势,能够转变政府职

能,减轻政府财政开支及养老负担,避免政府失灵(康蕊、吕学静,2018)。① 目前社会资本在健康养老服务供给中尚未发挥主体性作用,在机构、社区、居家养老三个层面都还有较大发展空间。

第一,推动社会资本积极参与健康养老服务网点的投资、建设或运营。支持社会资本建设运营城乡居家社区养老服务网点、护理站、社区综合服务设施,兴办社区日间照料中心、老年餐桌、老年精神文化生活等设施,寻求经济和社会效益的最佳结合点。鼓励市场各类资源采取连锁化、品牌化、规模化的发展新路径,实现区域内的社区健康养老服务项目统一标准、统一运营,重点满足老年人个性化的、高端的服务需求。

第二,运营政府提供的服务设施。企业、个体工商户等多个市场主体,可以通过联盟运营、单体运营、连锁运营、PPP 运营等四种方式,参与社区各类保障性公共养老服务机构和设施的运营。联盟运营是多个市场主体通过加盟协议方式共同运营社区养老设施,单体运营是由单一市场主体运营社区养老服务设施,连锁运营是一个具有法人资质的市场主体连锁式运营一个区域内的多家养老设施,PPP 运营是由市场主体新建社区养老设施,政府提供土地,约定运营周期后,政府无偿接收运营。

第三,积极开发智慧养老系统和老年服务产品。市场组织积极参与研发智慧养老监管平台、便携式呼叫器和养老服务软件、反馈评估系统、求助系统和救援系统等智能养老设备。同时,打破医养"数据孤岛",将平台涵盖的老年人基本信息数据、健康数据等向卫健、民政等相关职能部门开放共享,为整合和完善线上线下服务资源提供技术支持。市场主体主动对接老年人养老服务需要,利用新工艺、新技术、新材料不断开发适销对路的老年服务产品,重点研发、制造和销售老年康复辅具和智能产品。

---

① 康蕊、吕学静:《社会资本参与居家养老服务现状考察——以北京市为例》,《城市问题》2018 年第 3 期。

三、社会层面:以"三社联动"助推居家社区医养结合养老服务

2013 年民政部启动了"三社联动"的全国试点,近几年,发达地区尝试将以"社区+社会组织+社工"为支撑的"三社联动"工作机制,运用于社区养老服务领域,获得较好效果。以"三社联动"助推社区医养结合养老服务,是以老人服务需求为导向,以社区为平台或服务单元,以社会组织为载体,由专业社会工作为服务力量提供服务。

一是推动社区居委会统筹社区健康养老服务工作。社区是养老服务社会化的平台,以社区居委会为服务单元,积极联系和引入社区内外资源参与社区为老服务,尤其是社会组织。居委会负责商讨确定社区养老服务项目建设方案、负责协调监督社区养老服务机构(站)的工作、提供经费和场地保障、打造硬件设施。

二是支持社会组织承接社区健康养老服务。公益性社会组织在社区健康养老服务供给中具有不可替代的重要作用,应当成为政府的好助手。[①] 社会组织介入居家社区健康养老服务具有资源供给和资源整合的功能,同时发挥服务需求信息反馈、资金分配监督及资源竞争作用(吴翠萍,2017)。[②] 通过政府购买服务,引入社会组织承接相关服务项目,运营社区内日间照料中心、老年活动中心、农村互助幸福院等养老服务设施。同时,将社区养老服务中非医疗化健康服务剥离出来,如健康教育活动、健康管理课程、心理疏导、心理慰藉、心理健康等专业服务,由社会组织承担,减轻社区卫生服务中心(站)的负担。推动公益慈善类、居民互助类和生活服务类社区社会组织,融入城乡社区便民利民健康养老服务网络。

---

① 中央党校民生与社会建设班课题组:《探索社会组织参与养老服务的新路径》,《人民日报》2017 年 7 月 26 日。

② 吴翠萍:《居家养老服务中社会组织的介入式发展》,《云南民族大学学报(哲学社会科学版)》2017 年第 5 期。

三是将专业社工的服务提供、信息沟通、外部监督职责落到实处。以专业社会工作者为核心服务力量、社区志愿者为重要辅助力量，以社会公益为切入点，向老人提供专业化、多样化的服务。将社会工作的理念、方法融入社区健康养老服务，牵头组织策划社区养老服务项目和老年活动。专业社工协助社区工作人员开展辖区老人基本生活状况调查，为每位老年人建立基本信息和健康信息档案。向老人提供多样化的服务，包括文体活动、老年餐厅、心理疏导、精神慰藉、健康养老、心理健康、介护预防、社交康复等服务。定期开展孝道讲座，进行"正家风传孝道先进典型家庭""孝敬父母（长辈）好儿女""孝敬家庭"等评选活动，在社区营造敬老爱老、传承孝道优秀传统文化氛围。引导社区居民发扬邻里互助传统，积极开展志愿服务活动。

四、家庭层面：多举措支持家庭承担照护功能

推行家庭养老床位，支持家庭养老。在人口高龄化、失能老人数量增多、家庭结构小型化相互叠加的背景下，非正式家庭照护功能遇到精力、专业能力等方面的挑战，家庭供给医养结合养老服务力不从心。"十三五"期间，全国开展了居家社区养老服务改革试点，各地积极探索创新，开展了一系列支持家庭养老工作，在改革试点中，家庭养老床位应运而生，2017年，南京市率先开展了家庭养老床位。这一创新举措不仅极大缓解了传统家庭养老的难处，而且节约了机构医养结合的建设及服务成本，弥补了居家社区医养结合服务专业化不足的问题，把医养资源及服务延伸至家庭，实现了居家社区机构养老相协调。按照民政部"十四五"工作部署，在全国范围内推进家庭养老床位试点将成为其重头工作之一。[1]

"十四五"期间，民族地区可以借鉴先行试点地区经验，探索发展家庭养老床位，支持家庭承担照护功能。编制家庭适老化改造的技术标准与建设指

---

[1]　马丽萍：《家庭养老床位：需求引领创新驱动支撑家庭养老功能》，《中国社会报》2021年3月11日。

南,对符合政策规定的设施改造给予补贴,在智能床上安装检测器、呼叫器、探测器等智能化设备,对老年人体征进行远程监测,将家庭养老床位的数字化智能监测功能模块嵌入到社区健康养老服务网络和市区级健康养老综合信息平台上,使老年人足不出户就能享受到康养、精神慰藉等专业医养结合服务。同时,将其纳入医养结合政策支持和监管体系范围,完善家庭养老床位的管理、服务、技术标准,扶持家庭养老床位的发展。

为失能老人的家庭照护者提供培训,提升其照护能力。针对大部分家庭照护人员没有经过专业指导或培训,在照护亲人时面临巨大的压力,探索为家庭照护者提供养护知识技能培训。目前北京、上海等少数城市通过购买服务等方式,对居家失能老年人家庭照护者开展了培训服务,以增强家庭照护能力,民族地区中的青海省西宁市也进行了有益尝试,受到了参训人员及老年人的好评。探索将其纳入医养结合人才队伍体系和培训体系,将失能老年人家庭照护者培训纳入政府购买健康养老服务目录,组建由一线医生、专科护士、医养结合机构照护专家、高校专业教师等组成的地方培训团队。通过培训帮助家庭照护者了解护理知识,熟悉疾病的主要症状,掌握疾病预防、危急重症的处理、意外事故防范、日常护理等技能,提升家庭照护者的照护能力和水平,不断夯实家庭在医养结合养老服务提供中的基础作用。

建立家庭支持性政策,对照护老人的家庭成员给予经济补贴。研究制定家庭照护者支持性政策,对于全职照护失能或部分失能老年人的经济困难家庭成员,政府可以给予适当的照护补贴,探索建立家庭护理假制度等,鼓励企事业单位为员工提供带薪照护假期,以方便他们在家照护老人。

第七章 民族地区医养结合养老服务资金保障体系构建

资金政策是政府对医养结合养老服务政策支持的核心。① 在"健康中国"战略背景下,切实增强不同经济状况、健康状况老年人享受医养结合养老服务的支付能力,亟须建立多元化资金保障体系。90个国家级试点地区(含民族地区)虽都探索了具有地方特点的财政支付方式,但由于顶层设计和统一制度安排的缺乏,并未能形成全国性的资金保障体系。② 笔者在梳理民族地区国家级试点地区和199个"全国医养结合典型经验"案例的基础上,结合实地调研,总结出民族地区医养结合的养老服务体系资金筹资渠道主要有三种:政府财政投入、长期护理保险和医疗保险。

第一节 民族地区医养结合养老服务体系构建中资金来源状况

一、财政资金:医养结合养老服务发展必不可少的资金

财政政策作为我国和民族地区宏观经济调控的重要手段,对推进医养结

---

① 王敏:《基层医疗卫生改革背景下的社区医养结合:困境与路径》,载王伟进:《中国社区养老的实践探索与整合发展路径》,社会科学文献出版社2019年版,第12页。

② 杨一帆、张劲松:《积极应对人口老龄化研究报告》,社会科学文献出版社2020年版,第147页。

合养老服务的发展发挥着关键性作用。① 因此,有必要详细梳理民族地区医养结合财政政策,客观分析现有财政政策存在的偏差,提出政策优化策略,为推进民族地区医养结合提供决策思路。

(一)医养结合养老服务准公共物品的属性,决定了财政资金是其重要资金来源

一是医养结合养老服务具有收益上的非排他性。依据《中华人民共和国老年人权益保障法》第三次修正本中的规定,从国家和社会获取物质及服务帮助是老年人依法享有的权益,作为一项老年人均能享受的公共服务项目,医养结合服务因不影响其他老年人同时享受该服务,而具备收益上的非排他性。二是医养结合养老服务具有部分竞争性,目前在我国和民族地区医疗护理和养老服务资源有限的情况下,不论是机构层面,还是居家社区层面,服务的边际成本并不等于零,即每增加一位医养结合养老服务对象,所需的照护设施和照护人员也会随之增加。三是医养结合养老服务具有很强的正外部性,不仅可以满足老年的照料和护理服务需求,而且可以推动健康养老服务产业的发展,创造大量就业机会,拉动内需、促进经济发展。相对于资本投入,政府投入对经济发展的促进作用更强(康蕊、朱恒鹏,2019)。② 根据公共物品理论,医养结合养老服务从整体上看属于准公共物品,是社会福利中重要的服务内容,具有增进老年人社会福祉的功能。医养结合养老服务的产品属性决定了财政资金是其重要资金来源,对服务的供给发挥着保障和引导作用。

如果进一步考虑服务内容的类型及需求的层次,生存类、适度普惠类和高

---

① 殷俊、段亚男:《准公共物品理论下我国养老服务财政补贴政策的失衡与纠偏》,《决策与信息》2020 年第 8 期。

② 康蕊、朱恒鹏:《养老服务投入对经济发展的影响研究——基于 PPP 模式的分析》,《财政研究》2019 年第 5 期。

端类医养结合养老服务分别具有纯公共物品、准公共物品和私人物品的特性（李长远、张会萍，2021）。① 政府在不同类型、层次的医养结合养老服务中承担不同的财政支出责任，政府承担生存类医养结合养老服务的全部财政责任，承担适度普惠类服务部分财政责任，高端类服务不属于政府财政投入的范围，如表7-1所示。

表7-1　政府在不同类型医养结合养老服务中承担的财政责任

服务层次	产品属性	服务对象	财政责任	服务内容	提供方式
生存类服务	公共产品	特殊困难老年人（兜底保障对象）	全部责任	兜底型生活照料、医疗护理服务	政府主办、政府购买服务、志愿服务
适度普惠类服务	准公共产品	普通老年人（区别对待不同年龄阶段、收入、自理状况老年人）	部分责任	普惠型生活照料服务、医疗护理服务	政府主办、政府购买服务
高端类服务	私人物品	高收入者	不承担责任	个性化生活照料服务、医疗护理服务	私人及民营医养结合服务机构

资料来源：笔者根据相关资料整理而成。

"健康中国"战略实施后，财政政策工具开始出现在政府推进医养结合养老服务的政策文本中，笔者在深入分析近年来三个由国办和国卫老龄办发布的关键性政策文本后，发现政府对医养结合养老服务的财政投入主要体现在需求侧和供给侧两个层面。国家层面三个重要医养结合养老服务政策出台后，民族地区地方政策紧跟发布，民族地区政府对医养结合养老服务的投入主要包括对供方（服务提供方）财政支持和需方（老年人）服务补贴两个方面，政府对医养结合养老服务资金投入的项目类别、具体内容及资金来源状况如表7-2所示。

---

① 李长远、张会萍：《医养结合养老服务供给主体角色定位及财政责任边界》，《当代经济管理》2021年第2期。

表 7-2　民族地区医养结合养老服务财政投入类型及内容

	投入类别	资金来源	财政投入内容
供给层面的投入	机构设施类	财政资金、福利彩票公益金	财政投资新建医养结合机构
		财政资金、福利彩票公益金	存量养老机构或医疗机构内设医养结合服务设施建设经费补贴
		财政资金、福利彩票公益金	新增护理型养老床位补助
		财政资金、福利彩票公益金	机构运营补贴方面
		财政资金、福利彩票公益金	一次性开办费补贴方面
	机构运营类	财政资金	对医养结合服务机构给予政策性保险制度的补贴
		财政对公共卫生服务、城乡医保和长期护理保险的投入	入住医养结合机构老年人健康管理、临床医疗护理服务
		财政资金、福利彩票公益金	老年人助餐服务点补贴
	人才保障激励类	市财政、区(县)财政、就业补助资金	从业人员奖惩方面
		市财政、区(县)财政	特殊岗位津贴方面
		福利彩票公益金	职业培训补贴、职业技能鉴定补贴
需求层面的投入	定额现金补贴	财政资金、福利彩票公益金	高龄津贴、养老服务补贴和护理补贴
	政府购买服务	财政资金、福利彩票公益金	采用发放服务券或费用补贴的形式,重点购买与老年人生活照料、康复护理等密切相关的服务项目
	补助老年人购买长期护理保险	财政资金	资助老年人参加长期护理保险

资料来源:笔者根据相关资料整理而成。

(二)供给层面的政府资金投入

从民族地区医养结合养老服务相关政策和实践来看,政府针对服务提供方的资金投入主要包括机构设施资金、机构运营资金和人才保障资金三方面。

一是政府对设施、机构运营资金方面的资金投入。一方面,政府负责投资兴建、改扩建公办医养结合机构或服务设施。另一方面,给予投资建设相关机构或设施的社会力量提供建设补贴和运营补贴,促进社会资本进入医养结合养老服务领域。政府的财政补贴政策,可以推动养老机构的建设与发展。在多元主体合作供给养老服务的市场中,财政对民间资本的补贴力度与养老服务市场均衡程度有关,财政的建设补贴和运营补贴能有效降低民办养老机构投资风险,增强社会资本投资的积极性,增加市场服务供给量。[①] 胡雅坤、乔晓春(2019)通过研究养老机构财政补贴政策与机构运营状况的关联状况,发现运营补贴对养老机构盈亏具有显著的影响。[②] 以广西为例,其对辖区内民办养老机构补贴主要分为建设和运营两类,建设补贴按照民办养老机构的类型(租赁或自建),分别给予3000元或5000元的一次性建设补贴;运营补贴则依据民办养老机构收住老年人自理能力状况,给予每人每年1200元左右的补贴。

二是政府对人才培养培训方面的资金投入。队伍建设是民族地区推进医养结合明显的短板,各地陆续出台了一系列养老服务人才培养培训方面的激励保障政策,主要包括入职奖励补贴、养老护理岗位奖励津贴、人才培训等方面。入职奖励补贴方面,广西依照职业资格等级证书,为2年以上的相应岗位从业者发放一次性从业奖励。岗位奖励津贴方面,从2019年内蒙古自治区民政厅公布的《养老服务扶持政策措施的公告》来看,符合条件的养老护理员,可获得每月300元、500元、900元不等的特殊岗位津贴。

(三)需求层面的政府资金投入

在医养结合养老服务供给过程中,针对需方的财政补贴,主要包括护理补贴、高龄津贴和养老服务补贴三大补贴制度。在国家层面的高龄、失能、经济困难老年人补贴制度出台后,各地也相继做了政策跟进。根据民政部公布的数据,截至2021年7月,各地结合自身实际,普遍建立了高龄津贴、养老服务补贴和失能老年人护理补贴制度,基本实现省级层面全覆盖。[③]

---

① 郭倩、王效俐:《基于政府补贴的养老服务市场供给研究》,《运筹与管理》2020年第2期。

② 胡雅坤、乔晓春:《北京市养老机构财政补贴政策与机构运营状况的关联研究》,《社会政策研究》2019年第3期。

③ 《民政部对"关于养老服务领域有关政策的建议"的答复》,2021年12月2日,见http://xxgk.mca.gov.cn:8011/gdnps/pc/content.jsp? mtype=4&id=15439。

表7-3　2020年民族八省区高龄、养老服务和护理补贴财政投入状况

（单位：万元、人）

地区	高龄补贴支出	护理补贴支出	养老服务补贴支出	享受高龄补贴老年人数	享受护理补贴老年人数	享受养老服务补贴老年人数	人均高龄补贴	人均护理补贴	人均养老服务补贴
内蒙古	74384.6	2.9	376	591545	4	1726	0.126	0.725	0.218
广西	74501	355.7	310.9	1316126	131	4394	0.057	2.715	0.071
贵州	58108.9	1954.6	430.1	825479	7467	7187	0.070	0.262	0.060
云南	65492	448.9	1221.2	1044129	7537	25917	0.063	0.060	0.047
西藏	431.6	350.2	—	6134	4427	—	0.070	0.079	—
青海	32420.5	3232.2	10513.1	325154	6755	108997	0.100	0.478	0.096
宁夏	13841.6	934.6	116	39630	2759	994	0.349	0.339	0.117
新疆	35825.1	49.7	26.6	470220	509	290	0.076	0.098	0.092
民族八省区	355005.3	7328.8	12993.9	4618417	29589	149505	0.077	0.248	0.087
全国	2420129.2	181048.1	320829	31044452	813397	5350078	0.078	0.223	0.060

资料来源：根据《中国民政统计年鉴2021》中的高龄补贴、养老服务补贴、护理补贴和享受高龄补贴、养老服务补贴、护理补贴的老年人数数据整理计算所得。

　　表7-3显示了2020年民族八省区高龄、养老服务和护理补贴财政投入状况。在三类服务补贴中，高龄补贴实施时间最早，覆盖人数最多，说明民族八省区普遍重视普惠性的高龄老年人津贴，而轻视困难老年人养老服务补贴和失能老年人护理补贴。宁夏是全国首先建立高龄津贴的省份，2020年宁夏人均高龄补贴标准为0.349万元，明显高于全国平均水平和其他民族省区。通过梳理各地区的需方补贴政策可以发现，各地参照当地物价水平、低保标准、老年人口数量等指标制定了各自的补贴标准，补贴标准呈现因地区因户籍而异的特点，民族地区的补贴标准明显低于经济发达地区（仙蜜花、邓大松，2020）。① 从表7-3也可以看出，民族八省区的人均高龄补贴低于全国平均水平，而人均护理补贴、养老服务补贴高于全国平均水平。

---

　　① 仙蜜花、邓大松：《政府购买农村居家养老服务资金规模预测——兼论对政府财政的影响》，《财政研究》2020年第9期。

民族地区各省护理补贴和养老服务补贴差异较大。从图7-1可以看出，2016—2020年民族八省区医养结合养老服务需方补贴支出状况，其中，高龄补贴水平较高，而且处于上升趋势；护理补贴和养老服务补贴水平相对较低，政府补贴则处于下降趋势。护理补贴聚焦失能老年人照护需求，主要针对失能或残疾的老年人，为其购买照顾服务、护理服务等提供补贴。根据护理补贴的定位，在民族地区尚未正式建立长期护理保险前，护理补贴在提高失能老人医养结合养老服务消费能力方面发挥着举足轻重的作用。从表7-3可以看出，民族八省区内部护理补贴差异巨大，年人均护理补贴标准最高的广西（2.72万元），是标准最低云南（0.06万元）的45.33倍。因此，在全国与民族地区护理补贴低于当地城乡低保标准的情况下，对满足老年人的医养结合养老服务需求作用有限（钟慧澜，2017）。① 养老服务补贴主要针对低保、计划生育、低收入特殊家庭等困难老年人，为其日常照料等生活性服务提供补贴。

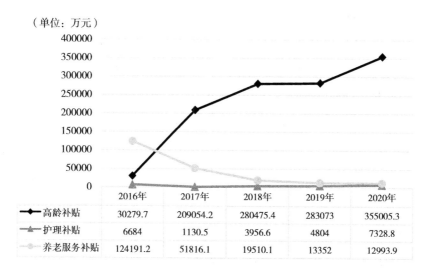

（单位：万元）

	2016年	2017年	2018年	2019年	2020年
高龄补贴	30279.7	209054.2	280475.4	283073	355005.3
护理补贴	6684	1130.5	3956.6	4804	7328.8
养老服务补贴	124191.2	51816.1	19510.1	13352	12993.9

图7-1　2016—2020年民族八省区医养结合养老服务需方补贴支出状况

资料来源：根据2017—2021年《中国民政统计年鉴》中的数据整理计算所得。

---

① 钟慧澜：《中国社会养老服务体系建设的理论逻辑与现实因应》，《学术界》2017年第6期。

二、基本医疗保险基金：医养结合养老服务重要的支持资金

鉴于医养结合养老服务模式、服务内容的多维化,仅靠政府的资源倾斜和财政投入作为资金保障,非但不能满足老年群体的多层次、多样化健康养老服务需求,还有可能出现政府财务失衡问题。在民族地区尚未普遍建立长期护理保险情况下,城乡基本医疗保险基金是医养结合养老服务重要的资金来源。

完善的医疗保险制度是医养结合养老服务资金保障体系中重要的资金来源。当前,与医养结合相关的社会保险制度主要为基本养老保险和基本医疗保险两个项目。基本养老保险主要为因年老退出劳动岗位的老年人提供稳定可靠的生活来源,基本养老保险主要包括城镇职工、城乡居民养老保险。基本医疗保险用于补偿参保人因疾病风险造成的经济损失,采取个人、单位和政府三方筹资方式,由定点医疗机构为参保人员提供"三个目录"(基本药品目录、诊疗项目目录和设施目录)范围内的门诊和住院诊疗费用,如果老人疾病治疗行为结束,医疗保险不再支付后期的康复护理相关的费用。

国家层面政策文件的出台,为民族地区将医养结合服务纳入医保报销范围提供了政策依据。首先,机构医养结合方面,国务院办公厅发布的《推进医疗卫生与养老服务相结合的指导意见》,为养老机构开展医疗服务打通了体制机制障碍,将符合条件的养老机构纳入定点医保机构范围,解决了医养结合机构资金问题。其次,居家社区医养结合方面,该文件则通过将相关服务项目纳入医保支付范围的举措,引导基层医疗卫生体系增设上门服务内容、优化服务质量、提升服务水平。

针对医疗保险支持医养结合中出现的突出性问题,2019 年出台的《关于深入推进医养结合发展的若干意见》给出了完善策略:一是加大对医养结合机构中医疗机构的扶持力度,通过医保定点准入管理鼓励养老机构增设医疗机构,通过将医疗康养等纳入报销范围激励机构拓展医养结合服务,从制度上为医养结合发展夯实基础;二是在"专业医生+健康数据"的综合评估基础上,

探索更为多元复合的医保支付方式,可在有条件的区域试点按病种、按床日、按疾病诊断相关分组(DRG)的付费方式,进而强化医保基金的规范化管理。

民族地区基本医疗保险对医养结合的支持具体表现在两方面:一是机构型医养结合方面。以广西为例,符合自治区人社厅文件规定的养老机构内设医疗机构,可自愿向医保统筹地区或所在地医疗保障经办机构提出承担基本医疗保险定点医疗机构服务的申请,一旦通过组织评估、谈判协商、签订服务协议等评估环节,就可享受统一的经办协议管理、统一的医保待遇政策。以广西为例,截至 2020 年 5 月底,广西南宁市共有 414 家医疗机构被纳入市基本医疗保险定点机构,其中广西医大仁爱养老服务中心医务室、南宁市社会福利院医务室等 4 家养老机构内设医务室,南宁广济高峰医院等 14 家医疗机构内设养老机构。①

二是居家社区医养结合方面。民族地区积极探索基本医疗保险政策向基层医疗卫生机构倾斜的政策,推动医疗卫生服务延伸至家庭、社区。以广西为例,根据云南物价局、省卫计委等单位联合印发的《关于设立家庭医生签约服务费的通知》规定,省级层面家庭医生签约服务费的标准为每人每年不低于 36 元,由医保基金承担 12 元,推动家庭医生签约服务,推动居家社区层面医养结合发展。

三、长期护理保险:日益重要的资金来源

长期护理保险是化解医养结合养老服务财务风险的经济手段。从人社部办公厅发布《关于开展长期护理保险制度试点的指导意见》《关于扩大长期护理保险制度试点的指导意见》文件来看,长期护理保险是为长期失能人员的基本生活照料和与之密切相关的医疗护理筹资的社会保险制度。这与学界的

---

① 南宁市医疗保障局:《南宁市医疗保障局关于市政协十一届五次会 11.05.140 号提案会办意见的函》(南医保函〔2020〕255 号),见 http://ybj.nanning.gov.cn/xxgk_164/jytajggk/t4390929.html。

认知基本一致,即作为独立社会保险险种,长期护理保险主要受益对象为失能老人,其本质是依靠风险共摊达成对护理服务费用的财务补偿制度。[1] 这种保障内容的天然差异性,使得长期护理保险与医疗保险、养老保险在受益主体、服务标准等方面有着根本性区别。

由此可见,在人口老龄化、家庭结构小型化、失能老人长期护理费用日益高昂的情况下,长期护理保险的互助共济功能,不仅可以有效解决家庭或个人长期护理费用承受能力不足的问题,还有助于形成更为全面的医养结合养老服务支付保障体系。[2] 马驭等(2017)认为除解决失能老年人及家庭的长期护理经济负担过重问题外,长期护理保险制度还有助于提升养老服务和医疗服务效率。[3] 董红亚(2019)认为建立长期护理保险,可以解决老年人长期照护费用问题,为大多数老年人提供专业化、社会化的护理服务。[4] 从实践层面来看,长期护理保险为医疗服务与养老服务深度融合提供了保障,成为连接医疗机构与养老机构、政府扶持与市场机制之间的桥梁(付诚、韩佳均,2018)。[5] 王红漫(2019)研究了同时被列为医养结合和长期护理保险试点的地区,发现长期护理保险的实施有效地促进了医养结合机构的发展和健康养老服务的供给。[6] 在推进医养结合的过程中,长期护理保险是一种补需方的手段,提高了老年人医疗护理服务的支付能力,更好地满足了老年人的医养结合养老服务需求。

民族地区长期护理保险试点在时间和范围上均要落后于国内其他区

---

[1] 曹信邦:《中国失能老人长期护理保险制度研究》,社会科学文献出版社 2016 年版,第21 页。

[2] 曹信邦:《中国长期护理保险制度构建的理论逻辑和现实路径》,《社会保障评论》2018年第 4 期。

[3] 马驭、秦光荣、何晔晖等:《关于应对人口老龄化与发展养老服务的调研报告》,《社会保障评论》2017 年第 1 期。

[4] 董红亚:《中国养老进入服务新时代》,中国社会科学出版社 2019 年版,第 223 页。

[5] 付诚、韩佳均:《医养结合养老服务业发展对策研究》,《经济纵横》2018 年第 1 期。

[6] 王红漫:《光明医养结合模式考究》,中国财政经济出版社 2019 年版,第 60 页。

域,2016 年,人社部办公厅公布的第一批试点中,民族八省区中仅有石河子市进入名单。2020 年新增的 14 个试点城市中,民族地区占 5 席,具体如表7-4 所示。

表 7-4　民族地区长期护理保险制度试点城市名单

序号	省份	试点城市
第一批试点城市		
1	新疆维吾尔自治区	石河子市
新增试点城市		
2	内蒙古自治区	呼和浩特市
3	广西壮族自治区	南宁市
4	贵州省	黔西南布依族苗族自治州
5	云南省	昆明市
6	甘肃省	甘南藏族自治州

资料来源:根据国家医保局财政部《关于扩大长期护理保险制度试点的指导意见》整理所得。

第二节　民族地区医养结合养老服务资金保障体系优化策略

　　资金政策是政府医养结合养老服务支持政策的核心,民族地区医养结合养老服务体系资金筹资主要来源于政府财政、长期护理保险和医疗保险三种渠道。资金保障体系构建还面临三个方面的障碍:一是财政资金投入缺乏制度性保障,稳定性不足,投入总量有待进一步提高,投入结构有待进一步优化;二是基本医疗保险对医养结合的支持力度不足,医保定点机构准入门槛高,对机构型医养结合掣肘明显,医保报销范围仍有待拓宽,居家社区医养结合发展经费欠缺,医保资金用于支付医养结合养老服务费用,存在套保骗保的风险;三是长期护理保险制度尚未全面建立,发展缓慢,发挥作用有限。民族地区医养结合养老服务资金保障体系的优化策略包括以下三个方面。

一、医养结合养老服务财政政策的纠偏策略

目前应清晰界定政府财政责任边界,明晰各级政府医养结合养老服务财政事权和支出责任,从供需双侧提高医养结合养老服务财政政策匹配度。①

(一) 清晰界定政府财政责任边界,增加投入力度

1.明晰政府角色定位,界定政府财政责任边界

立足于民族地区经济社会发展状况及福利发展阶段,政府在医养结合养老服务中的责任应聚焦于"保基本、兜底线"上。推进基本公共服务均等化,要处理好民族地区、贫困地区、边疆地区等重点区域存在的突出性短板问题。首先,政府应充分发挥基本公共服务兜底作用,保障任何一位老年人一旦失智失能、无力通过市场或家庭途径获取健康养老服务时,都能获取基本生存需要的健康养老服务。其次,在明确"保基本、兜底线"的基础上,逐步满足全体老年人的基本的医养结合养老服务需求,优先满足贫困、高龄、空巢等失能老年人的服务需求。

2.合理界定中央与地方财政事权和支出责任

一是合理界定中央与民族地区地方财政责任。依据《关于印发基本公共服务领域中央与地方共同财政事权和支出责任划分改革方案的通知》文件,鉴于养老服务的多层次性,将隶属于基本公共服务范畴的医养结合养老服务纳入中央与地方共同财政事权清单,具体参照基本卫生服务、基本医疗保障和基本养老保障三类项目支出责任及分担方式,民族地区属于第一档,中央与地方按8:2比例分担。二是加大中央财政转移支付的力度。针对民族地区医

---

① 王素芬、姜睿轩、朱德云:《养老服务财政支持政策匹配度研究——以S省为例》,《公共财政研究》2020年第4期。

养结合养老服务供给总量不足与财政投入不足的双重困境,中央层面应更积极、更灵活地使用财政转移支付工具,除对民族地区医养结合安排专项补助及有关基础设施建设资金外,在遴选相关试点项目方面也应给予适度倾斜支持。三是将福利彩票公益金对养老服务的扶持政策落到实处。严格执行《中央集中彩票公益金支持社会福利事业资金使用管理办法》中的相关规定,民政及其他相关职能部门应确保彩票公益金总额 50% 以上用于养老服务。四是加强资金保障方面。各级财政要根据老年人口增加和健康养老服务需求,逐步增加养老服务资金投入,由省、区、市财政负担,纳入年度财政预算,适当增加省级财政投入比例。

（二）供给侧层面,财政投入重在调结构

一是硬件资源配套方面,加大对农村地区医养结合资源的投入。推动民族地区农村医养结合养老服务设施均衡布局,形成乡(镇)有"院(所)"、行政村(分片)有服务"点"的设施网络,实现每个乡(镇)至少有一个标准化医养结合机构,同时,根据老年人健康养老服务需求情况,分片建设社区照护场所(中心)。

二是以养老服务设施布点,织密织牢覆盖城乡社区的服务网络。在城镇重点打造社区枢纽型为老服务中心,以嵌入社区的日间照料中心建设为契机,通过打造集日间托护、助餐、健康管理、康复护理等功能于一体的连锁化、小型化养老服务点,强化社区卫生服务中心与社区养老服务设施、助残等医养服务设施统筹布局、互补共享。

三是优化医养结合机构运营补贴,确保补贴精准化发放。首先,明确运营补贴的对象范围,将收住辖区内失能、经济困难老年人的社会办非营利性医养结合机构、公办(建)民营医养结合机构、社会办营利性医养结合机构都列为机构运营补贴的对象范围。其次,准确制定运营补贴标准,将运营补贴发放标准与机构星级评定、信用状况、医疗服务能力相挂钩。再次,将医养结合机构老年人能力评估结果作为机构运营补贴发放的重要依据,严格执行运营补贴与预算绩效指标(入住率指标、运营安全指标、服务对象满意度)挂钩。

四是建立民族地区医养结合养老服务人才培养培训的财政保障激励政策。针对民族地区医养结合养老服务人才建设存在明显短板,借鉴发达地区经验,首先,建立毕业生入职养老服务行业奖励补贴制度,为进入医养结合机构的毕业生,分年度发放入职补贴。其次,通过专业岗位津贴和入职奖励制度的双管齐下,真正做到吸引人才、稳定队伍,补贴发放标准可根据职业技能等级证书或养老护理员职业资格证书确定。再次,财政支持养老服务人才培训。将养老护理员职业技能培训、人才能力提升培训所需资金,纳入本地职业技能提升行动专项资金。

(三)需求侧层面,财政补贴重在精准化

补需方是指通过向需要健康养老服务的老年人发放补贴,赋予其购买服务的选择权,进而突出以照护者为中心的财政投入理念。从长期来看,政府对医养结合的财政投入应逐步由以补供方(服务提供方)为主向以补需方(老年人)为主转变(李珍,2018)。[①]

一是制定专门需方补贴制度,为精准化补贴提供制度基础。民族地区根据《国务院关于印发"十三五"推进基本公共服务均等化规划的通知》提出建立"老年人社会福利补贴基本公共服务清单",普遍建立了养老服务补贴、护理补贴和高龄津贴三项老年人社会福利补贴,但是补贴对象、标准、配套流程等方面不够细化,可以借鉴北京市经验,出台符合民族地区特征的《老年人养老服务补贴津贴管理实施办法》,提高财政补贴发放的精准化。

二是明确补贴范围、对象和标准。养老服务补贴主要针对困难老年人,为实现对该群体帮扶的精准化、精细化,可以在进一步细分困难老年人的基础

---

① 李珍:《关于完善老年服务和长期护理制度的思考与建议》,《中国卫生政策研究》2018年第8期。

上,针对不同类别的困难老人,按月为其发放不同标准的养老服务补贴。护理补贴主要针对失能老年人,根据失能状况综合评估,可以将失能老年人划分为重度失能、中度失能和轻度失能三种类别,根据不同类别确定不同的补贴标准。高龄津贴主要瞄准 80 岁及以上老年人,其津贴标准可依照年龄区间进一步区分化。对于符合多项补贴政策的老年人,应借助更为灵活的政策衔接机制,保障其同时享有所有补贴的权利。此外,护理补贴涉及的老年人失能评估机制和评估标准,可以与当地的《老年人能力综合评估实施办法》有机衔接。

三是财政支持建立医养结合养老服务需求综合评估体系。目前,我国只有极少数地方(如北京、上海)探索建立了养老服务需求评估体系,目前居家社区健康养老服务尚缺乏科学合理的补贴领取资格评估体系与方法。[①] 为此,应有计划、有目标、有层次地推进评估体系建设,首先,在基础建设方面,利用现有医养服务资源,以财政出资的方式优先在有条件的区域或机构试点健康养老需求综合评估站(中心),完善评估工作开展所需的各项条件。其次,采用政府购买服务的形式,对老年人养老服务需求开展系统性评估。

加大政府购买健康养老服务力度。进一步转变民族地区政府提供医养结合养老服务方式,大力推广政府购买养老服务,逐步使市场和社会力量成为健康养老服务的主体,培育专业化的健康养老服务组织。一是在购买居家社区医养结合养老服务方面,学习上海等先发区域的成功做法,将服务内容、服务标准、绩效考评等以法规文件的形式予以明确,并加大政府购买基本健康养老服务的力度。二是在购买机构医养结合养老服务方面,主要为失能的"三无""五保"对象或低收入老年群体购买康复护理、机构供养服务。三是在购买养老护理人员培训培养方面,主要购买职业教育、职业培训(养老护理员职业技能培训)、继续教育(人才能力提升培训)等。

---

① 江海霞、史胜安:《居家养老服务补贴领取资格评估:指标体系构建与应用》,《河北大学学报(哲学社会科学版)》2017 年第 2 期。

二、优化基本医疗保险对医养结合养老服务的资金支持

（一）降低医保定点准入门槛，坚持"宽进严管"

对于医疗保障部门而言，设计合理的医保定点制度，不仅可以支持养老机构开展医疗服务，而且可以减少老年慢性病人、失能老人"社会性住院"现象，进而节约医保资金。政府相关部门可通过降低准入门槛、允许医保定点结算、纳入医保基金报销等措施，提升养老机构内设医疗机构的积极性，但需秉持"宽进严管"的指导原则。

（二）利用医保资金直接支持家庭医生签约服务

让家庭医生成为民族地区居家社区医养结合的突破口，根据《关于规范家庭医生签约服务管理的指导意见》规定，医保基金将承担部分家庭医生签约服务费，此举可以拓宽签约服务费筹资渠道。对于城乡基本医疗保险参保老年人当年度发生的慢性病医疗费、普通门诊医疗费，家庭医生签约服务定点医疗机构可以采用总额付费方式；对于每月新签约人数采取人头限额付费方式和月度结算方式。通过医保资金直接支持家庭医生签约服务，进而推动民族地区居家社区医养结合养老服务的发展。

（三）明确医保资金支付边界，加强对医养结合机构的监管

一是厘清医疗服务与养老服务支付边界。制定明确的服务清单，明确基本医疗保险基金只能用于报销符合基本医疗保障范围的服务项目，包括疾病诊治、医疗康复、医疗护理等医疗卫生服务费用，与疾病诊治及后期康复护理无直接关系的老年人生活照护等费用，不得纳入医保报销范围。二是加强医养结合机构信息化建设，将其纳入当地医疗保障信息系统。将信息化建设列为医保定点机构资格的必要条件，通过医疗保障信息系统、卫生健康信息系

统、人社信息系统互联互通,一方面,以有效的方式实现对医养结合机构的监管;另一方面,实现老年人在医养结合机构享受医疗护理康复费用的"一站式"即时结算,不用垫付相关费用。

三、促进医养结合养老服务与长期护理保险的有序配合

(一)加快在民族地区建立长期护理保险制度

统一解决民族地区老年人享受康复护理等费用来源问题,既不能完全由个人承担,也不能完全由医保基金或政府财政支付,根据国内外经验,应在建立长期护理保险制度的同时,就养老服务费用支付形成一个主体多元、风险共担的综合体系。

"十四五"期间,我国将基本形成适应老龄化发展趋势和经济社会发展水平的长期护理保险制度政策框架,在此背景下,民族地区建立长期护理势在必行。而民族地区加快建立长期护理保险,一方面,起到减轻家庭个人经济负担的作用,增强老年人购买医养结合养老服务的支付能力,撬动健康养老服务需求;另一方面,互助共济的资金筹集方式能减轻现有收付制度的负荷,缓解居家社区和机构层面医养结合养老服务的经费压力。实际上,国家级的医养结合试点和长期护理保险试点也都是在 2016 年开始启动的,说明两者的有序配合对民族地区推进医养结合至关重要。

民族地区绝大部分地区尚未开展该制度,全国层面也未出台统一的实施方案,如何在系统梳理前期试点经验的基础上,有选择性地借鉴发达地区经验,将有助于推动试点区域的进一步扩大,实现制度的普惠性。界定城乡基本医疗保险和长期护理保险的保障范围及边界,随着民族地区长期护理保险制度的逐步建立,使其成为医养结合养老服务费用主要的支付手段。

（二）建立医养结合养老服务与长期护理保险的衔接机制

1. 扩大参保对象的覆盖范围

目前民族地区长期护理保险试点城市的参保对象仅覆盖城镇居民，即职工和城镇居民医保参保者，根据广覆盖的原则，民族地区应不断扩大长期护理保险的受益面，尽快覆盖城乡居民医保对象，以制度形式为医养结合养老服务发展提供正向激励。

2. 以医养结合养老服务的服务对象确定长期护理保险受益范围

逐步降低待遇享受条件，扩大服务项目。目前民族地区开展长期护理保险试点的地区，仅将重度失能失智老年人作为待遇给付对象，根据社会保险社会性、互助共济性的特点，应逐步扩大给付对象范围，逐步向轻度、中度失能、失智及高龄老人延伸。生活照料服务和医疗康复护理服务都是失能、失智、高龄老年人所必需服务项目，随着长期护理保险基金筹资状况的改善，应逐步扩大服务项目，实现医养结合养老服务与护理保险服务项目衔接，同时兼顾日常生活照料和医疗护理两方面的服务。

3. 建立多元化筹资机制

在各试点方案中，存在长期护理保险基金过度依赖基本医疗保险划拨资金的问题，依照责任共担的原则，民族地区建立长期护理保险，应将政府、个人、单位等作为筹资主体，避免过度依赖医保资金，违背制度建立初衷，从而形成多元筹资机制，保证该制度的可持续性。

第八章 民族地区医养结合养老服务人才支撑体系构建

　　根据"十四五"规划,医养结合的养老服务是需要加快发展的现代服务业之一,专业化、高素质的人才是民族地区医养结合养老服务体系构建的重要环节,是实现服务高质量供给的重要支撑。与健康养老服务产业发展的实际需求相比,民族地区医养结合养老服务队伍建设存在明显短板,人才队伍建设同时面临机遇和挑战。

　　广义角度的医养结合养老服务人才并不单指从事生活照料等具体服务的从业者,从事医养结合养老服务的管理与技术研发的人才也应被包含在内(杨一帆、张劲松,2020)。[1] 狭义角度的医养结合养老服务人才队伍是达到国家相关职业技能标准或取得相关职业资格的从业人员,主要是指养老护理员(董红亚,2019)。[2] 原慧玲等(2019)认为医养结合养老服务人才是具有一定理论和技能水平,从事康复、护理、心理、急救等服务的从业人员,既区别于传统养老服务人才,也区别于医疗服务人才。[3] 韩俊江、李金梁(2020)将医养结合养老服务人

---

[1]　杨一帆、张劲松:《积极应对人口老龄化研究报告(2020)》,社会科学文献出版社 2020 年版,第 114 页。

[2]　董红亚:《中国养老进入服务新时代》,中国社会科学出版社 2019 年版,第 266 页。

[3]　原慧玲、马达飞、张云:《对发展医养结合人才队伍的几点建议》,《中国卫生人才》2019 年第 9 期。

才划分为生活照料、卫生健康、产业管理、外联服务和教育培训五类人才。[1]

本书将医养结合养老服务人才界定为：具备养老服务、医疗护理等专业知识，从事医养结合养老服务提供与管理工作的复合型专业人才，由专业技术人员（养老护理员、医生、护士、社会工作者、康复师、营养师、心理咨询师等）、管理人员等跨专业团队组成。

第一节　医养结合养老服务人才建设面临的机遇

一、健康养老服务产业发展带来新需求

民族地区老年人医养结合养老服务刚性需求持续上升。随着民族地区进入持续老龄化阶段，老年人对医养结合养老服务需求呈现持续上升态势。第一，人口快速老龄化是民族地区发展医养结合养老服务的刚性需求。根据《中国统计年鉴》数据计算得出，2000—2019 年，民族八省区 65 岁老年人口占比由 5.87% 迅速上升到 9.95%，虽然略低于全国平均水平，但同全国其他省份一样都进入了持续老龄化阶段。此外，民族地区人口老龄化中的城乡倒置、"未富先老"等特征更为突出。第二，民族地区老年人健康状况低于全国平均水平，对医养结合养老服务需求更加强烈。从 2015 年全国 1% 人口抽样调查数据可以看出，民族八省区老年人整体健康状况和生活自理状况要差于全国平均水平，身体健康状况自评为健康的老人比例为 34.45%，明显低于全国平均水平（40.51%）。第三，民族地区空巢老人逐渐增多，老年人的日常照顾和护理问题日益突出。根据 2015 年全国 1% 人口抽样调查数据，民族八省区空巢老人家庭（60 岁及以上）比例为 28.65%，低于全国平均水平的 34.62%，但随着城镇化进程的进一步加快，民族地区空巢老人的比例将日益增长，对健康养

---

[1]　韩俊江、李金梁：《养老服务业发展需要什么样的人才》，《中国人口报》2020 年 3 月 19 日。

老服务需要也将日益增加。

根据第四次全国老年人生活状况调查的数据显示,民族八省区老年人对照料护理的需求的比例为 18.04%,全国地方老年人对照料护理的需求的比例为 16.65%,民族地区的医养结合养老服务需求显然要更为迫切。我国失能、半失能老年人已由 2015 年的 4064 万升至 2021 年的 4500 万[1],占老年人总数的 20% 左右,倘若依照国际通行的 3∶1 标准配备养老护理员,我国专业护理人才缺口仍有近 1300 万[2],而我国目前从事养老护理工作的人员总数不足 50 万[3],居家社区机构健康养老服务业人才缺口巨大。随着民族地区老年人医养结合养老服务需求持续上升,需要越来越多的医养结合养老服务人才为老年人提供相关服务。

二、医养结合养老服务人才政策释放新红利

为解决人才队伍建设中存在的供给不足、流动性大、技能水平偏低等问题,2015—2020 年,国家层面出台了医养结合养老服务人才相关政策文件,如表 8-1 所示。民族各地区也出台了一系列配套性政策,以期破除医养结合养老服务在人才队伍建设上的制度障碍。

表 8-1　2015—2020 年医养结合养老服务人才相关政策文件

出台年份	发文机构	文件名称	文件内容
2015	国务院办公厅	《关于推进医疗卫生与养老服务相结合的指导意见》	对薪酬待遇、晋升渠道、培训体系、考核机制等提出了指导性的意见,提出将老年护理、康复等医养结合人才列入紧缺急需人才,纳入卫生健康人员培训规划

---

① 冯秋瑜:《2021 年我国失能失智人数 4500 万,长护理险让越来越多人获益》,《广州日报》2022 年 1 月 23 日。

② 卫健委:《400 万护士面对庞大的老年护理需求远远不够》,2019 年 5 月 8 日,见 https://baijiahao.baidu.com/s? id=1632941546678972633&wfr=spider&for=pc。

③ 徐胥:《养老服务呼唤更多专业人才》,《经济日报》2018 年 10 月 17 日。

出台年份	发文机构	文件名称	文件内容
2017	国务院	《"十三五"国家老龄事业发展和养老体系建设规划的通知》	构建梯次分明、结构合理的为老服务人才队伍,注重新兴领域投入的同时,加快制度方面的配套建设
2019	卫健委等12部门	《关于深入推进医养结合发展的若干意见》	探索多部门协同培养培训模式(如院校、基地),分类分级对医养结合机构工作人员进行技能培训
2019	人力资源社会保障部和民政部	《养老护理员国家职业技能标准(2019年版)》	稳步提升医养结合养老服务质量,促进人才培养的体系化、标准化、全面化
2020	国务院	《关于切实解决老年人运用智能技术困难的实施方案》	通过适老改造、服务优化、流程再造等举措助力老年人共享信息化发展成果、智享健康养老生活
2020	人社等4部门	《关于实施康养职业技能培训计划的通知》	明确康养服务人员的培训内容、考核标准等,助力从业者职业技能提升

资料来源:根据2015—2020年中央层面出台的相关文件整理所得。

随着国家层面医养结合推进力度的不断加大,民族八省区均出台了专项政策,各地都将加强医养结合养老服务人才队伍建设作为推进医养结合的保障措施,并给出了相应的实施方案。民族八省区中广西壮族自治区还专门出台了人才培养的专项政策——《关于加快推进养老服务业人才培养的意见》,提出了医养结合人才的培养、职业技能鉴定培训、实训基地建立等方面的政策措施。因此,医养结合养老服务专项及相关政策的出台,为民族地区养老护理人才队伍建设提供了政策支撑。

第二节 民族地区医养结合养老服务人才队伍建设的成效

一、机构型医养结合养老服务人才状况:基于对宁夏五市的调研

为全面掌握民族地区医养结合养老服务供给现状,2019年10—12月,本

书课题组设计了"机构医养结合养老服务供给状况调查"问卷,并在宁夏五市13个县(区)的24家医养结合机构发放,问卷涵盖被访机构的基本情况、提供医疗康复设施及服务情况、服务及收费情况、机构运营情况、机构面临的主要问题及政策需求等内容,问卷发放总量为24份。被访的医养结合机构最早成立于1986年,最迟建立于2018年,其中公办医养结合机构9家(不含公办民营),民办非营利性机构8家,公办民营机构7家。

(一)医养结合养老服务机构的人员配备状况

一般而言,医养结合机构的人员包括专业医护工作者、养老护理员、行政人员等,从表8-2可以看出被调研的公办医养结合机构的人员队伍规模普遍不大,主要原因是本次调研的公办医养结合机构多为县(区)政府早些年兴建的敬老院、幸福院,被访的公办机构平均拥有工作人员16名(获资质的为14人),但被访机构均未配备医生,平均拥有护士2名(获资质的为2人),平均拥有养老护理员12人(获资质的为11人)。公办机构和公办民营机构获资质的工作人员数、养老护理员人数占比相对较高,公办机构分别达到了87.5%和91.67%,公办民营机构则分别为82.35%和100%,民办非营利性机构分别为37.78%和64.71%(可由表8-2计算得出)。可以看出两种公办类型医养结合机构获资质的工作人员占比和养老护理员人数占比明显高于民办非营利性机构,说明被调查公办医养结合机构在人员队伍建设方面优于民办非营利性机构。

表8-2　2019年被调查医养结合机构平均工作人员情况　　(单位:人)

	工作人员数	获资质工作人员数	医生人数	获资质医生	护士人数	获资质护士人数	养老护理员	获资质养老护理员
公办机构	16	14	0	0	2	2	12	11
民办非营利性机构	45	17	5	5	10	10	17	11

续表

	工作人员数	获资质工作人员数	医生人数	获资质医生	护士人数	获资质护士人数	养老护理员	获资质养老护理员
公办民营机构	34	28	2	1	3	3	11	11
合计	30	19	2	2	5	5	19	14

资料来源:笔者根据相关资料整理而成。

(二)医养结合养老服务机构最需要工作人员

医养结合机构人员队伍的状况直接关系着机构的服务能力和服务质量,也直接影响机构的治理水平、服务质量和公信力。作为养老服务的直接输出者,养老护理员服务能力和服务水平的优劣直接影响着机构医养结合养老服务的服务质量,因此,提升养老服务质量必须着眼于提升养老护理员队伍的技能水平。[1] 养老护理员、执业护士、老年医疗、康复、照护等人才的匮乏,已经成为民族地区医养结合养老服务体系构建过程中的既定事实,是制约服务体系构建的瓶颈问题(吴玉韶[2],2019;龙玉其[3],2017)。通过对民族地区医养结合机构的调研发现,95.83%的被访医养结合机构认为最需要的工作人员类型是养老护理员,79.17%的被访医养结合机构认为最需要的工作人员是医护人员,如图8-1所示。说明养老护理员是医养结合机构最急缺的人员,其次是医护人员、心理辅导人员、管理人员、社会工作人员、市场推广人员、营养师等。本书结果与《我国典型地区养老服务机构从业人员服务能力调研报告(2017)》中的调查数据基本一致,该报告指出有73.9%的养老机构认为自身存在专业护理人员不足的问题,仅有9.4%的机构认为员工较为充足。[4]

---

[1]　杨根来、赵永:《养老护理员职业发展20年回眸》,《中国社会工作》2020年第11期。

[2]　吴玉韶:《问题导向突出重点精准聚焦照护服务刚需》,《中国社会工作》2019年第14期。

[3]　龙玉其:《民办非营利性养老机构护理人员供给困境与反思》,《社会保障研究》2017年第5期。

[4]　李画:《泰康调研报告:超七成养老机构护理人员不足》,《中国保险报》2018年8月29日。

（单位：%）

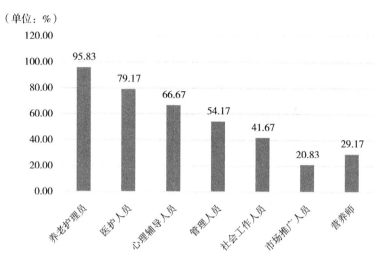

图 8-1　2019 年被调查医养结合机构最需要的工作人员类型

资料来源：笔者自绘。

（三）医养结合机构工作人员收入状况

（单位：元）

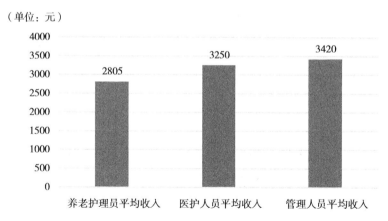

图 8-2　2019 年被调查医养结合机构的工作人员收入情况

资料来源：笔者自绘。

　　从目前的整体情况看,民族地区医养结合机构工作人员收入水平相对较低,养老护理员月平均收入最低,为 2805 元,医护人员为 3250 元,管理人员为

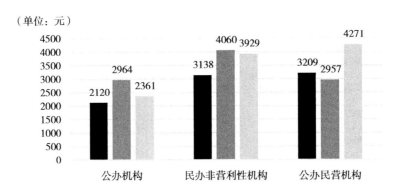

图 8-3　2019 年被调查不同类型医养结合机构工作人员收入情况

资料来源:笔者自绘。

3420 元,如图 8-2 所示。三类工作人员的收入既低于 2019 年宁夏城镇私营单位就业人员月平均工资(3658 元),也低于城镇非私营单位就业人员月平均工资(6996 元)。从不同类型被调查医养结合机构工作人员收入情况看,民办非营利性机构工作人员工资水平相对较高,三类人员的月平均收入为 3709元,其中管理人员月平均收入为 3929 元,养老护理员为 3138 元,医护人员为4060 元。公办民营机构和公办机构三类人员的月平均收入分别为 3479 元和2482 元,管理人员、养老护理员、医护人员的月平均收入具体如图 8-3 所示。

(四)医养结合机构人才的培训状况

针对“医养结合机构护理人员培训主体”问题,66.67%的受访机构负责人回答护理人员的培训主体是政府,20.83%的培训主体是医养结合机构,12.5%的培训主体是社会组织,由此可见政府在医养结合机构人员培训中发挥着主导和关键性作用。调研中获悉,依托医养结合人才培训基地,宁夏举办了两期全区医养结合机构医疗护理员能力提升培训班,组织全区从事医养结合工作的 160 名医疗护理员参加培训,切实提升了从业人员的职业品德修养与综合技能水平。利用全国医养结合继续教育平台,组织全区医养结合机构中的 110 名管理人员、医生、护士等专业技术人员,开展以疫情防控、传染病防控、健康教育等为主要内容的理论知识培训。各医养结合机构针对业务和服务实际,积极聘请经验丰富的退休医疗和护理专家指导,提升医养结合机构的医护水平。

二、居家社区医养结合养老服务人才队伍建设的成效

(一)家庭医生供给状况

根据第四次老年人生活状况调查数据和本课题组调研数据,老年人对上门看病、上门护理、康复服务等医疗护理类服务需求强烈,是养老服务的主要需求,全科医生和家庭医生是社区为辖区老年人提供医疗健康保健及居家上门医疗护理的主要专业服务人员,决定着居家社区医养结合养老服务的数量和质量。因此,本书以家庭医生为例,研究民族地区居家社区医养结合养老服务人才供给状况。

从表 8-3 可以看出,截至 2020 年年底,民族八省区全科医生总数为 27330 人,每万人口全科医生数仅为 2.30 人,明显低于全国平均水平的 2.90 人,民族八省区每万人口全科医生数与东部发达地区相差甚远。以江苏为例,2020 年江苏每万人口全科医生数达到了 5.86 人,远远高于民族八省区的水平。全科医生和家庭医生等社区医疗护理资源的缺乏,已经成为制约社区医养结合养老服务供给的重要人才瓶颈。

表 8-3　民族八省区社区医养结合养老服务人员队伍情况

地区	全科医生数(人)	每万人口全科医生数(人)	社区养老机构助理社会工作师人数(人)	社区养老机构社会工作师人数(人)	社区日间照料机构助理社会工作师人数(人)	社区日间照料机构社会工作师人数(人)
内蒙古	2964	2.51	45	51	25	34
广西	9040	2.62	191	87	35	26
贵州	4910	1.96	137	79	23	44

续表

地区	全科医生数（人）	每万人口全科医生数（人）	社区养老机构助理社会工作师人数（人）	社区养老机构社会工作师人数（人）	社区日间照料机构助理社会工作师人数（人）	社区日间照料机构社会工作师人数（人）
云南	5754	2.01	11	14	11	14
西藏	547	2.00	6	12	1	—
青海	889	2.74	14	36	6	8
宁夏	857	2.27	9	16	7	3
新疆	2369	2.25	309	424	34	22
江苏	37816	5.86	1800	768	1081	617
民族八省区	27330	2.30	722	719	142	151
全国	255867	2.90	11962	7531	6778	3616

资料来源:根据《中国民政统计年鉴2021》和《中国卫生健康统计年鉴2021》中的数据整理计算所得。

(二) 居家社区养老服务中社会工作者、为老志愿者队伍发展状况

社区老年志愿服务方式灵活便捷、形式多种多样,可以有效地弥补市场、政府提供服务的不足,打通养老服务"最后一公里",是社区助医、助急、助餐、助行、助洁等服务的重要补充。面对养老服务人员的缺口问题,仅仅依靠社区工作人员是远远不够的,必须打造一支强大的志愿服务团队,但当前民族地区社区养老服务志愿者团队建设问题重重。

社会工作者在养老服务人才序列中扮演着多重角色,是开展居家社区健康养老服务项目的联络员、专业服务人员、管理者和协助者,承担大量的事务性工作。[①] 社会工作者能够运用各种专业知识和技能,深入了解老年人的需求,在尊重和接纳老年人的基础上,能够为老年人提供心理疏导等服务。相对于目前老年人多元化的健康养老服务需求,社区从事养老服务的社会工作者总量不足,如表8-3所示。

---

① 肖萍:《建构以社会工作者为核心的养老服务人才体系》,《新华日报》2020年11月10日。

三、医养结合人才队伍建设政策支持状况

民族地区在推进医养结合的过程中,将医养结合人才队伍建设作为重要的保障措施,通过人才培养制度、培训体系、激励制度、评价机制等政策支持,推动了人才队伍建设。

(一)医养结合养老服务人才培养培训

1.人才培养方面

民族地区认真贯彻落实《推进医疗卫生与养老服务相结合的指导意见》和《关于深入推进医养结合发展的若干意见》文件精神,强化医养结合养老服务人才培养。积极引导和鼓励辖区内高校、中职等院校增设健康养老服务相关专业,并通过增加招生计划、单独招生、校企合作、订单式培养等多种措施,不断扩大医养结合养老服务人才培养规模。以广西为例,除了制定专门性的指导意见,自治区政府在 2018 年,指导广西医科大学申报增设了老年人服务与管理本科专业,2019 年,在高职院校新增了老年人护理、中医康复技术、老年服务与管理、医学营养等 5 个为老服务专业。目前,广西高校共设置了养老服务类本科专业 13 个,高职类院校设置养老服务类专业 22 个。[①]

2.职业技能培训方面

针对养老护理员综合素质亟待提升的问题,民族地区开始强化养老护理人员在岗培训。其专业能力提升主要以定向委培、常态化岗内培训、养老护理员技能大赛等形式展开。调研中发现,宁夏尝试将养老护理培训纳入人社部门职工技能培训体系,逐步提高护理人员持证上岗率。通过实地调研发现,自治区层面,从 2013 年开始宁夏对全区养老护理员展开培训工作。2013—2017

---

① 广西壮族自治区卫生健康委员会:《关于自治区政协十二届二次会议第 20190428 号提案答复的函》,2019 年 6 月 21 日,见 http://wsjkw.gxzf.gov.cn/xxgk_49493/fdzdgk/jyta/t2461651.shtml。

年,共组织了 12 批次的养老护理员培训鉴定,共培训了 927 名养老护理员,鉴定人数为 1008 人,合格人数 807 人,培训合格率为 80.06%。2015 年,还培训了 103 名高职院校的学生,由此可见,宁夏地区养老服务的培训对象并不局限于从事一线老年照护的在职人员。

(二)医养结合养老服务人才激励

为更好地激发养老服务人才工作积极性,激励医务工作人员及相关院校毕业生参与医养结合养老服务业,民族地区相继通过提高从业人员待遇、给予政策奖励补贴等形式探索适宜本地区的医养结合养老服务人才队伍建设模式。具体包括:

第一,毕业生或从业人员入职奖励补贴和津贴制度。在入职奖励补贴方面,民族八省区中宁夏出台了普通本科、高职学生入职健康养老服务业的奖补政策,广西和内蒙古则加大了对养老护理员职业技能和岗位薪资的投入力度,如表 8-4 所示。

表 8-4　部分民族地区职业薪酬奖励政策一览表

省份	年份	政　策	奖励对象	奖励办法
广西	2015	《关于建设养老服务业综合改革实验区的意见》	国家不同等级职业资格证书养老护理员	分别给予 500—3000 元的一次性从业奖励
宁夏	2018	《关于全面放开养老服务市场加快养老服务业转型升级的实施意见》	签订 5 年以上劳动合同实际工作满 3 年的专本科毕业生	一次性 6000 元入职奖励补贴[需在符合条件的机构社区养老机构(站)]
内蒙古	2020	《关于公布内蒙古自治区养老服务扶持政策措施的公告》	初级、中级、高级养老护理员	依照标准,给予 300 元、500 元、900 元的特殊岗位津贴

资料来源:根据《广西壮族自治区人民政府关于建设养老服务业综合改革实验区的意见》《宁夏回族自治区人民政府办公厅关于全面放开养老服务市场加快养老服务业转型升级的实施意见》《关于公布内蒙古自治区养老服务扶持政策措施的公告》整理而得。

第二,从业人员培训补贴。为了不断提高养老护理员等康养服务从业人员职业素质,民族地区开始对医养结合养老服务人才培训给予补贴,补贴涉及实训基地建设、职业技能培训、专业技术培训、管理人员培训等方面。如表8-5所示,民族八省区中,除了西藏和青海外,其他六个省区先后出台了培训补贴或职业技能鉴定补贴的政策。

第三,养老护理员积分落户政策。内蒙古将人才队伍激励作为养老服务业的重点内容,一方面,对于从事养老护理员的非本地户籍从业者,可根据工作年限、职业等级等,给予相应的积分落户政策倾斜。另一方面,对于有意愿从事相关养老行业的个体,通过新型学徒制的带薪学习、按需培养方式,使其在相关试点企业中完成技能训练。

表8-5　全国明确养老服务职业技能鉴定补贴或培训补贴政策的省份分布①

是否明确 地区	东部地区	中部地区	西部地区	民族八省区
明确	9个:北京、上海、浙江、福建、江苏、河北、天津、山东、海南	4个:湖北、湖南、安徽、江西	7个:贵州、新疆、甘肃、云南、内蒙古、宁夏、广西	6个:贵州、新疆、云南、内蒙古、宁夏、广西
未明确	1个:广东	2个:山西、河南	5个:青海、陕西、重庆、四川、西藏	2个:青海、西藏

第三节　加强养老服务人才队伍建设的对策建议

民族地区正步入人口老龄化加速发展阶段,老年人对多层次、多样化健康养老服务的需求不断增长,需要大量健康养老服务人才提供服务。但是,目前民族地区医养结合养老服务人才队伍存在三个方面的问题:一是人才总体供

① 王振耀:《中国社会政策进步指数报告(2019)》,中国发展出版社2019年版,第133—135页。

给不足,医养结合机构养老护理员匮乏,社区专业人才队伍缺乏;二是医养结合养老服务人才结构不优、专业化水平低,职工年龄偏大、学历低,机构、居家社区养老中养老护理员分布不均衡,农村医养结合养老服务专业化程度低;三是人才激励政策落实难,激励力度不够,由于劳动强度大、薪酬福利待遇低、社会认可度低和晋升路径不明确,具有专业资质的医生、护士往往不愿到养老机构任职,导致养老机构医护人员不足,无法开展专业康复护理服务,养老机构存在招聘员工困难和人员流失现象。上述问题已成为阻滞民族地区医养结合养老服务体系可持续发展的主要因素。

目前民族地区养老护理人员短缺和从业专业技术人才"断层"等突出问题,导致人才队伍整体建设水平不能与老年人健康养老服务需求日益增长、医养结合养老服务体系构建相适应。解决民族地区医养结合养老服务人才问题,应拓展专业教育,创新培养培训机制,建立从业人员奖补激励制度,提高人才数量和质量,从而打造一支适应健康老龄化发展需求、结构合理、素质优良、精干高效的养老服务人才队伍。

一、加强多层次人才梯队建设,创新人才培养模式

第一,构建多层次医养结合养老服务人才梯队。通过加大人才队伍建设力度,打造一支适应健康老龄化发展需求、结构合理、素质优良的养老服务人才队伍。一是扩大中专和高职教育层次医养结合养老服务人才培养规模,鼓励中等职业学校及高职院校,加强基础、职业型医养结合养老服务专业人才培养力度,增加向社会输送相关高技能、专业化人才。二是鼓励高等院校和中职教育机构在专业设置和课程增设方面加大投入力度。专业方面,以资源倾斜和政策优惠引导各类高校设立老年学、老年服务与管理、健康管理等相关专业,扩大养老服务人才储备。课程方面,将老年医学、心理照护、营养与保健等课程以必修课和核心课的形式纳入相关专业培养大纲,促进培养的体系化和正规化。三是鼓励执业医生、持证护士到医养机构服务,医养机构设置社会工

作岗位、引进专业服务团队和志愿者队伍,努力打造一支立体式医养结合人才队伍。

第二,创新养老服务人才招生培养和就业保障机制。积极引导和鼓励学校通过增加招生计划、单独招生、校企合作和订单定向培养等多种措施,不断扩大医养结合养老服务业技能人才的培养规模。可参考"免费培养师范生"政策,借助央地财政共同承担的"免费养老护理员培养专项基金",在部分区域试点养老服务人才订单式培养,通过将社会急需、处于弱势地位的养老护理类专业人才招生培养纳入国家职业教育重点目录,增强医养结合养老服务专业的吸引力,解决其招生难的问题。

第三,探索养老护理员校企合作的订单式人才培养方式,建立相关毕业生就业保障机制。医养结合养老机构负责制定知识和技能要求,委托相关高校和职校进行具体培养工作,免费养老护理员在入学前,先与民政部门或用人单位签订协议,保证培养的学生毕业后从事一定年限的养老护理工作。地方政府建立毕业生入职补贴制度,鼓励吸引各类毕业生从事医养结合养老服务工作。

二、扩大职业技能培训规模,建立分层分类培训体系

一是通过政府购买服务或发放补贴的形式,扩大职业技能培训规模。借鉴上海经验,不管是具有培训能力的养老机构自主开展养老护理员从业技能培训,还是不具备培训能力的养老机构委托具备资质的各类院校、社会组织开展养老护理员从业技能培训,都给予培训费补贴。同时,对养老机构开展的学徒制培训给予补贴,将学员的误工、交通等纳入补贴范围。

二是构建囊括市、县、机构三级的分类人才培训体系。通过分层、分类培训,确保每年对辖区内养老护理人员开展一次全员培训。市级层面,每年组织实施全省养老护理机构负责人培训,以及专业护理员能力提升示范性培训;县级层面,每年组织开展养老护理机构护理员职业技能培训;养老护理机构自行

开展养老服务人员入职培训。将养老护理员职业技能培训所需资金纳入本市职业技能提升行动专项资金支付范围,同时,对培训合格取得结业证书的,按照人次标准对养老护理机构进行补贴。

三是实施养老护理人才能力提升培训。借鉴北京市经验,由市、县民政部门通过政府购买服务或委托专业培训机构的形式开展,对养老护理机构负责人、养老护理员、医疗护理专业技术人员、老年社会工作者、心理咨询师等进行分类培训。将养老护理人才能力提升培训资金纳入省、市、县年度财政预算。

三、专业培养培训和志愿力量并举,补齐农村人才队伍短板

首先,挖掘和开发农村照护服务人力资源,打造一支本土化照护服务团队。动员和挖掘农村待业人员、灵活就业人员、低龄老人、农村妇女等农村富余劳动力经过专业培训,从事照护服务,通过专业化的照护知识与技能培训,提高其专业化、职业化水平,打造一支农村本土化的照护服务队伍。

其次,优化农村医养结合养老服务职业教育培训。充分发挥为老服务类社会组织的功能,采用远程培训、集中培训、送教上门等多种培训方式,为农村各类养老机构从业人员、有意向从事养老服务的富余劳动力、有需求的农村家庭子女等提供照护能力提升行动。同时加大农村养老服务人才培养开发力度,通过定向培养计划、特岗计划、公益岗位津贴等人才激励保障措施吸引留住高职、中职等院校相关专业毕业生从事农村医养结合养老服务事业。

最后,构建村级互助养老志愿者服务网络,提升志愿者专业技能水平。农村互助养老主要是低龄老年人利用闲暇时间照顾失能、高龄老年人的一种养老模式,主要有时间银行、低偿服务、志愿服务等模式。针对照护人员缺乏专业的照护知识和技能,政府可以通过购买服务形式,促进为老组织或社会工作机构培训本土养老服务人员,为农村互助养老提供培训支持,提高互助人员的照护能力。

四、建立养老护理从业人员奖补激励制度

一是建立毕业生入职奖励补贴制度,鼓励和引导养老护理相关专业毕业生进入健康养老服务业。可以汲取北京市的经验,在健康养老服务入职奖励上,放开人为设置的专业、职位限制条件,做到"能给尽给、应给尽给"。同时,优化补贴发放方式,根据入职时间分次发放补贴。鼓励相关专业在校学生到医养结合机构实习实训,按照一定标准给予实习实训补贴,从而吸引优秀毕业生留在健康养老服务行业。眼下省级层面养老护理员奖补激励政策在东、中、西部省(自治区、直辖市)开始陆续落地。

二是建立养老护理岗位津贴制度,吸引养老护理专业人才、稳定人才队伍。一方面,以岗位奖励津贴的形式提高基层社区和养老机构中专职从业者的薪酬水平,破解养老护理员招聘困难、长期供给不足等问题;另一方面,以岗位补贴激励工作人员提升养老护理水平,对拿到职业资格证书和通过技能等级评定的养老护理员给予专项奖励津贴。

三是培养养老护理员职业荣誉感。各企业、机构、团体可联合专业院校定期举办与养老服务职业相关的比赛,对于取得优异成绩的养老照护人员给予奖励,加强高素质人才的宣传,发挥标杆带头作用,提高社会认可度。

五、以家庭照护者专项补贴,助力非正式照护人才队伍扩充

传统家庭养老模式是指老年人的养老主要依靠家庭成员,在我国延续了数千年的历史,子女供养父母并提供日常照护,不仅符合我国养老文化和孝道伦理,也是子女法定的义务和责任。根据第四次老年人生活调查数据,民族地区城乡老年人与子女长期居住的意愿高于全国老年人平均水平,即更愿意选择居家养老。鉴于此,尽管健康养老服务有其内在专业性要求,但并非要完全仰仗于科班出身的专业人士来完成,接受培训的家庭成员也可以胜任部分照护工作。因此,在应对养老服务人才短缺问题,可以通过非正式的养老服务人

才照护去缓解。

为照护老人的子女提供护理补贴,支持家庭承担照护功能。家庭照护不仅能为老年人提供经济上的帮助,由于彼此熟悉,更能从情感方面给予关怀。家庭养老床位或家庭病床建设可以实现将专业化的健康养老服务延伸到老人家中,已经成为居家社区健康养老服务的一项重要试点内容,是养老服务改革中符合养老传统的创新举措,可以实现居家社区机构养老服务的协调发展。①目前正在北京、上海、杭州、青岛等少数城市试点。试点地区政府对家庭养老床位的补贴主要包括对申请家庭养老照护床位适老化改造给予补贴、对符合条件的老年人给予补贴和政府购买上门照护服务三个方面。今后可尝试将失能老年人家庭照护者的专业培训列入政府服务购买清单,引导社会组织和民营机构满足家庭照护技能学习需求,对有需求且有一定照护能力的家庭成员提供照护资助,激励失能老人的子女亲自照顾老人,积极承担照护责任。通过加强对家庭照护者的指导与资助,弘扬敬老孝老美德,支持子女积极参与到医养结合养老服务提供过程中。在民族地区广泛建立长期护理保险后,逐步提高对家属的资助。

---

① 雷耀:《把专业化的养老服务延伸到老人家中——北京市海淀区加快推进家庭养老床位建设》,《中国社会报》2021年3月26日。

第九章　民族地区医养结合养老服务技术支持体系构建

　　自 2015 年"互联网+"行动提出至今,以大数据、云计算、人工智能为核心的信息技术已成为政府创新服务的方式、提升治理效能的重要工具和关键抓手。具体到养老领域,面对人民日益增长的健康养老保障需求,以科技为轴心的智慧健康养老服务不仅实现了传统的养老服务升级改造,切实解决了老年服务的质量问题以及养老资源配置问题,更有效提升了老年人的幸福感和满意度,①这对医疗卫生资源相对紧缺、人力物力较为分散、养老服务保障水平欠佳的民族地区无疑指明了方向,即以智慧健康养老助推民族地区医养结合养老服务体系优化。②

　　鉴于此,本章从技术视角出发,在系统梳理智慧健康养老的内涵与相关文献的基础上,选取若干发达地区与民族地区智慧健康养老成功案例,通过剖析案例中技术嵌入的具体做法和实现机制,提取案例中的一般性经验,以期建立民族地区智慧健康养老服务技术支持体系。

---

　　①　青连斌:《"互联网+"与养老服务社会化》,中国劳动社会保障出版社 2020 年版,第 8—16 页。

　　②　巩英杰、张媛媛:《"互联网+"视角下养老服务产业转型升级路径研究》,《宏观经济研究》2020 年第 3 期。

第一节　智慧健康养老内涵及研究状况

一、智慧健康养老内涵：医养结合的技术要素

智慧健康养老（Smart and Healthy Ageing）主要指通过以用户为主导的整合智能数字解决方案，实现对想法、技术、用户需求和流程的动态匹配，进而为功能和能力下降的老年人提供有效支持的新型养老模式。智慧健康养老并不是简单的"技术解决主义"，而应将智慧手段视作是连接社区、机构、服务提供者和老年人群体的纽带，它的目标是支持健康老龄化。于潇等学者将智慧健康养老视作一个以智能设备为基础，以线上服务平台为中枢，以实现医养资源有效衔接为目标的闭合供需链条。[①] 张锐昕等则将智慧养老定义为一种可被用于升级和优化传统养老的服务模式，它可通过嵌入—赋能—增慧这一路径发挥作用。[②]

从上述学者的观点可以看出，智慧健康养老服务作为被赋予新内涵的医养结合模式，并非医疗卫生服务与养老服务的简单机械叠加，而是通过互联网、云计算、人工智能、大数据的技术赋能，对医养结合领域内的资源进行整合优化，对既有服务内容、服务供给和服务效能进行升级改造，来提升健康养老服务覆盖率、效率、质量水平。

为此，在综合国内外学者观点后，本书将智慧健康养老的内涵界定为：以老年人需求为导向，利用互联网、大数据等信息技术手段，通过线上与线下融合、数字化赋能对传统养老模式进行系统整合和升级改造的一种新型养老服务模式。

---

① 于潇、孙悦：《"互联网+养老"：新时期养老服务模式创新发展研究》，《人口学刊》2017年第1期。

② 张锐昕、张昊：《智慧养老助推养老服务体系优化：思路与进路》，《行政论坛》2020年第6期。

二、智慧健康养老相关研究日益丰富

自 2015 年官方提出"促进智慧健康养老产业发展"这一表述后,相关研究开始呈逐年上升态势,本书在归纳相关文献后,将已有研究成果分为以下几类:

一是关于智慧健康养老服务模式的研究。如金心宇等人提出现有"医养结合"模式面临着高质量医护资源不足的问题,故应以大型医院为支撑,建立"医养智慧联动"的养老体系。① 智慧居家养老、智慧医疗养老、智慧机构养老、智慧城市养老,是我国发展过程中较为典型的四种智慧健康养老模式。②

二是智慧健康养老的产业发展研究。巩英杰、张媛媛从产业转型升级的角度,提出应从市场、政府、技术、服务、品牌五个层面提升养老服务产业的核心竞争力、破除其发展障碍。③ 张博则强调了在老龄化已成既定事实的当下,"互联网+智慧健康养老"因具有广阔市场前景、巨大消费潜力、重要社会价值,可被视作新经济范畴下的新兴产业,应予以重点关注。④ 韦艳、徐赟运用PEST 方法分析了陕西省智慧健康养老产业发展中出现的困境,并据此提出有针对性的优化路径。⑤

三是关于智慧健康养老的平台建设。万立军、王琳、刘宗波在整理国内外智慧养老平台建设、应用、运营等研究成果后,提出应从老年人需求出发,对智慧养老平台展开创新。⑥ 梁磊、郭凤英基于"时间银行"理念,结合北京"寸草

---

① 金心宇、夏琦、张唯等:《"医养智慧联动"的养老模式研究与探索》,《中国工程科学》2018 年第 2 期。

② 张雷、韩永乐:《当前我国智慧养老的主要模式、存在问题与对策》,《社会保障研究》2017 年第 2 期。

③ 巩英杰、张媛媛:《"互联网+"视角下养老服务产业转型升级路径研究》,《宏观经济研究》2020 年第 3 期。

④ 张博:《新时代新经济:智慧健康养老产业及发展路径》,《兰州学刊》2020 年第 6 期。

⑤ 韦艳、徐赟:《智慧健康养老产业发展的困境与路径——以陕西省为例》,《西安财经大学学报》2020 年第 3 期。

⑥ 万立军、王琳、刘宗波:《国内外智慧养老平台现状》,《中国老年学杂志》2020 年第 5 期。

心"平台的运行实践,提出应构建线上线下结合的互助式养老平台。[①]

四是智慧健康养老的困境及出路研究。廖楚晖提出当前智慧养老领域存在总量供给不足、供需结构失衡等问题,需要在总体协同视角指导下构建资源合理、机制健全、评价科学的智慧养老服务体系。[②] 孔伟艳基于需求—供给视角对我国当前互联网养老服务发展中出现的问题、背后的原因等进行深入分析后,就供需双侧结构性改革给出了具体建议。[③]

可以看出,既往成果已从服务模式、产业发展、平台建设等角度对健康智慧养老开展了广泛的研究,这为本书研究提供了一定参考。但是上述研究多将大数据、物联网等信息技术作为不言自明的前提预设,对"智慧健康养老"与"医养结合养老"之间如何有效衔接仍有待深入研究,对基础薄弱的民族地区关注度相对不足。

第二节　智慧健康养老的技术效度及机遇

一、有效整合医养资源

目前,养老服务供给主体的多样性进一步扩大了医养资源分布的非均衡性,这衍生了如下问题:一是养老资源和医疗资源总体供给量不足,既难以满足老年人的基础性养老需要,也难以满足日益增多的高品质养老需求;二是养老资源和医疗资源链接不够,资源配置的分散化、碎片化、随意化,导致社会资源不能充分为民所用,效率低下、供需错位等问题较为突出。而借助互联网赋能,医养资源精准供给与整合链接成为可能,其优越性主要体现在两个方面:

---

① 梁磊、郭凤英:《基于"时间银行"养老平台模式体系研究及实践》,《新疆社会科学》2016年第3期。

② 廖楚晖:《智慧养老服务总体性问题破解与实现路径》,《经济与管理评论》2019年第6期。

③ 孔伟艳:《推动"互联网+"养老服务的供需双侧改革》,《宏观经济研究》2018年第8期。

一是整合大数据信息,推动养老资源供需平衡。通过构建涵盖养老数据采集、分析和应用的数据链条,在供给和需求之间搭建桥梁,使供给主体能够更为准确地识别老年人的现实需求,更为有效地评估现有资源存量和养老需求间的动态平衡关系,并更为快速精准地将养老产品或服务传递到所需人群手中,降低了可能的需求识别错误与资源浪费的风险。

二是整合碎片化资源,实现资源的充分利用。在应用信息平台系统整合老年人健康信息与社区内各类服务资源后,智慧健康养老既能为本社区老人提供医养康养相结合的专业化服务,也能借助远程医疗协作、医联体建设等举措推进优质医疗资源的纵向流动、上下贯通。由此可见,智慧养老不仅整合了分散的医养资源,也推进了优质医养资源下沉社区。

二、实现养老服务供需精准化对接

受信息不对称影响,传统养老服务发展中存在着普遍的供需脱节。具体来说,有两方面的问题:一方面是养老服务供给方无法满足老年人的养老需求,即"所供欠所需";另一方面是养老服务提供者供给的养老资源过多,导致与老年人的实际养老服务需求远不相符,即"所供超所需"。而新的养老服务模式下,可通过科技手段将养老服务资源供给与老年人的养老服务需求进行精准化对接,在发现资源供给"所供超所需"时,适时缩减过多或无效投入,在"所供欠所需"时,有针对性地增加供给,补足差额。其具体的实现路径为:

一是借助养老智慧云平台及其他智慧养老服务,打破供需双方之间的信息壁垒,消除养老服务信息不对称问题。一方面,信息资源的流动共享为供给主体精准识别老年人养老服务需求,匹配符合其所需养老资源奠定了坚实基础。另一方面,常态化、高频次的信息资源互联互通,有助于实现供给主体间的良性互动与养老服务产业的转型升级。

二是这样的精准对接方式既满足了老年人的需求,又解决了养老服务的供需错位问题。通过将老年人的养老服务需求及时地递送给养老服务供给方,对老年群体来说,真正实现了有需求就有供给,供给和需求之间形成了有效循环。对服务提供方而言,则可以通过汇集老年人需求偏好,进一步优化资源配置、提升服务品质和改善供给格局,这无疑是一个双赢的结果。

三、助推传统健康养老产业转型与升级

受养老资源匮乏、建设成本较高、人才供给不足等因素的制约,传统养老服务产业长期面临群众满意度不高、服务效率低下、整体质量欠佳的困境。然而以 5G 技术、物联网、大数据为核心的技术,在推动我国城市建设发展和优化基层治理生态的同时,亦为智慧健康养老的转型升级提供了客观条件。具体来看:

一是打通供需障碍,破解结构比例失衡。通过整合公安、医疗、社保、民政等多部门资源,养老产业的主体参与者得以精准识别复杂多样的养老需求。由此,供给侧的要素配置能够被更好地引导至百姓呼声高、需求多的短板领域,价格机制得以发挥调控作用。

二是简化中间程序,助力产业升级。互联网技术对传统养老服务行业的升级改造,不仅能有效缩短供给和需求之间的传输链条,助力养老服务行业提升效率和服务质量,更能在"线上"和"线下"的融合过程中,统筹联合养老服务供给侧资源,能够推动专业机构服务向社区延伸、向用户靠拢,也能推动养老服务产业向更专业、更标准的方向发展。[①]

四、政府加强智慧养老政策制度供给

为应对日趋严峻的老龄化社会现实,保障老年人养老生活,切实提升老年群体的获得感、幸福感、安全感,近年来中央政府及相关部门相继出台了各种政策,目的是激励各地方政府、市场机构以及社会力量积极探索智慧技术与养

---

① 耿永志、王晓波:《"互联网+"养老服务模式:机遇、困境与出路》,《深圳大学学报(人文社会科学版)》2017 年第 4 期。

老模式相结合的可行路径,以期在全域深度老龄化到来时顺利实现由传统养老模式向智慧健康养老的成功转型。

表 9-1　2016—2020 年智慧养老相关重要政策文件

出台年份	发文机构	文件名称	文件内容
2016	国务院办公厅	《国务院办公厅关于全面放开养老服务市场提升养老服务质量的若干意见》	以老年人需求为导向,研发适合老年人的智能设备和产品,提出要实现养老信息共享,打通共享渠道,推进供给方与需求方的信息对接,实现公共资源全面开放
2017	工业和信息化部、民政部、国家卫生计生委	《智慧健康养老产业发展行动计划(2017—2020 年)》	以互联网为载体,培育智慧健康养老服务新模式,不断推动智慧养老商业模式的创新
2019	国务院办公厅	《国务院办公厅关于推进养老服务发展的意见》	明晰各相关部门的职责分工,加快互联网技术对养老服务产业的升级改造,让科技切实作用于养老服务领域
2020	国务院办公厅	《国务院办公厅关于切实解决老年人运用智能技术困难实施方案的通知》	通过适老改造、服务优化、流程再造等举措助力老年人共享信息化发展成果、智享健康养老生活

资料来源:根据 2016—2020 年国家层面出台的相关文件整理所得。[1][2][3]

可以看出,在将智慧健康养老服务体系逐步上升至国家战略层面后,上述智慧养老文件(见表 9-1)推动了智慧养老试点工作,统一了智慧健康养老服务标准。在市场方面,为扩大养老服务产品供给、促进养老产业发展,破除了体制机制性障碍。在个体方面,则着力解决老年人智能技术运用中的"痛点""难点"问题,让老年人乐享数字生活。

---

[1]　工信部、民政部、国家卫生计生委:《智慧健康养老产业发展行动计划(2017—2019年)》,2017 年 2 月 20 日,见 http://www.mca.gov.cn/article/gk/ghjh/201801/20180115007164.shtml。

[2]　国务院办公厅:《国务院办公厅关于推进养老服务发展的意见》,2019 年 3 月 29 日,见 http://www.gov.cn/zhengce/content/2019-04/16/content_5383270.htm。

[3]　国务院办公厅:《国务院办公厅印发关于切实解决老年人运用智能技术困难实施方案的通知》,2020 年 11 月 15 日,见 http://www.gov.cn/zhengce/content/2020-11/24/content_5563804.htm。

五、国内智慧养老试点地区提供了可供借鉴的经验

为响应中央政府"发展社区嵌入式养老,培育智慧养老等新业态"的号召,各地政府因地制宜地展开了智慧健康养老探索,其中发达地区较为典型的案例有:

(一)上海:"迷你嵌入型"智慧养老

作为率先进入深度老龄化的城市之一,上海老龄化整体呈现出老年人口基数大、超高龄群体比例高、养老服务体系负担重等特征。因此,较其他中西部省份而言,上海很早就开始探索如何在既有条件约束下实现养老模式的更新换代。而互联网技术的迅速发展与爆发性普及,为上海实现从"养老"到"享老"式的跨越提供了契机,其改革发力点主要集中在政策配套、模式更新、技术更新三个方面。

政策方面,上海将政策对智慧养老发展的"推手"效应落到了实处,在政策推动下,"长者照护之家"这一以居家为基础、社区为依托、养老机构为支撑的新型社区嵌入型养老服务模式脱颖而出,被列为市政府实事项目之一,并在中心城区和郊区城市化区域的各街镇进行全覆盖推广。

模式方面,"长者照护之家"主要特征为迷你型和嵌入型,迷你型是因为它的规模相对较小,采取直接嵌入小区的形式,还可以辐射到周边社区,而且投入成本也相对较低,可在社区内为老年人提供方便快捷的养老服务。

技术方面,它是基于互联网等大数据开发的虚拟养老系统,通过智能设备实时检测老年人的身体健康状况,并通过大数据云分析,为老年人提供合适的养老服务资源。同时可以对老年人进行安全检测以及报警服务。"长者照护之家"的可借鉴之处在于老年人可以在熟悉的生活环境里就近享受到专业的医养服务,通过采用以政府为主导,以市场为导向,以企业为主体的公建民营运行方式,既释放了市场活力,又规避了可能的风险。

（二）北京："智慧安全养老社区"

早在 2015 年国家提出"互联网+"行动计划前,北京就提出要探索适合本市的智慧养老新模式,推进智慧化与医养结合深度融合,大力发展"互联网+养老"服务。

在市级层面的不断推动下,北京石景山区八角街道着重探索了以安全为核心的智慧养老新模式:智慧安全养老社区应急服务,该服务是以智慧养老指挥中心为总控台,配备应急指挥人员以及救援人员,24 小时换岗对社区进行巡视检查,一旦接到救助信号,便快速到达现场,全力保障老年人生命安全。该模式将云端智能化产品和地面救援服务有机结合,打造了"地面+云上"的全天候立体化养老模式,真正做到了全方位多角度保障老年群体的身体健康和生命安全。

"地面"是指社区为高龄弱势老年人配备云端智能手环以及居家安防设备,老年人一旦发生危险,可通过智能设备发出紧急求救信号,总控台收到信息后会在第一时间调派距离最近的地面救援人员到达现场,提供救援帮助。

"云上"是指结合配套的智能硬件设备、行动轨迹层面,智慧养老指挥中心可即时获取老年人的实时定位、现行轨迹和历史轨迹,实现对老年人的精准定位。健康监测层面,指挥中心可通过大数据动态监控老年人的身体健康状况,一旦出现异常,随时待命的专业救援队伍可立即赶往现场。

第三节　民族地区智慧健康养老发展状况及主要实践模式

一、智慧健康养老发展状况

自 2017 年智慧健康养老应用试点工作全面启动以来,各民族地区以推进国家智慧健康养老应用试点为契机,相继结合自身发展需求及区位特点,展开了不同主题、不同形式的智慧养老服务模式创新。具体名单如表 9-2 所示:

表 9-2　民族地区国家智慧健康养老应用试点示范名单列表[①②③④]

试点示范类型	应用试点示范名单	省区	批次
智慧健康养老示范企业名单	冠新软件股份有限公司	新疆维吾尔自治区	第一批
	宁夏宁居通养老服务有限公司	宁夏回族自治区	第二批
	包头市钢兴实业(集团)有限公司	内蒙古自治区	第三批
	云南昆钢养生敬老有限公司	云南省	第三批
	云南珂珂物业服务有限公司	云南省	第四批
	贵州省广播电视信息网络股份有限公司	贵州省	第四批
	林芝梦航文化培训有限责任公司	西藏自治区	第四批
	固原银海科技有限责任公司	宁夏回族自治区	第四批
	太和自在城股份有限公司	广西壮族自治区	第四批
智慧健康养老示范街道(乡镇)名单	玉溪市江川区大街街道	云南省	第一批
	玉溪市华宁县宁州街道	云南省	第一批
	玉溪市峨山县双江街道	云南省	第一批
	阿勒泰地区福海县福海镇	新疆维吾尔自治区	第一批
	昌吉州昌吉市绿洲路街道	新疆维吾尔自治区	第一批
	吴忠市利通区金星镇	宁夏回族自治区	第二批
	银川市兴庆区凤凰北街街道	宁夏回族自治区	第二批
	贵阳市云岩区贵乌社区服务中心	贵州省	第三批
	巴彦淖尔市临河区车站街道	内蒙古自治区	第三批
	桂林市恭城瑶族自治县平安镇	广西壮族自治区	第三批
	林芝市鲁朗旅游小镇(鲁朗镇)	西藏自治区	第四批
	石嘴山市大武口区青山街道	宁夏回族自治区	第四批

---

① 工业和信息化部办公厅、民政部办公厅、国家卫生计生委办公厅:《三部门关于开展智慧健康养老应用试点示范的通知》,2017 年 8 月 4 日,中华人民共和国工业和信息化部官网,见 https:// www.miit.gov.cn/zwgk/zcwj/zcwj/wjfb/dzxx/art/2020/art_dcff3db7f12242319c80f65c7477afd7. html。

② 工业和信息化部办公厅、民政部办公厅、国家卫生计生委办公厅:《第二批智慧健康养老应用试点示范名单公示》,2018 年 11 月 21 日,中华人民共和国工业和信息化部官网,见 https://www. miit. gov. cn/jgsj/dzs/gzdt/art/2020/art_4921e41be7bb486084e6b39270099041. html。

③ 工业和信息化部办公厅、民政部办公厅、国家卫生计生委办公厅:《第三批智慧健康养老应用试点示范名单公示》,2019 年 10 月 24 日,中华人民共和国工业和信息化部官网,见 https://www. miit. gov. cn/jgsj/dzs/gzdt/art/2020/art_f334ec1caf6c4b0bbff85731e97aba67. html。

④ 工业和信息化部办公厅、民政部办公厅、国家卫生计生委办公厅:《第四批智慧健康养老应用试点示范名单公示》,2020 年 11 月 5 日,中华人民共和国工业和信息化部官网,见 https://www. miit. gov. cn/jgsj/dzs/gzdt/art/2020/art_5dc95c5cc47b4615a88a87831b34070c. html。

续表

试点示范类型	应用试点示范名单	省区	批次
智慧健康养老示范基地名单	玉溪市智慧健康养老示范基地	云南省	第一批
	昌吉州玛纳斯县智慧健康养老示范基地	新疆维吾尔自治区	第一批
	昆明市官渡区智慧健康养老示范基地	云南省	第四批

二、智慧健康养老的主要实践模式及经验

（一）石嘴山："智慧养老+家庭医生"

作为国家智慧健康养老示范基地以及居家和社区养老服务改革的双重试点城市，宁夏石嘴山市在探索养老模式创新时，更注重以居家为基础，以智慧养老平台建设为突破口，在引入专业化服务运营商和社会组织的同时，逐步建成集政府、社会、企业多方资源于一体的多元养老服务体系。

其最具特色的工作为针对养老服务薄弱的乡村地区开展"互联网+家庭医生"服务，具体步骤如下：第一，家庭医生签约服务。以村镇级基层卫生机构和乡村全科执业医师为主体，综合医院专家团队为辅助的诊疗队伍，借助电子签约平台，在全市范围内推广家庭签约系统，落实"一对一"签约工作，提升老年人、慢性病患者等重点人群的电子签约率。第二，实现家庭医生上门服务。除借助家庭医生电子签约平台实现日常健康咨询、信息推送等服务外，通过考核监督、业务培训等环节将家庭医生对老年群体的定期随访工作进一步落实落细，真正实现把优质服务送到家，让城乡老年人共享优质医疗服务。

（二）南宁："互联网+医疗健康"

为将智慧医疗落到实处，切实做到为老、助老、惠老，广西南宁市在自治区制定的智慧养老政策指导下，积极推进"互联网+医疗健康"及智慧医院建设

等工作。其优势主要体现在：

第一，构建线上线下一体化的养老服务模式。线上服务方面，鼓励医疗卫生机构与第三方机构共同搭建互联网信息平台，实现优质医生在平台上开展远程问诊、健康管理等服务，从不同角度推进"互联网+医疗服务"；线下服务方面，利用系统平台的优势，患者健康信息得以在区域医疗机构间互通共享，这极大地简化了患者转诊程序，降低了就医检查成本。

第二，全面推进"互联网+药品保障"工程。从效果来看，借助由专业大数据公司"云宝宝"研发的"处方共享购药"平台，南宁当地老年人可以更方便快捷地获取所需药品，相关管理部门则能有效跟踪处方流转信息，开展药事服务监测。从长期效果来看，电子处方与药品销售信息的互联互通、实时共享，极可能在未来对控制药费开支、解决药价过高等问题提供有效数据支撑。

第四节　民族地区医养结合养老服务技术支持体系构建的思路

智慧健康养老服务具备高效性、精准性、互动性等优点，被视为是解决民族地区健康养老难题的必然选择，然而从当前民族地区的实践来看，智慧健康养老的良性发展仍面临着如下问题：一是智慧健康养老服务相关配套机制缺失，智慧社区养老综合服务平台建设滞后，各部门、各机构乃至各社区所用信息平台并不统一，"医养"信息互联不畅；二是数字安全和智能设备运用是制约智慧社区养老服务体系建设的重要因素，当前智慧社区养老服务平台系统建设不完善，老年人的私人信息容易泄露，进而引发信息诈骗、忽悠消费等安全事件。同时，老年人对智能设备的认知、使用存在障碍，"不会用""不能用"智能设施的老年人所占比例较高。由此可见，"数字鸿沟"已成为制约民族地区构建医养结合养老服务体系可持续发展的关键因素。

一、建立市级统一的智慧健康养老数据云平台

一是打造服务于政府、医养结合机构、供应商、老年人等多元主体的一体化信息服务平台,集智慧调度中心、质量监测、信息数据中心、健康云等系统为一体,既为健康养老服务行业管理提供便利,也为老年人提供更加精准、专业化的服务和信息。二是通过市、县、镇三级联动,构建完善的智慧健康养老数据云平台。市级政府牵头推进智慧健康养老服务平台建设,通过政府购买服务的形式委托信息科技类公司开发、建设、运营健康养老信息平台建设。县(区)、镇(街道)负责本辖区健康养老服务与管理信息化建设,并指导、督促辖区内相关服务机构做好健康养老服务数据采集、更新等工作。在市级层面打通公安人口数据库、卫生健康委公共卫生数据库、民政养老服务需求评估数据库、人社社会保险缴纳信息、护理员资格信息数据库等信息,未来随着长期护理保险制度的建立,还可并入长期护理保险参保结算数据库。

二、解决智慧健康养老信息对接与共享问题

智慧健康养老服务平台旨在通过健康养老服务大数据和资源的共享、联动和共用,破除可能的信息"孤岛效应"。一是利用信息平台汇聚线下服务商。汇聚辖区内医养结合机构、养老机构、日间照料中心、社区为老服务中心、护理院、助餐点、幸福院等机构的详细信息,及时更新床位、价格、距离、服务内容等信息。二是对跨部门的信息资源进行无缝整合。接入卫生健康委掌握的老年人电子健康档案数据,链接民政部门拥有的老年人护理津贴、高龄津贴、养老服务津贴、老年人养老服务需求评估数据。以上数据向辖区内相关政府部门、医养结合机构、供应商、老年人及家人开放。三是平台运营企业可以利用大数据、物联网、互联网等技术,采集、挖掘、分析老年人健康养老服务需求、照护、康复数据,提出照护优化方案。四是老年人、家属、基层健康养老管理部门利用"智能腕表"、微信公众号、APP、二维码等技术,随时享受智能查询、养

老顾问、服务地图等方便快捷的服务。

三、"以点带面",加快典型经验的整体推广

在 2017 年工信部发布智慧健康养老试点名单后,民族地区的智慧健康养老试点示范工作开始陆续拉开帷幕。整体上看,民族地区对智慧健康养老试点模式及经验总结推广不够。民族地区能够提供智慧健康养老信息平台、产品、服务的示范企业数量还十分有限,智慧健康养老示范基地建设滞后,在市级、县级层面还未形成示范带动作用和产业集聚效应,在乡镇和街道层面还未形成对产品和服务的规模性推广。为此,除在省级层面加强国家级试点示范申报工作外,应通过市级智慧健康养老典型案例评选和典型案例服务模式、技术特点的总结和推介,来更好地动员基层政府和社会力量参与,进而实现典型经验和典型模式的全区性应用。

四、推动多元主体共同参与、协同发力

智慧健康养老涉及的部门、行业多,产业链长,通过智慧健康养老助推医养结合,离不开市场、社会主体的参与。

一是纵深推进放管服改革。为更好地释放社会主体活力,政府应加快推进智慧健康养老服务放管服改革,降低健康养老企业准入的制度性成本,优化营商环境,市、县、街道政府联合相关企业发展智慧健康养老新业态,支持相关企业开发智慧健康养老产品、软件和服务,支持形成区域内品牌性、连锁性智慧健康养老企业。

二是制订民族地区地方智慧健康养老行业标准。结合老年人和智慧健康养老服务企业需求,牵头地方行业协会制定并完善智慧健康养老行业标准和市场规范,为推广智慧健康养老提供准则和依据。

三是推动市、县政府与科技助老类企业或组织合作。采用政府补贴与市场化运作相结合的方式,利用智慧健康养老信息平台,为辖区内老年人提供各

类智慧健康养老服务。以政府购买服务方式,为失能、高龄独居、"三无"、"五保"等困难老年人提供应急呼叫、紧急救助、上门照护、心理关爱等智慧化服务,在政府统一引导下,丰富服务内容,降低服务价格,提高服务质量。

四是借鉴国内发达地区经验,推行家庭养老床位项目,将智慧健康养老服务作为其重要的服务内容。根据老年人居住条件和照护需求,经老年人家属申请,为居家老年人配置智能护理床位、紧急呼叫、体征监测等智能设施设备,为开展上门照护、呼叫、康复护理等服务提供智慧设备和技术支持。同时,在老年人家庭适老化改造过程中将特殊困难老年人家庭所需的健康监测、智能养老类设施设备纳入当地适老化改造范围。

第十章 总结与政策建议

第一节 民族地区医养结合养老服务体系
建设努力的方向

党的十九届五中全会将积极应对人口老龄化上升为国家战略,审议通过的《中共中央关于制定国民经济和社会发展第十四个五年规划和二〇三五年远景目标的建议》(以下简称《建议》),强调未来我国要"构建居家社区机构相协调、医养康养相结合的养老服务体系",并将其作为积极应对人口老龄化的重要举措。《建议》关于养老服务体系的重要部署和论述,为民族地区医养结合养老服务体系构建指明了方向、提供了遵循,但民族地区构建医养结合养老服务体系还存在"难点""堵点""痛点"问题。

一、推动医养结合养老服务体系均衡发展,需要补齐关键短板

完善民族地区医养结合养老服务体系,需要进一步优化供给结构和医养资源配置,解决医养结合养老服务发展不平衡不充分、有效供给不足、市场活力尚未充分激发等问题,具体包括:

一是事业和产业发展不平衡,共建共治的治理格局尚未形成。多元主体共建共治医养结合养老服务体系,不仅能够增加服务的有效供给,而且可以推

进服务提质增效。近年来民族地区不断探索政府、市场、社会等多元主体合作供给医养结合养老服务,但医养结合养老服务"产业"和"事业"界定不明确,政府、市场、社会的责任边界不够清晰,多元主体协同治理医养结合养老服务还面临诸多困境:政府在服务供给中起着关键性和主导性作用,现实中角色定位亟须进一步明晰;市场在资源配置中发挥决定性作用,服务主体角色亟待强化;社会成为逐渐崛起的责任主体,但服务能力亟待提升。

二是农村医养结合养老服务发展不充分,城乡健康养老服务业发展不平衡。农村医养结合养老服务起步晚、投入少、基础差,存在先天不足,成为民族地区医养结合领域的短板,是养老服务体系构建的重点和难点。相对于城市,民族地区农村医疗护理和养老服务设施不健全,医养资源整合难度大,护理人员短缺,适宜的医养结合模式欠缺,导致健康养老服务供给总量不足,服务内容不完善,服务质量偏低。农村机构型医养结合养老服务主要针对兜底保障性老年人,救助色彩浓厚,属于补缺型福利模式。居家社区医养结合尚未广泛开展,智慧健康养老服务平台向农村延伸覆盖远远不足。农村老年人购买能力低,健康养老服务市场化难度大,具有投资收益率低、成本回收周期长、服务专业性强等特征,加之政府政策、资金、人员、技术扶持力度不够,影响社会资本进入农村医养结合养老服务领域。

三是居家社区机构养老发展不协调,居家社区医养结合养老服务是短板。从目前情况看,大部分老年人倾向于选择居家社区医养结合养老服务模式,因此居家社区层面的医养结合养老服务是民族地区推进医养结合的重点。但是目前民族地区各地在推进医养结合的过程中普遍存在"重机构,轻社区"的偏差,该发展思路与现实老年人健康养老服务需求无法契合。居家社区医养结合养老服务存在基础薄弱、结构失衡、供给不足、满意度较低等问题。

二、居家社区医养结合养老服务的基础和平台作用有待加强

居家社区医养结合养老服务符合老年人在熟悉环境中养老的传统,是民

族地区医养结合养老服务体系的基础和依托,是供给体系完善的重点,但实践中政府支持和社会力量参与医养结合仍严重偏向机构层面,居家社区层面的医养结合发展不平衡不充分问题突出,主要表现在以下几方面:

第一,民族地区居家社区医养结合养老服务设施分布不均衡,设施覆盖率明显低于东部、中部和全国水平,城乡之间设施建设发展不均衡,无论是医养资源还是政策保障,都偏向城市,导致农村无论是设施还是服务能力,都远远落后于城市。第二,民族地区居家社区医养结合养老服务保障水平较低。由于设施、人员、运营投入相对不足,医养资源有限,民族地区居家社区层面的养老服务主要集中于老龄生活服务,老龄医疗、康复服务覆盖率较低。第三,服务供需匹配度不高、利用率低。居家社区医养结合养老服务项目呈现"需求>供给>利用"的特点,医疗健康类服务供需失衡、利用率低的问题较为突出。第四,智慧社区健康养老综合服务平台建设滞后、信息化水平低。民族八省区养老信息平台的建设处于起步阶段,老年人需求、服务提供方、后台操作等信息系统尚未普遍建立,无法利用信息技术精准识别、评估、提供相关服务。第五,社会力量参与不足。由于政策不够细化,落实力度不强,社会力量参与服务递送困难重重,加之健康养老服务行业属性,社会力量参与积极性不高,服务社会化程度低。

三、机构医养结合养老服务存在结构比例失衡问题

机构医养结合养老服务主要满足失能半失能、空巢独居、高龄患病等脆弱老人的照护服务需求,医养结合型或护理型机构是其发展的趋势,实践中民族地区机构型医养结合不仅总量供给不足,而且存在机构定位不准、服务供给错位等结构性矛盾。主要表现在:

一是民族地区医养结合机构存在结构比例失衡问题。公办医养结合机构占比过高,营利性民办医养结合机构相对不足。机构定位存在偏差,公办医养结合机构存在高端化倾向,违背"保基本、兜底线"初衷。医养结合机

构床位结构不合理,呈"哑铃型"特征,即高档、低档养老机构占多数,而中档占少数。

二是不同类型的医养结合机构存在不公平竞争现象。差异化的补贴政策导致公办与民办医养结合机构之间、非营利性民办机构与营利性民办机构之间均存在不公平竞争问题,公办医养结合机构在运营成本上具有极大的优势,由于相关监管制度不完善,部分非营利性民办医养老结合机构从事营利性经营活动。现实中存在公办医养结合机构"一床难求",民办医养结合机构床位大量闲置的现象。

三是不同类型医养结合机构服务对象定位出现错位现象。公办医养结合机构由补缺型向福利经营型转变的过程中,对特殊困难老年人兜底作用逐步弱化,各类医养结合机构倾向于收住健康、高收入老年人,失能老年人存在被排斥的风险。

四是财政支持力度不足且补贴方式不合理。民族地区对民办非营利性养老机构建设和运营补贴不够,医养结合机构普遍存在数量少、社会化和产业化程度低的问题。政府对民办医养机构的补贴方式不合理,按"床头"的事后补贴容易引发政策套利现象。

四、医养结合养老服务多元主体合作供给面临障碍

政府或家庭一元化治理模式难以满足老年人多元化的健康养老服务需求,建立政府、市场、社会及家庭多元主体责任共担、优势互补、互助合作的治理新格局,是医养结合养老服务供给侧改革的方向。但是民族地区多元主体共建共治医养结合养老服务体系的局面尚未形成,多元主体合作供给面临障碍。

一是政府作为合作治理主导者的角色需进一步强化。政府在服务供给中起着关键性和主导性作用,现实中,政府作为规划者与合作制度的供给者、出资主体与服务购买者、促能者与保障者、评估者与监督者的角色有待进一步明

确和强化,进一步发挥合作治理主导者的角色作用,促进"一主多元"合作治理格局的形成。

二是社会组织自身能力不足,制约其参与合作治理。社会组织作为医养结合养老服务合作治理的重要参与者,但是民族地区健康养老类社会组织存在数量不足、自身能力有限、发育不充分、过度依赖政府资源等问题,政社合作良性互动基础缺失,参与医养结合养老服务治理的潜在优势无法发挥。

三是家庭照护功能在不断弱化,需要给予支持。家庭在社会转型过程中,仍然是民族地区老年人照料和护理的重要承担者,但是家庭照护功能在不断弱化,民族地区缓解家庭照护压力,增强家庭照护能力的政策措施还非常有限,家庭照护培训、家庭养老床位、养老服务补贴等支持项目在民族地区刚开始试点,社会化健康养老服务向家庭延伸不够。

四是市场参与合作治理积极性不高,参与程度低,面临多重挑战。市场本应在资源配置中发挥决定性作用,但现实中市场主体参与服务供给面临扶持政策门槛高、营利难、用地难、护理人才短缺、融资难、运营难等困境,导致社会资本参与动力不足。

五、医养结合养老服务资金保障体系尚未建立

资金是医养结合养老服务体系构建的重要保障要素。通过梳理民族地区国家级试点典型案例,结合实地调研,本书认为民族地区医养结合的养老服务体系的筹资渠道主要有三种:财政资金、长期护理保险和医疗保险。财政资金对构建医养结合养老服务体系发挥着关键性作用。财政资金是民族地区医养结合养老服务发展必不可少的资金,发挥着关键性作用,主要包括供方投入(设施、运营、人才保障)和需方投入(高龄、护理、养老服务等三类补贴)两个方面。基本医疗保险基金,是现阶段民族地区医养结合养老服务重要的支持资金,主要为纳入城乡基本医疗保险定点机构的医养结合机构及入住老年人提供服务费用报销。长期护理保险,是医养结合养老服务发展日益重要的资

金来源,建立长期护理保险制度,可以完善医养结合养老服务的支付保障体系,为医疗护理服务提供长期可持续的资金来源。

民族地区医养结合养老服务资金保障体系尚未建立,资金来源渠道不畅、投入不足、投入机制不完善是制约服务体系构建的重要因素。主要表现在三方面:

第一,财政资金投入存在偏差。一是资金投入缺乏制度性保障,稳定性不足。医养结合养老服务支出尚未被纳入我国和民族地区各级财政单独科目,各级财政对其投入主要分散在民政部门的老年事务支出、老年福利支出和卫生健康委的公共卫生服务支出中。二是投入总量不足。在民族地区推进基本公共服务均等化和加快建设医养结合的养老服务体系背景下,民族地区财政对养老服务的投入总量不足,面临较大的支出缺口。

第二,基本医疗保险对医养结合养老服务支持力度不足,主要表现在三个方面:一是医养结合机构申请医保定点资质困难,制约机构型医养结合的发展。医保报销政策与医养结合政策衔接不畅,导致老年人在医养结合机构或养老机构内享受的医疗护理服务无法纳入医保报销范围。二是居家社区医疗护理服务难以纳入医保报销范围,制约居家社区医养结合发展。医保基金仅将定点医养结合机构中的医疗机构床位护理费纳入报销范围,没有将居家和养老机构中提供的护理费纳入医保支付范围。大多数地区尚未开展家庭病床服务,上门医疗护理服务费用难以被纳入医保报销范围。三是医保资金用于支付医养结合养老服务费用,存在套保骗保的风险。

第三,长期护理保险制度尚未全面建立,发挥作用有限。当前民族地区普遍建立的养老保障和医疗保障体系中并没有用于支付失能、半失能老年人基本护理服务费用的保障制度。长期护理保险制度的缺失,是阻碍民族地区医养结合养老服务体系构建的一个重要因素。在先行试点的民族地区(石河子市)长期护理保险在保障对象、筹资、待遇支付等方面,与发达地区差距较大。

六、医养结合养老服务队伍建设存在短板

专业化、高素质的人才是民族地区医养结合养老服务体系构建的重要环节,是实现服务高质量有效供给的重要支撑。与健康养老服务产业发展的实际需求相比,民族地区医养结合养老服务队伍建设存在明显短板。一方面,人才队伍建设面临健康养老服务产业发展带来新需求和人才政策释放新红利的机遇;另一方面,人才队伍面临总体数量少、结构不优、服务能力不足、专业化水平低、人才不稳定、培养培训能力不充分、激励政策不够等困境。主要表现在以下三方面:

一是人才总体供给不足。医养结合机构养老护理员匮乏,社区专业健康养老服务人员、社会工作者、志愿服务队伍缺乏。

二是医养结合养老服务人才结构不优、专业化水平低。职工年龄偏大、学历低。机构、社区居家养老中养老护理员分布不均衡,民族地区养老护理员主要集中于医养结合机构,而居家社区医养结合养老服务发展滞后,专业养老护理员相对不足,仍以非专业人员为主。农村医养结合养老服务的发展严重滞后于城市,专业养老护理员严重缺乏。

三是人才激励政策落实难,激励力度不够。由于劳动强度大、薪酬福利待遇低和社会认可度低,机构的晋升路径还不顺畅,多数医生和护士不愿意到养老机构服务,导致养老机构医护人员不足,无法开展专业康复护理服务,养老机构存在招聘员工困难和人员高流动现象。近年来民族地区开始对从事该行业的高校专业毕业生采取福利待遇及从业津贴的政策鼓励和激励措施,但相关政策尚未普及。

七、医养结合信息化建设尚待完善

智慧健康养老作为医养结合养老服务全面升级的新动能、新引擎,是提供优质高效健康养老服务的重要技术支撑。目前,互联网、大数据、物联网等信

息技术,尚未广泛应用于医养结合养老服务领域,智慧健康养老的新业态、新模式尚未形成,具体表现在以下四方面:

一是民族地区智慧健康养老信息平台建设滞后。民族地区健康养老信息平台的建设处于起步阶段,存在制度不完善、政策支持力度不大、资金投入不足等困难,老年人需求评估信息系统、老年人健康档案数据库、服务提供者信息数据库、后台行业监管系统均未普遍建立。

二是信息互通不畅。民族地区"医养"信息数据互联不畅,"医养"涉及部门繁多,但各部门所用信息平台不统一,数据采集和收录的标准、技术系统和信息接口等都各有不同,信息共享与对接不充分,信息孤岛、信息融合难问题突出。

三是各县(区)、镇(街道)和养老服务企业参与不足。在国家层面智慧健康养老试点示范的推动下,虽然民族地区开展了相应的试点工作,但试点示范作用不明显,可供推广的典型模式有限。民族地区政府通过购买服务、补贴、适老化改造等方式,支持各类企业和组织的力度不足,当地企业开发、应用新一代智能健康养老产品缺乏动力,连锁型、品牌化健康养老服务企业还很少。

四是老年人对智能设备的认知、使用存在障碍,亟待弥合数字鸿沟。不少老年人不会使用智能手机、不会上网,不能充分地享受智能健康养老服务产品和服务带来的便利,民族地区老年人面临的智慧健康养老数字鸿沟问题日益凸显。

第二节　民族地区医养结合养老服务体系构建的策略选择

本书围绕民族地区医养结合养老服务体系构建这一主题,基于解决民族地区医养结合养老服务发展不平衡不充分、服务供需问题突出、居家社区机构医养结合养老服务发展不协调、医养资源利用率不高等一系列问题,利用文献研究、实地调研、问卷调查、定性分析、统计分析等研究方法,对上述问题进行深入分析和探讨,得出以下研究结论。

一、补短板:多举措推进农村医养结合养老服务发展

农村是民族地区推进医养结合的短板,是"十四五"规划和2035年远景目标建议提出的建立普惠型养老服务的重点和难点,统筹推进民族地区农村医养结合的举措包括:

一是建立健全农村医养结合投入机制。将民族地区农村医养结合融入国家美丽乡村建设和乡村振兴战略中,将更多的扶持政策和资金向农村倾斜,利用有利条件解决农村医养结合基础设施不足的问题。"十四五"时期中央和省级财政投入重点向民族地区农村倾斜,加大中央福利彩票公益金和财政对民族地区农村公共卫生和养老服务设施建设的转移支付力度。中央和民族地区可以考虑每年在公共卫生和养老服务预算、福利彩票公益金中设定农村医养康养设施及服务的投入比例,建立长效性投入机制。

二是开展农村医养结合能力提升工程,建立三级服务网络。统筹规划乡镇敬老院、幸福院、卫生院、村卫生室、社区卫生服务中心等资源,毗邻建设,融合农村医养服务资源。安排专项资金,在乡镇卫生院、社区卫生服务中心、农村五保供养设施、乡镇敬老院、幸福院等机构的基础上,扩建改造一批医养结合服务设施。建立三级医养结合服务网络。建立以县级医养结合机构为龙头,乡镇公办卫生院、养老院为重点,村(局)卫生服务中心、卫生室、幸福院、日间照料中心、敬老院等为基础的农村医养结合养老服务网络,支持有条件的地区将农村上述设施改造升级为乡镇枢纽型、区域型健康养老服务中心。

三是夯实兜底保障基础上,逐步扩大普惠服务的范围。实施普惠型健康养老专项行动,以农村医养结合为重点,扩大服务覆盖面。一方面,发挥乡镇敬老院、幸福院等机构特困供养功能,满足农村失能"三无""五保"老年人健康养老服务需求;另一方面,通过改扩建提升其服务能力,将服务逐步向农村

失能、高龄、留守老年人延伸。实现老年人养老服务补贴、护理补贴、高龄津贴等各类老年服务补贴城乡一体化发放,提高各类老年人服务补贴的精准性和有效性,将家庭医生签约服务、家庭养老床位、适老化改造、家庭照护者技能培训等居家医养结合政策向农村地区推广。

四是深化"放管服"改革,推动农村健康养老服务业发展。制定并落实土地、设施补贴、财政补贴、税费优惠、人才培养等扶持政策,支持社会力量进入农村医养结合养老服务市场,运用 PPP 模式吸引民间资本投资农村医养结合设施,推进乡镇敬老院、幸福院等设施进行公建民营机制改革,鼓励有条件的机构向普通农村老年人开放,将其专业化的服务向周边辐射。积极引导连锁化、品牌化优质健康养老服务资源进入乡村,对于连锁化健康养老服务机构或组织,给予一次性财政运营补贴。

二、供给体系强弱项,全方位支持居家社区医养结合养老服务的发展

实现民族地区居家社区机构医养结合养老服务协调发展,重在补齐居家社区服务的短板,立足居家社区,加快民族地区医养结合养服务体系建设,真正发挥居家社区医养结合养老服务的基础和依托作用。

一是建立统一的需求评估机制,精准识别服务对象。设定统一评定和准入标准,对服务对象进行统一、科学的鉴别,根据需求等级梯度确定服务对象及服务等级。

二是建立和完善居家社区医养结合健康养老服务网络。着力解决社区养老服务设施规划编制、配套配建等未严格落实的突出问题,健全县(区)、街道(乡镇)、社区(村)三级健康养老服务体系的基础设施,重点加强农村养老服务设施建设,提高设施覆盖率。

三是搭建综合支持体系和一站式社区服务平台,实现社区医养资源互补共享。搭建社区"枢纽式"为老服务综合支持体系,打造一站式居家社区医养

服务信息共享平台,实现养老服务供需对接,鼓励多元主体协同开展社区医养服务。

四是以需求为导向,优化居家社区医养结合养老服务供给结构。精准定位老年人的服务需求,探索建立社区康复病床、家庭病床、家庭养老床位,为社区老年人开展专业康复护理、上门看病、上门护理服务,在社区推广中医药、蒙医药、藏医药健康管理服务项目。

五是利用现有社区卫生服务网络,推动医疗护理服务向社区、家庭延伸。强化社区基层医疗卫生机构的支撑与辐射作用,将社区卫生服务中心打造成医养结合养老服务的支持平台。

六是以"三社联动"助推居家社区医养结合养老服务。以社区为平台或服务单元,以社会组织为载体或服务智库,引入社会力量和外部资源,以专业社会工作为服务力量提供专业化服务。通过政府购买服务,开展社会事务服务合作,充分调动社会资源。

三、供给体系调结构,缓解机构医养结合养老服务结构比例失衡问题

解决民族地区机构医养结合养老服务结构比例失衡的问题,重在调整其供给结构,明确支持重点,促进其全面可持续发展,可以从以下几方面入手:一是调整医养结合养老机构的供给结构。在确保公办医养结合机构福利性、兜底保障性的基础上,适度降低其所占的比重,积极稳妥推进机构公办民营改革,重点发展中小型医养结合机构,鼓励建设中低档床位,重点满足"三无"、"五保"、失能、半失能老年人的健康养老服务需求。二是加大财政扶持力度,优化财政补助方式。加强和改进财政投入,首先满足老年人兜底性、福利性和基本健康养老服务需求,各级财政重点向农村和医养结合型(护理型)养老机构倾斜,加大对其的扶持力度。逐步实现财政补贴由补"供方"(医养结合机构)为主向补"需方"(入住老年人)为主转变。三是促进民办医养结合机构的

持续健康发展。通过进一步完善土地、税费、融资等支持政策,全方位促进民办医养结合养老机构的发展,提高其服务的可及性和精准性。支持社会力量兴办医养结合机构和增设护理床位,提升其运营管理和服务能力。四是从重医养机构建设向重医养资源与机制整合转变。改变盲目、过度建设全科型、综合型医养机构设施的做法,鼓励养老机构与医疗机构开展多种形式的合作。

四、责任共担体系:构建"一主多元"型医养养老服务供给主体结构

民族地区多元主体共建共治医养结合养老服务的供给模式尚未形成,除了政府职能缺位外,多元主体合作治理还面临社会组织力量弱小、市场主体参与动力不足、家庭照护功能弱化等失灵的问题。本书从民族地区实际出发,基于元治理理论提出了民族地区构建"一主多元"型供给模式,即政府主导下的多元主体共建共治医养结合养老服务体系。构建"一主多元"型供给主体结构的关键,在于清晰界定各主体之间的责任,解决多元主体合作治理"勘界"难的问题。"一主多元"型供给模式中各主体角色定位如下:

一是政府在服务供给中起着关键性和主导性作用,但角色定位亟须明晰。本书将政府在医养结合养老服务体系构建中的角色界定为:规划者与合作制度的供给者、出资主体与服务购买者、促能者与保障者、评估者与监督者。在实践中,政府具体承担:为老年人提供基本健康养老服务,承担兜底责任;做好顶层设计、制定政策法规和建立评估体系;为医养结合养老服务发展提供资金支持;培养护理与管理人才;搭建智慧养老信息平台等。实践中,政府促进"一主多元"合作治理新格局形成的策略包括:加强顶层设计和统筹规划职责;以政策支持、资金倾斜为支点,撬动社会主体活力;建立健全医养结合养老服务平台,提高服务质量;理顺跨部门协调机制,强化政府对健康养老服务的监管。

二是市场在资源配置中发挥决定性作用,服务主体角色亟待强化。市场

在健康养老服务资源配置中具有先天优势,发挥其在养老服务资源配置中的决定性作用,充分激发养老服务市场活力,使社会力量逐步成为养老服务的供给主体,具体策略包括:推动社会资本积极参与健康养老服务网点投资、建设或运营;积极运营政府提供的服务设施;积极开发智慧养老系统和老年服务产品。

三是社会成为逐渐崛起的责任主体,但服务能力亟须提升。社区是健康养老服务的重要载体和平台,主要为老年人提供更为直接的、互助性的健康养老服务;社会组织作为健康养老服务的重要补充来源;家庭在社会转型过程中,仍然是老年人照料和护理的重要承担者。社会层面,以"三社联动"助推居家社区医养结合养老服务的策略包括:推动社区居委会统筹社区健康养老服务工作;支持社会组织承接社区健康养老服务;将专业社工的服务提供、信息沟通、外部监督职责落到实处。

四是多举措支持家庭承担照护功能。家庭是民族地区医养结合养老服务合作治理中重要的一元,具有不可替代的作用,但照护功能在不断弱化,需要多举措支持家庭承担照护功能。具体策略包括:借鉴先行试点地区经验,探索发展家庭养老床位,支持家庭承担照护功能;为失能老人的家庭照护者提供培训,提升其照护能力;建立家庭支持性政策,对照护老人的家庭成员给予经济补贴。

五、政策要素:优化医养结合养老服务政策工具运用

为提升医养结合政策的实施效果,提出四点优化策略:第一,综合考虑三种政策工具不同的政策效果,对其进行优化组合。一方面适度降低环境型政策工具比重,另一方面提高需求型和供给型政策工具的比例,进一步发挥供给和需求型政策工具的"推—拉"作用,实现三种政策工具类型的系统性、协调性和配套性。第二,优化环境型政策工具内部结构。在适度降低环境型政策工具总体使用比例的同时,调整其内部结构。降低策略性措施和目标规划次

级工具的使用频度,进一步为其提供配套政策和实施细则支持,提高税收优惠、金融服务和法规监管类政策工具的使用频率,扩展其使用范围,增强政府对医养结合的税收优惠和金融支持力度。第三,有效增加需求型政策工具的比重,增强其对政策的拉动力。有针对性地补充、完善需求型政策工具,是医养结合政策工具结构调整优化的着力点。加大政府购买基本健康养老服务的范围和力度。第四,调整供给型政策工具结构,增强其对政策的推动力。改变重视硬件建设而轻服务的发展思路,探索建立医养结合财政投入和补贴制度,进一步支持利用新一代信息技术,建立医养结合信息服务大数据平台,实现医养服务资源的有效整合和服务供需的无缝对接。医保管理部门需要制定合理的准入标准,界定定点资格、支付项目和报销比例。

六、资金要素:建立多元化医养结合养老服务资金保障体系

第一,财政政策的纠偏策略。一是清晰界定政府财责任边界,增加财政投入力度。首先,政府应充分发挥基本公共服务兜底作用,保障任何一位老年人一旦失智失能、无力通过市场或家庭途径获取健康养老服务时,都能获取基本生存需要的健康养老服务。在明确"保基本和兜底线"的基础上,应坚持尽力而为、量力而行的原则,逐步满足全体老年人的基本的医养结合养老服务需求。其次,合理界定中央与民族地区地方财政事权和支出责任,将兜底性、福利性医养结合养老服务界定为基本公共服务,纳入中央与地方共同财政事权清单。加大中央财政转移支付的力度,落实福利彩票公益金对养老服务的投入政策。二是供给侧层面,财政投入重在调结构,具体包括:重点支持农村医养结合养老服务机构设施的建设;支持社区嵌入式、护理型养老服务设施布点;优化医养结合机构运营补贴,确保补贴精准化发放;建立民族地区医养结合养老服务人才培养培训的财政保障激励政策。三是需求侧层面,财政补贴重在精准化。政府对医养结合的财政投入应逐步由补供方(服务提供方)为主向补需方(老年人)为主转变。制定专门需方补贴制度,明确补贴范围、对

象、标准、配套流程等内容，为精准化补贴提供制度基础。

第二，优化基本医疗保险对医养结合养老服务的资金支持。建立合理的准入机制，将符合条件的医养结合机构纳入医保定点机构。利用医保资金直接支持家庭医生签约服务，支持居家社区型医养结合服务。明确医保资金支付边界，加强对医保定点中的医养结合机构的监管。

第三，促进民族地区医养结合养老服务与长期护理保险的有序配合。加快在民族地区建立独立于城乡居民基本医疗保险的长期护理保险。民族地区绝大部分地区尚未开展该制度，全国层面也未出台统一的实施方案，亟待推动民族地区更多的城市开展长期护理保险的试点，扩大制度的普及范围。建立医养结合养老服务与长期护理保险的衔接机制，扩大参保对象的覆盖范围，以医养结合养老服务的服务对象确定长期护理保险受益范围，建立多元化筹资机制。

七、人才要素：构建医养结合养老服务人才支撑体系

从培育、培训、激励、补贴等方面入手，为人才建设营造良好的环境。具体措施如下：

一是加强多层次养老服务梯队建设，创新养老服务人才培养模式。大力支持普通高校和职业院校增设医养结合养老服务相关专业及相关课程，扩大人才培养规模，创新养老服务人才招生培养和就业保障机制，探索养老护理员校企合作的订单式人才培养方式，建立相关毕业生就业保障机制。

二是扩大职业技能培训规模，建立分层分类培训体系。通过政府购买服务或发放补贴的形式，扩大职业技能培训规模。建立分层分类培训体系，建立市、县、机构三级养老护理人才培训体系。通过分层、分类培训，确保每年对辖区内养老护理人员开展一次全员培训。

三是采取专业培养培训和志愿力量并举的措施，补齐农村人才队伍短板。首先，挖掘和开发农村照护服务人力资源，打造一支本土化照护服务团队；其

次,优化农村医养结合养老服务职业教育培训;再次,建立农村互助养老志愿者服务网络,对志愿者进行养老服务专业培训。

四是建立养老护理从业人员奖补激励制度,鼓励和引导养老护理相关专业毕业生进入健康养老服务业。建立养老护理岗位津贴制度,提高其薪酬待遇水平,并在居住落户、子女就学、住房保障等方面给予政策扶持。加强高素质人才的宣传,发挥标杆带头作用,培养养老护理员职业荣誉感。

五是建立家庭照护者补贴制度,增加非正式照护人才供给。借鉴国内发达地区经验,探索建立家庭养老床位或家庭病床,将专业化的健康养老服务延伸到老人家中,将失能老年人家庭成员护理培训纳入政府购买健康养老服务目录,为照护老人的子女提供护理补贴,组织专业机构或组织为家庭照护者开展专业照护培训,激励失能老人的子女亲自照顾老人,积极承担照护责任。

八、技术要素:以智慧养老助推医养结合养老服务的发展

智慧健康养老可以破解医养结合的困境,推动服务的精准化和智能化,助推健康养老服务产业的转型和升级,为民族地区医养结合养老服务体系构建提供了新的路径。

一是建立市级统一的智慧健康养老数据云平台。打造服务于政府、医养结合机构、供应商、老年人等主体的一体化信息服务平台,集智慧调度中心、质量监测、信息数据中心、健康云等系统于一体,既为健康养老服务行业管理提供便利,也为老年人提供更加精准、专业化的服务和信息。

二是通过市、县、镇三级联动,构建完善的智慧健康养老数据云平台。市级政府牵头推进智慧健康养老服务平台建设,通过政府购买服务的形式委托信息科技类公司开发、建设、运营健康养老信息平台建设。县(区)、镇(街道)负责本辖区健康养老服务与管理信息化建设,并指导、督促辖区内相关服务机构做好健康养老服务数据采集、更新等工作。另外,在市级层面打通公安人口数据库、卫生健康委公共卫生数据库、民政养老服务需求评估数据库、人社部

门社会保险缴纳信息、护理员资格信息数据库等,未来随着长期护理保险制度的建立,还可并入长期护理保险参保结算数据库。

三是推动多元主体共同参与、协同发力。智慧健康养老涉及部门、行业多,产业链长,通过智慧健康养老助推医养结合,离不开市场、社会主体的参与。政府加快推进智慧健康养老服务放管服改革,降低健康养老企业准入的制度性成本,优化营商环境。省级政府牵头地方行业协会制定并完善智慧健康养老行业标准和市场规范,为推广智慧健康养老提供准则和依据。采用政府补贴与市场化运作相结合的方式,利用智慧健康养老信息平台,为辖区内失能、高龄独居、"三无"、"五保"等困难老年人提供各类智慧健康养老服务。

四是以家庭养老床位项目和适老化改造为抓手推动智慧养老。将智慧健康养老服务作为家庭养老床位项目重要的服务内容,为居家老年人配置智能护理床位、紧急呼叫、体征监测等智能设施设备,为开展上门照护、呼叫相应、康复护理等服务提供智慧设备和技术支持。同时,在老年人家庭适老化改造过程中,将特殊困难老年人家庭所需的健康监测、智能养老类设施设备纳入当地适老化改造范围。

参考文献

边恕、黎蔺娴、孙雅娜:《社会养老服务供需失衡问题分析与政策改进》,《社会保障研究》2016年第3期。

陈莉、卢芹、乔菁菁:《智慧社区养老服务体系构建研究》,《人口学刊》2016年第3期。

陈通明、马妍:《宁夏社区居家养老模式探讨》,《宁夏社会科学》2018年第3期。

陈友华、艾波、苗国:《养老机构发展:问题与反思》,《河海大学学报(哲学社会科学版)》2016年第6期。

蔡礼强:《政府向社会组织购买公共服务的需求表达——基于三方主体的分析框架》,《政治学研究》2018年第1期。

崔树义、田杨:《养老机构发展"瓶颈"及其破解——基于山东省45家养老机构的调查》,《中国人口科学》2017年第2期。

曹信邦:《中国失能老人长期护理保险制度研究》,社会科学文献出版社2016年版。

曹信邦:《中国长期护理保险制度构建的理论逻辑和现实路径》,《社会保障评论》2018年第4期。

董红亚:《养老服务视角下医养结合内涵与发展路径》,《中州学刊》2018年第1期。

董红亚:《中国养老进入服务新时代》,中国社会科学出版社2019年版。

董红亚:《技术和人文双维视角下智慧养老及其发展》,《社会政策研究》2019年第4期。

董克用、王振振、张栋:《中国人口老龄化与养老体系建设》,《经济社会体制比较》

2020 年第 1 期。

董克用、肖金喜、周宁:《我国消费养老模式发展现状、问题与展望——基于两个典型消费养老平台的案例分析》,《中州学刊》2020 年第 12 期。

党俊武:《中国城乡老年人生活状况调查报告(2018)》,社会科学文献出版社 2018 年版。

党俊武:《老龄蓝皮书:中国城乡老年人生活状况调查报告(2018)》,社会科学文献出版社 2018 年版。

杜鹏、王永梅:《中国老年人社会养老服务利用的影响因素》,《人口研究》2017 年第 3 期。

杜本峰、王旋:《老年人健康不平等的演化、区域差异与影响因素分析》,《人口研究》2013 年第 5 期。

戴伟、张霄艳、孙晓伟:《大健康理念下的"医养结合"模式》,《中国社会保障》2015 年第 10 期。

丁学娜、李凤琴:《福利多元主义的发展研究——基于理论范式视角》,《中南大学学报(社会科学版)》2013 年第 6 期。

丁志宏、曲嘉瑶:《中国社区居家养老服务均等化研究——基于有照料需求老年人的分析》,《人口学刊》2019 年第 2 期。

丁志宏、魏海伟:《城市中年人养老规划状况及其影响因素》,《人口与社会》2016 年第 3 期。

付诚、韩佳均:《医养结合养老服务业发展对策研究》,《经济纵横》2018 年第 1 期。

封铁英、马朵朵:《社区居家养老服务如何包容性发展? 一个理论分析视角》,《社会保障评论》2020 年第 3 期。

关博、朱小玉:《中国长期护理保险制度:试点评估与全面建制》,《宏观经济研究》2019 年第 10 期。

高矗群、李福仙、张开宁:《破解少数民族地区农村养老服务"供需错位"难题的对策研究》,《云南民族大学学报(哲学社会科学版)》2018 年第 1 期。

郭林:《中国养老服务 70 年(1949—2019):演变脉络、政策评估、未来思路》,《社会保障评论》2019 年第 3 期。

郭林:《中国社会养老服务资源优化配置》,社会科学文献出版社 2020 年版。

郭倩、王效俐:《基于政府补贴的养老服务市场供给研究》,《运筹与管理》2020 年第 2 期。

郭丽娜、郝勇:《居家养老服务供需失衡:多维数据的验证》,《社会保障研究》2018

年第 5 期。

国家卫生计生委家庭司:《中国家庭发展报告》,中国人口出版社 2015 年版。

国家信息中心经济预测部:《人口老龄化背景下的养老服务业发展研究》,社会科学文献出版社 2019 年版。

国家应对人口老龄化战略研究课题组:《健康老龄化与老年健康支持体系研究》,华龄出版社 2014 年版。

国务院发展研究中心社会部课题组:《养老服务体系发展的国际经验与中国实践》,中国发展出版社 2019 年版。

葛延风、王列军、冯文猛等:《我国健康老龄化的挑战与策略选择》,《管理世界》2020 年第 4 期。

巩英杰、张媛媛:《"互联网+"视角下养老服务产业转型升级路径研究》,《宏观经济研究》2020 年第 3 期。

耿永志、王晓波:《"互联网+"养老服务模式:机遇、困境与出路》,《深圳大学学报(人文社会科学版)》2017 年第 4 期。

侯冰:《老年人社区居家养老服务需求层次及其满足策略研究》,《社会保障评论》2019 年第 3 期。

侯惠荣、高丽华、王峥:《北京居家养老医养结合服务相关问题研究》,《社会政策研究》2017 年第 5 期。

侯慧丽:《社会养老服务类型化特征与福利提供者的责任定位》,《中国人口科学》2018 年第 5 期。

侯仕军:《社会嵌入概念与结构的整合性解析》,《江苏社会科学》2011 年第 2 期。

《胡锦涛文选》第三卷,人民出版社 2016 年版。

胡雅坤、乔晓春:《北京市养老机构财政补贴政策与机构运营状况的关联研究》,《社会政策研究》2019 年第 3 期。

黄俊辉、李放、赵光:《农村社会养老服务需求评估——基于江苏 1051 名农村老人的问卷调查》,《中国农村观察》2014 年第 4 期。

黄锐、必勒格:《民族地区农村空巢老人养老服务问题及对策研究》,《中央民族大学学报(哲学社会科学版)》2017 年第 2 期。

黄润龙:《我国空巢老人家庭状态》,《人口与经济》2015 年第 2 期。

黄晓春:《中国社会组织成长条件的再思考——一个总体性理论视角》,《社会学研究》2017 年第 1 期。

韩淑娟、谭克俭:《政府的责任边界与养老服务业的突围路径》,《东岳论丛》2017

233

年第 8 期。

韩央迪:《从福利多元主义到福利治理:福利改革的路径演化》,《国外社会科学》2012 年第 2 期。

贾路南:《公共政策工具研究的三种传统》,《国外理论动态》2017 年第 4 期。

江海霞、史胜安:《居家养老服务补贴领取资格评估:指标体系构建与应用》,《河北大学学报(哲学社会科学版)》2017 年第 2 期。

姜玉贞、宋全成:《社会养老服务福利治理的局限性及其成因分析——基于 RHLJ 社区养老服务中心案例的分析》,《山东社会科学》2019 年第 11 期。

金心宇、夏琦、张唯等:《"医养智慧联动"的养老模式研究与探索》,《中国工程科学》2018 年第 2 期。

康蕊、吕学静:《社会资本参与居家养老服务现状考察——以北京市为例》,《城市问题》2018 年第 3 期。

康蕊、朱恒鹏:《养老服务投入对经济发展的影响研究——基于 PPP 模式的分析》,《财政研究》2019 年第 5 期。

孔伟艳:《推动"互联网+"养老服务的供需双侧改革》,《宏观经济研究》2018 年第 8 期。

廖楚晖:《智慧养老服务总体性问题破解与实现路径》,《经济与管理评论》2019 年第 6 期。

卢汉龙、周海旺、杨雄:《上海社会发展报告(2017)》,社会科学文献出版社 2017 年版。

陆杰华、傅崇辉:《深圳人口与健康发展报告(2017)》,社会科学文献出版社 2017 年版。

陆杰华、阮韵晨、张莉:《健康老龄化的中国方案探讨:内涵、主要障碍及其方略》,《国家行政学院学报》2017 年第 5 期。

陆杰华、沙迪:《新时代农村养老服务体系面临的突出问题、主要矛盾与战略路径》,《新疆师范大学学报(哲学社会科学版)》2018 年第 2 期。

陆杰华、周婧仪:《基于需求侧视角的城市社区居家养老服务满意度及其对策思考》,《河北学刊》2019 年第 4 期。

栾文敬、郭少云、王恩见:《府际合作治理视域下医养结合部门协同研究》,《西北大学学报(哲学社会科学版)》2018 年第 3 期。

李剑:《地方政府创新中的"治理"与"元治理"》,《厦门大学学报(哲学社会科学版)》2015 年第 3 期。

李健、顾拾金:《政策工具视角下的中国慈善事业政策研究》,《中国行政管理》2016年第4期。

李娟:《社会组织承接政府养老服务项目面临的制度困境——以新制度主义为视角》,《苏州大学学报(哲学社会科学版)》2020年第2期。

李万钧、李红兵、余翰林等:《新时代养老服务发展中政府、市场、社会的关系和边界研究》,《社会政策研究》2018年第4期。

李月娥、卢珊:《医疗卫生领域安德森模型的发展、应用及启示》,《中国卫生政策研究》2017年第11期。

李长远、张会萍:《民族地区老年人对社区居家医养结合养老服务模式选择意愿及影响因素分析——基于安德森行为模型的实证研究》,《云南民族大学学报(哲学社会科学版)》2018年第5期。

李长远、张会萍:《医养结合养老服务供给主体角色定位及财政责任边界》,《当代经济管理》2021年第2期。

李长远:《社区居家医养结合养老服务模式的比较优势、掣肘因素及推进策略》,《宁夏社会科学》2018年第6期。

李兆友、郑吉友:《农村社区居家养老服务需求强度的实证分析——基于辽宁省S镇农村老年人的问卷调查》,《社会保障研究》2016年第5期。

李珍:《关于完善老年服务和长期护理制度的思考与建议》,《中国卫生政策研究》2018年第8期。

梁磊、郭凤英:《基于"时间银行"养老平台模式体系研究及实践》,《新疆社会科学》2016年第3期。

林闽钢:《福利多元主义的兴起及其政策实践》,《社会》2002年第7期。

刘昌平、汪连杰:《老年服务业供给侧改革:研究缘起、理论逻辑与实践路径》,《河北学刊》2016年第2期。

刘春湘、姜耀辉:《社会组织参与养老服务的逻辑框架:制度环境·主体类型·实践方式》,《吉首大学学报(社会科学版)》2020年第5期。

刘行:《人口老龄化危机下社区居家养老服务研究》,《人民论坛·学术前沿》2017年第16期。

刘谦、赵淳、陈晓红:《中国民营医院发展报告(2019)》,社会科学文献出版社2019年版。

龙玉其:《民办非营利性养老机构发展研究》,经济管理出版社2018年版。

龙玉其:《基本养老服务均等化的核心概念及深层意蕴》,《老龄科学研究》2020年第 10 期。

龙玉其：《民办非营利性养老机构护理人员供给困境与反思》，《社会保障研究》2017 年第 5 期。

罗艳、刘杰：《政府主导型嵌入：政府与社会组织的互动关系转变研究——基于 H 市信息化居家养老服务项目的经验分析》，《中国行政管理》2019 年第 7 期。

鲁迎春：《公私合作上海养老服务供给的探索》，上海人民出版社 2019 年版。

穆光宗、朱泓霏：《中国式养老：城市社区居家养老研究》，《浙江工商大学学报》2019 年第 3 期。

穆光宗：《论政府的养老责任》，《社会政策研究》2020 年第 4 期。

苗红培：《多元主体合作供给：基本公共服务供给侧改革的路径》，《山东大学学报（哲学社会科学版）》2019 年第 4 期。

《马克思恩格斯文集》第 1 卷，人民出版社 2009 年版。

《马克思恩格斯文集》第 5 卷，人民出版社 2009 年版。

《马克思恩格斯选集》第 3 卷，人民出版社 2012 年版。

马伟玲、王俊华：《我国医养结合养老服务试点进展、存在问题及国家治理研究》，《苏州大学学报（哲学社会科学版）》2017 年第 3 期。

马骏、秦光荣、何晔晖等：《关于应对人口老龄化与发展养老服务的调研报告》，《社会保障评论》2017 年第 1 期。

[美]E.S.萨瓦斯：《民营化与公私部门的伙伴关系》，中国人民大学出版社 2002 年版。

[美]马克·格拉诺维特：《镶嵌：社会网与经济行动》，罗家德译，社会科学文献出版社 2007 年版。

孟向京、姜凯迪：《城镇化和乡城转移对未来中国城乡人口年龄结构的影响》，《人口研究》2018 年第 2 期。

彭华民、黄叶青：《福利多元主义：福利提供从国家到多元部门的转型》，《南开学报（哲学社会科学版）》2006 年第 6 期。

彭希哲、宋靓珺、黄剑焜：《中国失能老人长期照护服务使用的影响因素分析——基于安德森健康行为模型的实证研究》，《人口研究》2017 年第 4 期。

潘屹：《社区综合养老服务体系建设：挑战、问题与对策》，《探索》2015 年第 4 期。

青连斌：《"互联网+"与养老服务社会化》，中国劳动社会保障出版社 2020 年版。

青连斌：《求解中国养老难题》，中共中央党校出版社 2017 年版。

青连斌：《区养老服务的独特价值、主要方式及发展对策》，《中州学刊》2016 年第

5 期。

全国老龄工作委员会办公室:《第四次中国城乡老年人生活状况抽样调查数据》,华龄出版社 2018 年版。

全国老龄工作委员会办公室:《第四次中国城乡老年人生活状况抽样调查数据发课题研究报告汇编》,华龄出版社 2018 年版。

屈群苹、许佃兵:《养老服务均等化:基于阿玛蒂亚·森可行能力的理性审视》,《南京社会科学》2018 年第 2 期。

曲绍旭:《城市居家养老服务政社关系类型的转换效应及对策研究》,《华中科技大学学报(社会科学版)》2020 年第 5 期。

曲夏夏:《社区医养结合影响老年人养老获得感的理论依据及验证方法》,《山东社会科学》2019 年第 12 期。

任勤、何泱泱:《社会养老服务供给主体间的职能与合作》,《四川大学学报(哲学社会科学版)》2016 年第 3 期。

社会发展司:《走进养老服务业发展新时代——养老服务业发展典型案例汇编》,社会科学文献出版社 2018 年版。

世界卫生组织:《积极老龄化政策框架》,华龄出版社 2003 年版。

石人炳、罗艳:《中国"老年照料三棱锥体"供给体系建设构想》,《华中科技大学学报(社会科学版)》2017 年第 4 期。

孙建娥、张志雄:《"互联网+"养老服务模式及其发展路径研究》,《湖南师范大学社会科学学报》2019 年第 3 期。

申曙光、马颖颖:《新时代健康中国战略论纲》,《改革》2018 年第 4 期。

汤兆云:《马克思社会保障公平思想及其启示》,《马克思主义研究》2017 年第 3 期。

田北海、王彩云:《城乡老年人社会养老服务需求特征及其影响因素——基于对家庭养老替代机制的分析》,《中国农村观察》2014 年第 4 期。

田杨、崔树义、杨素雯:《养老机构扶持政策实施效果研究——基于山东省 45 家养老机构的调查分析》,《山东大学学报(哲学社会科学版)》2018 年第 3 期。

王红漫:《光明医养结合模式考究》,中国财政经济出版社 2019 年版。

王辉:《政策工具视角下我国养老服务业政策研究》,《中国特色社会主义研究》2015 年第 2 期。

王家合、赵喆、柯新利:《公共服务合作治理的主要模式与优化对策》,《中国行政管理》2018 年第 11 期。

王杰秀、安超:《"元问题"视域下中国养老服务体系的改革与发展》,《社会保障评论》2020 年第 3 期。

王洁非、宋超：《基于福利多元主义的社区养老供需研究》,《统计与决策》2016 年第 1 期。

王莉莉：《公办养老机构转制研究》,社会科学文献出版社 2019 年版。

王浦劬、雷雨若、吕普生：《超越多重博弈的医养结合机制建构论析——我国医养结合型养老模式的困境与出路》,《国家行政学院学报》2018 年第 2 期。

王琼：《城市社区居家养老服务需求及其影响因素——基于全国性的城市老年人口调查数据》,《人口研究》2016 年第 1 期。

王思斌：《中国社会工作的嵌入性发展》,《社会科学战线》2011 年第 2 期。

王素芬、姜睿轩、朱德云：《养老服务财政支持政策匹配度研究——以 S 省为例》,《公共财政研究》2020 年第 4 期。

王啸宇、于海利：《行动者网络视域下养老服务多元协同供给结构研究》,《学习与实践》2020 年第 5 期。

王振耀：《中国社会政策进步指数报告(2019)》,中国发展出版社 2019 年版。

王延中、单大圣、龙玉其：《中国社会保障发展报告(2019)》,社会科学文献出版社 2019 年版。

王延中、龙玉其：《我国养老服务体系建设的进展、问题与对策》,《中国浦东干部学院学报》2018 年第 2 期。

王伟进：《中国社区养老的实践探索与整合发展路径》,社会科学文献出版社 2019 年版。

王跃生：《中国城乡家庭结构变动分析——基于 2010 年人口普查数据》,《中国社会科学》2013 年第 12 期。

王震：《居家社区养老服务供给的政策分析及治理模式重构》,《探索》2018 年第 6 期。

汪连杰：《马克思的社会保障思想及其中国化研究》,《经济学家》2018 年第 6 期。

万立军、王琳、刘宗波：《国内外智慧养老平台现状》,《中国老年学杂志》2020 年第 5 期。

吴翠萍：《居家养老服务中社会组织的介入式发展》,《云南民族大学学报(哲学社会科学版)》2017 年第 5 期。

吴玉韶：《问题导向突出重点　精准聚焦照护服务刚需》,《中国社会工作》2019 年第 14 期。

吴玉韶、王莉莉：《中国养老机构发展研究报告》,华龄出版社 2015 年版。

吴镇聪、杨立英:《马克思社会保障思想在当代中国的新发展及其时代价值》,《福建论坛(人文社会科学版)》2017 年第 2 期。

武玲娟:《农村老年人社区养老服务需求及其影响因素分析——基于第四次中国城乡老年人生活状况抽样调查山东省数据》,《山东社会科学》2018 年第 8 期。

韦艳、徐赟:《智慧健康养老产业发展的困境与路径——以陕西省为例》,《西安财经大学学报》2020 年第 3 期。

徐宏:《失能老人长期照护服务 PPP 供给模式研究》,经济科学出版社 2020 年版。

徐宏、商倩:《中国养老服务资金缺口测算及 PPP 破解路径研究》,《宏观经济研究》2019 年第 2 期。

席恒:《养老服务的逻辑、实现方式与治理路径》,《社会保障评论》2020 年第 1 期。

仙蜜花、邓大松:《政府购买农村居家养老服务资金规模预测——兼论对政府财政的影响》,《财政研究》2020 年第 9 期。

熊茜、钱勤燕、王华丽:《社区养老服务体系的构建——基于居家老人需求状况的分析》,《山东大学学报(哲学社会科学版)》2016 年第 5 期。

许飞琼:《论马克思的社会保障思想及其时代意义》,《政治学研究》2013 年第 3 期。

杨翠迎、鲁於:《"医疗嵌入型"医养结合服务的行为逻辑与实践经验——基于上海市六个区的调查分析》,《云南民族大学学报(哲学社会科学版)》2018 年第 6 期。

杨帆、章晓懿:《可行能力方法视阈下的精准扶贫:国际实践及对本土政策的启示》,《上海交通大学学报(哲学社会科学版)》2016 年第 6 期。

杨柳青青、李小平:《基于"五大发展理念"的中国少数民族地区高质量发展评价》,《中央民族大学学报(哲学社会科学版)》2020 年第 1 期。

杨根来、赵永:《养老护理员职业发展 20 年回眸》,《中国社会工作》2020 年第 11 期。

杨玉波:《嵌入性理论研究综述:基于普遍联系的视角》,《山东社会科学》2014 年第 3 期。

杨燕绥等:《银色经济与嵌入式养老服务》,清华大学出版社 2017 年版。

杨一帆、张劲松:《积极应对人口老龄化研究报告(2020)》,社会科学文献出版社 2020 年版。

杨政怡:《替代或互补:群体分异视角下新农保与农村家庭养老的互动机制——来自全国五省的农村调查数据》,《公共管理学报》2016 年第 1 期。

[英]卡尔·波兰尼:《大转型:我们时代的政治与经济起源》,冯钢、刘阳译,浙江

人民出版社 2007 年版。

姚虹、向运华:《少数民族地区社区居家养老服务的现实特征与需求探析》,《湖北民族学院学报(哲学社会科学版)》2017 年第 1 期。

姚虹:《老龄危机背景下我国长期护理保险制度试点方案的比较与思考》,《社会保障研究》2020 年第 1 期。

姚俊:《居家养老服务市场化:何以可能与何以可为》,《兰州学刊》2017 年第 8 期。

姚兆余、陈日胜、蒋浩君:《家庭类型、代际关系与农村老年人居家养老服务需求》,《南京大学学报(哲学·人文科学·社会科学)》2018 年第 6 期。

易鹏、梁春晓:《老龄社会研究报告(2019)》,社会科学文献出版社 2019 年版。

易艳阳、周沛:《蒂特马斯三分法视角下的社区医养结合国际经验探究》,《老龄科学研究》2018 年第 10 期。

殷俊、段亚男:《准公共物品理论下我国养老服务财政补贴政策的失衡与纠偏》,《决策与信息》2020 年第 8 期。

于潇、孙悦:《"互联网+养老":新时期养老服务模式创新发展研究》,《人口学刊》2017 年第 1 期。

原慧玲、马达飞、张云:《对发展医养结合人才队伍的几点建议》,《中国卫生人才》2019 年第 9 期。

张博:《新时代新经济:智慧健康养老产业及发展路径》,《兰州学刊》2020 年第 6 期。

张车伟:《中国大健康产业发展报告(2018)》,社会科学文献出版社 2018 年版。

张航空、姬飞霞:《养老机构开展医养结合服务能提高入住率吗?——以北京市为例》,《中国卫生政策研究》2020 年第 3 期。

张会萍、惠怀伟、刘振亚:《欠发达地区农村民生服务需求及其均衡分析——基于宁夏回族自治区的农户调查》,《农村经济》2014 年第 6 期。

张继焦:《经济社会结构转型:政府、市场、社会三者的不同作用》,《湖南师范大学社会科学学报》2018 年第 1 期。

张雷、韩永乐:《当前我国智慧养老的主要模式、存在问题与对策》,《社会保障研究》2017 年第 2 期。

张锐昕、张昊:《智慧养老助推养老服务体系优化:思路与进路》,《行政论坛》2020 年第 6 期。

张新辉、李建新:《社区老年服务供需动态变化与平衡性研究——基于 CLHLS2005—2014 的数据》,《社会保障评论》2019 年第 4 期。

赵怀娟:《老年人长期照护服务主体与服务组合研究》,人民出版社2020年版。

赵一红等:《我国城市社区综合养老服务体系建设状况分析》,社会科学文献出版社2019年版。

郑功成:《中国社会保障30年》,人民出版社2008年版。

郑功成:《中国社会保障改革与发展战略(总论卷)》,人民出版社2011年版。

郑长德:《2020年后民族地区贫困治理的思路与路径研究》,《民族学刊》2018年第6期。

中国老年学和老年医学学会:《新时代积极应对人口老龄化研究文集》,华龄出版社2020年版。

钟慧澜:《中国社会养老服务体系建设的理论逻辑与现实因应》,《学术界》2017年第6期。

钟仁耀、侯冰:《公平性视角下的养老机构分类管理机制研究》,《中共浙江省委党校学报》2017年第1期。

周云、卢钊:《城市社区养老服务供应链中的瓶颈与对策探研——基于对武汉市的调查》,《经济体制改革》2018年第1期。

朱勇:《中国智能养老产业发展报告(2018)》,社会科学文献出版社2018年版。

朱恒鹏:《"医养结合"的痛点在医不在养》,《中国医疗保险》2017年第10期。

Andersson, U., Forsgren, M., Holm, U., "The Strategic Impact of External Networks: Subsidiary Performance and Competence Development in the Multinational Corporation", *Strategic Management Journal*, Vol.23, No.11, 2002, pp.979-996.

Andersen R.M., "National Health Surveys and the Behavioral Model of Health Services Use", *Medical Care*, Vol.46, No.7, 2008, pp.647-653.

Bakx P., De Meijer C., Schut F., et al., "Going Formal or Informal, Who Cares? The Influence of Public Long-Term Care Insurance", *Health Economics*, Vol.24, No.6, 2015, pp.631-643.

Bartlett H.P., Peel N.M., "Healthy Ageing in the Community", In G. Andrews&D. Phillips (Eds.), *Healthy Ageing in the Community*, OECD Publishing, 2013.

Barkay A., Tabak N., "Elderly Residents' Participation and Autonomy within a Geriatric Ward in a Public Institution", *International Journal of Nursing Practice*, Vol.8, No.4, 2002, pp.198-209.

Bolin K., Lindgren B., Lundborg P., "Your Next of Kin or Your Own Career? Caring and Working among the 50+ of Europe", *Journal of Health Economics*, Vol.27, No.3, 2008, pp.

718-738.

Bookman, Ann, Kimbrel, Delia., "Families and Elder Care in the Twenty – First Century", *Future of Children*, Vol.21, No.2, 2011, pp.117-140.

Brodaty H., Arasaratnam C., "Meta–analysis of Nonpharmacological Interventions for Neuropsychiatric Symptoms of Dementia", *Am J Psychiatry*, Vol. 169, No. 9, 2012, pp. 946-953.

Colombo F., Llena – Nozal A., Mercier J., Tjadens F., *Help Wanted? Providing and Paying for Long-term Care*, OECD Publishing, 2011.

Eckert J. K., Morgan L. A., Swamy N., "Preferences for Receipt of Care among Community-dwelling Adults", *Journal of Aging & Social Policy*, Vol. 16, No. 2, 2004, pp. 49-65.

Gilbert, N., "Remodeling Social Welfare", *Society*, Vol.35, No.5, 1998, pp.8-13.

Grabowski, D. C. "Care Coordination for Dually Eligible Medicare—Medicaid Beneficiaries Under the Affordable Care Act", *Journal of Aging and Social Policy*, Vol.24, No.2, 2012, pp.221-232

Gentili, Elena, Masiero, Giuliano, Mazzonna, Fabrizio., "The Role of Culture in Long-term Care Arrangement Decisions", *Journal of Economic Behavior & Organization*, Vol. 14, No.9, 2017, pp.186-200.

Halinen, A., Tornroos, J., "The Role of Embeddedness in the Evolution of Business Networks", *Scandinavian Journal Management*, Vol.14, No.3, 1998, pp.187-205.

Hank, K., "How 'Successful' Do Older Europeans Age? Findings from SHARE", *Journal of Gerontology: Social Sciences*, Vol.66, No.2, 2011, pp.230-236.

Humphries, Richard., "Integrated Health and Social Care in England—Progress and Prospects", *Health Policy*, Vol.119, No.7, 2015, pp.856-859.

John R. Beard, Alana Officer, "The World Report on Ageing and Health: A Policy Framework for Healthy Ageing—ScienceDirect", *Lancet*, Vol. 387, No. 10033, 2016, pp. 2145-2154.

Ju – Moon Park., "The Determinants of Long—Term Care Services among Older Adults", *Journal of Welfare for the Aged*, Vol.61, No.9, 2013, pp.7-34.

Kalachea A and Kickbusch I., "A Global Strategy for Healthy Ageing", *World Health*, Vol.7, No.4, 1997, p.45.

Kate Baxter C. G. & Greener I., "The Implications of Personal Budgets for the Home

Care Market", *Public Money & Management*, Vol.31, No.2, 2011, pp.91−98.

Kuluski K., Ho J.W., Hans P.K., et al., "Community Care for People with Complex Care Needs: Bridging the Gap between Health and Social Care", *International Journal of Integrated Care*, 2017, Vol.17, No.4, p.2.

Li Yue−e, Lu Shan, "The Development, Application and Implications of the Anderson Model in the Field of Healthcare", *Chinese Journal of Health Policy*, Vol.10, No.11, 2017, pp. 77−82.

Lioyd J., Wait S., *Integrated Care: A Guide for Policymakers*, Alliance for Health & the Future, 2006.

Liza Van Eenoo, et al., "Substantial Between−country Differences in Organizing Community Care for Older People in Europe—A Review", *The European Journal of Public Health*, Vol.26, No.2, 2016, pp.39−45.

Low L.F., Fletcher J., "Models of Home Care Services for Persons with Dementia: A Narrative Review", *International Psychogeriatrics*, Vol.27, No.10, 2015, pp.1593−1600.

Leutz W.N., "Five Laws for Integrating Medical and Social Services: Lessons from the United States and the United Kingdom", *Milbank Quarterly*, Vol.77, No.1, 2010, pp.77−110.

Lewis J., "Older People and the Health−social Care Boundary in the UK: Half a Century of Hidden Policy Conflict", *Social Policy and Administration*, Vol. 35, No. 4, 2001, pp. 343−359.

M.P.Fisher, C.Elnitsky, "Health and Social Services Integration: A Review of Concepts-sand Models", *Social Work in Public Health*, Vol.27, No.5, 2012, pp.441−468.

M.Howlett, M. Ramesh, "Patterns of Policy Instrument Choice: Policy Styles, Policy Learning and the Privatization Experience", *Review of Policy Research*, Vol. 12, No. 1−2, 2010, pp.3−24.

N. Johnson, *The Welfare State in Transition: The Theory and Practice of Welfare Pluralism*, The University of Massachusetts Press, 1987.

Peel N., Bartlett H., McClure R., "Healthy Ageing: How is it Defined and Measured?", *Australasian Journal on Ageing*, Vol.23, No.3, 2004, pp.115−119.

Peter Griffiths, et al., *Self−assessment of Health and Social Care Needs by Older People: A Multi−methods Systematic Review of Practices, Accuracy, Effectiveness and Experience*, NCCSDO Report, 2005.

Phelan E.A., Anderson L.A., Lacroix A., Larson E.B., "Older Adults' Views of 'Successful

Aging' —How Do They Compare with Researchers' Definitions?", *Journal of the American Geriatrics Society*, Vol.52, No.2, 2004, pp.211-216.

Pickett S.A., Luther S., Stellon E., et al., "Making Integrated Care a Reality: Lessons Learned From Heartland Health Outreach's Integration Implementation", *American Journal of Psychiatric Rehabilitation*, Vol.18, No.1, 2015, pp.87-104

Rowe J. W., Kahn R. L., "Successful aging", *Gerontologist*, Vol. 37, No. 4, 1997, pp. 433-440.

Roy Rothwell, Walter Zegveld, *Reindustrialization and Technology*, Logman Group Limited, 1985, pp.83-104.

R.Rose, "Common Goals but Different Roles: The State's Contribution to the Welfare Mix", In R. Rose & R. Shiratori, *The Welfare State East and West*, Oxford University Press, 1986.

Stefania I., Ricardo R., Andrea S., "Fairness and Eligibility to Long-Term Care: An Analysis of the Factors Driving Inequality and Inequity in the Use of Home Care for Older Europeans", *International Journal of Environmental Research and Public Health*, Vol.14, No.10, 2017, p.1224.

Stokes, J., Checklan, K., Søren R., "Integrated Care: Theory to Practice", *Journal of Health Services Research & Policy*, Vol.21, No.4, 2016, pp.282-285.

Urszula Polska, "The Program of All-inclusive Care for the Elderly (PACE): The Innovative and Economically Viable Model of American Geriatric Care", *Nursing in the 21st Century*, Vol.16, No.1, 2017, pp.51-58.

Uzzi, B., "Embeddedness in the Making of Financial Capital: How Social Relations and Networks between Firms Seeking Financing", *American Sociological Review*, Vol. 64, No. 8, 1999, pp.481-505.

Wiles J.L., Leibing A., Guberman N., Reeve J., Allen R.E., "The Meaning of 'Aging in Place' to Older People", *Gerontologist*, Vol.52, No.3, 2012, pp.357-366.

Wolff J. L., Kasper J. D., Shore A. D., "Long-Term Care Preferences among Older Adults: A Moving Target?", *Journal of Aging & Social Policy*, Vol. 20, No. 2, 2008, pp. 182-200.

Word Health Organization, *World Report on Ageing and Health*, WHO, 2015.

责任编辑：孟　雪
封面设计：石笑梦
版式设计：胡欣欣

图书在版编目（CIP）数据

民族地区医养结合养老服务体系构建研究/李长远 著. —北京：人民出版社，
　2022.10
ISBN 978－7－01－025057－1

Ⅰ.①民…　Ⅱ.①李…　Ⅲ.①民族地区-养老-社会服务-研究-中国
　Ⅳ.①D669.6

中国版本图书馆 CIP 数据核字（2022）第 169813 号

民族地区医养结合养老服务体系构建研究

MINZU DIQU YIYANG JIEHE YANGLAO FUWU TIXI GOUJIAN YANJIU

李长远　著

人民出版社 出版发行
（100706　北京市东城区隆福寺街 99 号）

北京九州迅驰传媒文化有限公司印刷　新华书店经销

2022 年 10 月第 1 版　2022 年 10 月北京第 1 次印刷
开本：710 毫米×1000 毫米 1/16　印张：15.75
字数：240 千字

ISBN 978－7－01－025057－1　定价：56.00 元

邮购地址 100706　北京市东城区隆福寺街 99 号
人民东方图书销售中心　电话（010）65250042　65289539